Kohlhammer

Stefan Stockinger/Julia Buchebner

Die Kunst des Wandels

Sechs innere Schlüsselkompetenzen für zukunftsfähige Menschen und Organisationen

Verlag W. Kohlhammer

Dieses Werk einschließlich aller seiner Teile ist urheberrechtlich geschützt. Jede Verwendung außerhalb der engen Grenzen des Urheberrechts ist ohne Zustimmung des Verlags unzulässig und strafbar. Das gilt insbesondere für Vervielfältigungen, Übersetzungen, Mikroverfilmungen und für die Einspeicherung und Verarbeitung in elektronischen Systemen.

Umschlagabbildung: Photocreo Bednarek – stock.adobe.com

1. Auflage 2025

Alle Rechte vorbehalten
© W. Kohlhammer GmbH, Stuttgart
Gesamtherstellung: W. Kohlhammer GmbH, Stuttgart

Print:
ISBN 978-3-17-045210-7

E-Book-Formate:
pdf: ISBN 978-3-17-045211-4
epub: ISBN 978-3-17-045212-1

Für den Inhalt abgedruckter oder verlinkter Websites ist ausschließlich der jeweilige Betreiber verantwortlich. Die W. Kohlhammer GmbH hat keinen Einfluss auf die verknüpften Seiten und übernimmt hierfür keinerlei Haftung.

Inhalt

Vorwort 7
1 Innere Kompetenzen als Fundament der Zukunft 11
    Einleitung 11
    Mentale Modelle 13
    Die innere Dimension der Nachhaltigkeit 16
    Sechs innere Zukunftskompetenzen 18
    Quick Reference Guide 21
2 Inner Future Skills 25
    Die integrale Haltung 25
        Grundlagen 26
        Die integrale Haltung und ihre sozialökologische Dimension 36
        Die Integrale Haltung und ihre ökonomische Dimension 42
        Interview mit Stefan Enzler 48
    Selbstreflexion 54
        Grundlagen 55
        Selbstreflexion als Future Skill 64
        Selbstreflexion in Organisationen 69
        Interview mit Christine Wamsler 74
    Selbstwirksamkeit 81
        Grundlagen 82
        Selbstwirksamkeit als Future Skill 86
        Selbstwirksamkeit in Organisationen 91
        Interview mit Sylvia Brenzel und Alfred Strigl 95
    Emotionale Kompetenz 103
        Grundlagen 104
        Emotionale Kompetenz als Future Skill 110
        Emotionale Kompetenz in Organisationen 117
        Interview mit Maja Storch 122

Beziehungsfähigkeit	128
Grundlagen	131
Beziehungsfähigkeit als Future Skill	137
Beziehungsfähigkeit in Organisationen	142
Interview mit Wolfgang Kradischnig	148
Achtsamkeit	154
Grundlagen	155
Achtsamkeit als Future Skill	161
Achtsamkeit in Organisationen	167
Interview mit Maren Michaelsen	172
Sinnstiftung	180
Grundlagen	181
Sinnstiftung als Future Skill	187
Sinnstiftung in Organisationen	192
Interview mit Alexandra Traun	198
IFS, Demokratie und künstliche Intelligenz	203
Inner Future Skills und Demokratie	204
IFS und künstliche Intelligenz	206
3 Transformative Lernprozesse	**209**
Grundlagen	209
Transformative Lernprozesse in der Praxis	210
Drei Voraussetzungen	211
Beispiel für einen mehrtägigen Kurs	212
Forschungsprojekt zu transformativen Kompetenzen	214
Forschungsergebnisse	215
Weltbild der Verbundenheit	216
Das Mindset-Problem	217
Weltbild der Verbundenheit	218
Abschluss	**221**
Literatur	**222**

Vorwort

Liebe Leserin, lieber Leser,

wie schafft man es, zwei hochmotivierten und seit über 15 Jahren in der Nachhaltigkeit engagierten Personen die Motivation zu nehmen?

Wir – Julia & Stefan – wollen dazu gerne aus dem Nähkästchen plaudern in der Hoffnung, dass du manche unserer Erfahrungen nachvollziehen kannst.

Ein wirklicher Dämpfer in Sachen Motivation sind der tägliche Schwall an »Bad News«. Wenn wir unachtsam im Internet surfen und uns zu viele Schreckensnachrichten aus aller Welt ansehen, kommen wir irgendwann in einen Zustand, indem das Glas plötzlich nicht mehr halbvoll ist, sondern halbleer. Dann ist die Motivation, sich aktiv für eine bessere Zukunft einzusetzen, schnell weg.

Eine schmerzhafte und erst kürzlich erfahrene Motivationsbremse ist es auch, wenn man sich geschäftlich mit Personen einlässt, die nicht ehrlich mit einem sind. Nach Außen geben sie sich als bewusste und kooperative Change Maker. Doch bei genauerem Hinsehen wird klar, dass das meiste nur Fassade ist und man lieber schnell das Weite suchen sollte. Tut man das nämlich nicht, sind der finanzielle und zwischenmenschliche Schaden groß und die Motivation im Keller.

Was uns allerdings am meisten ausbremsen kann ist die Tatsache, dass das Gros der Menschen aus Wissenschaft, Wirtschaft und Politik noch heute, 2024, die Nachhaltigkeit als rein äußere Angelegenheit betrachtet. Dass noch immer zu viele Organisationen Zukunftsfähigkeit fast ausschließlich mit neuen Technologien in Verbindung bringen. Und dass sich unsere derzeitigen Vordenkerinnen vor allem zukunftsfähige Autos, Energiesysteme oder KI wünschen, jedoch keine zukunftsfähigen Menschen. Und so drehen sich unsere Visionen der Zukunft stets um eine hoch technologisierte Welt, in der sich alles geändert hat. Alles, außer uns Menschen. Wir Menschen sind darin die gleichen geblieben. Gleich unachtsam, gleich unbewusst, gleichgültig gegenüber dem Leben anderer Menschen, Lebewesen oder der Erde selbst.

Wie schafft man es nun, zwei demotivierte Personen wieder für die Nachhaltigkeit zu motivieren?

Ganz einfach: Indem man sie mit den Geschicken innerer Arbeit vertraut macht. Innere Arbeit ist die Arbeit am Menschen selbst. Die Arbeit an dir selbst! Wer sich einmal tief und intensiv mit sich selbst beschäftigt hat, wird sich von Bad News und schlechten Geschäftspartnerinnen nicht mehr so schnell entmutigen lassen. Resilienz ist also einer der großen Benefits innerer Arbeit.

Doch innere Arbeit kann noch viel mehr! Eines der größten Probleme unserer heutigen Gesellschaft ist der zuvor beschriebene Fokus auf Äußerlichkeiten. Gerade in der westlichen Welt kennen wir das nur zu gut. Wer nun aber die auf Äußerlichkeiten ausgerichtete Gesellschaft als wesentlichen Teil des Problems erkannt hat, muss damit beginnen, sich aktiv mit den Innenwelten dieser Gesellschaft zu beschäftigen!

Wie wollen wir eine konkurrenzorientierte Wirtschaftswelt auf Kooperation ausrichten, ohne die Gier der Menschen zu adressieren? Wie wollen wir eine auf Mitgefühl basierende Gesellschaft aufbauen, wenn wir immer alles rationalisieren? Wie soll ein neues Miteinander entstehen, wenn wir im Zweifelsfall doch wieder nur auf uns schauen? Und wie wollen wir eine zutiefst materiell ausgerichtete Welt verändern, wenn wir selbst noch ein materialistisches Weltbild in uns tragen? Ein Weltbild, wo jedem einzelnen Lebewesen in erster Linie ein ökonomischer Nutzen zugeordnet wird? Wo es keinen Platz gibt für Qualitäten wie Intuition oder Spiritualität? Wo der Mensch als wandelnder Fleischklops gesehen wird, geistlos und seelenlos – und wo die Welt nicht mehr ist als ein im All herumschwebender Stein?

Wie soll mit so einem Weltbild ein Wandel gelingen? Wie soll eine beinahe ausschließlich auf Äußerlichkeiten ausgerichtete Wissenschaft diese inneren Probleme lösen? Wie soll eine im Nutzendenken verhaftete Wirtschaft hierbei hilfreich sein? Und wie kann eine Politik des ständigen Gegeneinanders zu einer gemeinsamen Lösung beitragen? Richtig, nur, indem wir alle beginnen, endlich nach Innen zu blicken! In dem wir uns selbst an der Nase nehmen und erkennen, dass jede kollektive Veränderung im Außen auch nach individuellen und menschlichen Zukunftskompetenzen verlangt.

Innen und Außen gehören zusammen. Genau das möchten wir dir mit diesem Buch vermitteln. Wir wollen ein Verständnis dafür schaffen, dass all die Krisen unserer Zeit auch untrennbar mit unserer Haltung und unserem Weltbild zusammenhängen. Wir wollen zeigen, dass nachhaltiges Wirtschaften nach weit mehr verlangt als nach Umweltgesetzen, Fair-Trade-Siegeln, PV-Panelen oder CO_2-Bilanzen. Wir wollen dir näherbringen, dass vieles, was unter »Change« verkauft wird, nie und nimmer zu Veränderung führen kann. Und wir wollen bei all unseren Erzählungen nicht außer Acht lassen, dass auch wir oftmals unbewusst handeln und dadurch die Veränderung in unserer eigenen Organisation, unserem Umfeld wie bei uns selbst behindern.

Unsere Welt braucht einen Wandel und dieser Wandel beginnt zuallererst in uns selbst! Die alte Idee, dass ein paar heroische Persönlichkeiten uns retten, ist lange überholt. Es braucht nicht das Engagement von wenigen Mächtigen, es braucht den Veränderungswillen von vielen Ermächtigten! Drei Jahre und dutzende Vorträge, Seminare, Projekte und Forschungsarbeiten nach unserem ersten Buch sind wir heute um viele Erkenntnisse reicher. Dadurch können wir dir mit unserem neuen Buch »Die Kunst des Wandels« ein noch viel genaueres Bild davon geben, wie sich der gesellschaftliche und organisationale Wandel vorantreiben lässt und welche menschliche Entwicklung es dafür braucht. Wir werden dir zeigen, wie uns die Inner Future Skills – sechs innere Zukunftskompetenzen – beim Wandel helfen und wie wir es schaffen, genau diese Fähigkeiten zu kultivieren. In diesem Sinne wünschen wir dir eine spannende Lektüre über die inneren Gesetze des Wandels – und eine gute Reise nach Innen!

Alles Liebe, Stefan & Julia

Praktische Hinweise

Das vorliegende Buch beschäftigt sich mit den inneren Gesetzen des Wandels und den »Inner Future Skills«. Nach über 15 Jahren in der Nachhaltigkeit sind wir der Überzeugung, dass es den Blick nach innen braucht, um unsere gesellschaftlichen Herausforderungen im Außen lösen zu können. Und auch wenn wir dir mit unseren Texten hoffentlich viel Tiefblick ermöglichen, kann ein Buch nur bedingt nach innen führen. Jegliche Innenschau braucht abseits einer kognitiven Beschäftigung wie dem Lesen auch einen praktischen Zugang auf Ebene der Emotionen und des Körpers! Kurz gesagt braucht es zur Lektüre auch Übungen aus den Bereichen Meditation, Naturerfahrung oder Schattenarbeit – und bestenfalls eine passende Begleitung in Form von Gruppengesprächen oder Coachings. Wir bitten dich, dies beim Lesen immer mitzudenken!

Bezüglich geschlechtsneutraler Sprache (»Gendern«) haben wir nach eingehenden Überlegungen einen neuen Weg gewählt. Eine geschlechterspezifische Differenzierung kam aufgrund der schlechteren Lesbarkeit nicht in Frage, weshalb wir uns für das generische Femininum entschieden haben. Wenn wir im vorliegenden Buch also von Bürgerinnen sprechen, so sprechen wir auch von Bürgern. Eine explizit männliche Ansprache haben wir nur dann verwendet, wenn es sich bei den beschriebenen Personen ausschließlich um Männer handelt. Wir hoffen, dass du unseren Entscheidungen bezüglich Gendern Verständnis entgegenbringen kannst und du dich sowohl als Frau, Mann oder Mensch mit anderer Geschlechtsidentität angesprochen fühlst.

1
Innere Kompetenzen als Fundament der Zukunft

Einleitung

Als westliche Menschen können wir uns schon lange als Teil der sogenannten Wissensgesellschaft bezeichnen. Hochentwickelte Länder wie Österreich, Deutschland oder die Schweiz organisieren ihr soziales und ökonomisches Leben großteils auf der Grundlage von wissenschaftlichen Erkenntnissen, Daten und Fakten. Die moderne Wissensgesellschaft hat ihre Ursprünge im Zeitalter der Aufklärung und erreichte mit Verbreitung des Internets ihren bisherigen Höhepunkt. Blickt man auf die vergangenen Jahrhunderte zurück, so lässt sich ohne Zweifel sagen, dass uns diese Entwicklung große Dienste erwiesen hat.

Wo würden wir heute leben, wenn die Aufklärung gescheitert wäre? In autoritären Republiken, wo die Frau noch hinter dem Herd steht, während der Mann die Brötchen verdient? In Kaiserreichen, wo die Macht von einer unfehlbaren Göttin und ihrer irdischen Repräsentantin ausgeht? Oder in Stammesgesellschaften, wo alte Mythen und Legenden unsere Werte definieren und unser Zusammenleben regeln? Wie auch immer die Welt aussehen würde, für die meisten hierzulande wäre sie nicht annähernd so lebenswert wie unsere heutige Welt.

Unsere Fokussierung auf Wissen hat unsere Gesellschaft lange weitergebracht. Doch nun stehen wir an! Wir haben einen Punkt erreicht, an dem uns Wissen allein nicht mehr voranbringt. Wir wissen um die kriegerische Geschichte unserer Spezies und können sie trotzdem nicht beenden. Wir haben das Phänomen Burnout tausendfach medizinisch beschrieben und die Betroffenenzahl steigt dennoch weiter. Wir kennen die Auswirkungen unserer Konsumgesellschaft und wollen immer noch alles haben. Wir wissen um das traurige Dasein unserer Schweine und bauen dennoch neue Mastfabriken. Wir wissen um die Auswirkungen des Klimawandels und suchen weiterhin nach Gas und Öl. Sogar heute noch, wo die Klimakrise direkt vor der Haustür steht und brennende Wälder, vertrocknete Felder und ständige Überflutungen für jeden sichtbar sind. Doch selbst das scheint nicht genug. Wir hoffen anscheinend, dass wir trotz allem verschont bleiben und es immer nur die anderen trifft. Bis wir irgendwann selbst diese anderen sind.

Das weitaus traurigste Detail dieser Geschichte ist jedoch, dass wir nicht nur um die Probleme wissen, sondern auch jede Menge Lösungen kennen! Millionen Pionierinnen arbeiten jeden Tag daran, die Herausforderungen unserer Zeit in den Griff zu bekommen. Egal ob Klimawandel, soziale Ungleichheit, Hyperinflation oder Gesundheitskrise, zu fast allen Themen gibt es mittlerweile hunderte Lösungsansätze. Und viele davon sind bereits erprobt und einsatzbereit.

Es lässt sich demnach sagen, dass wir sowohl die Probleme als auch die technischen, politischen und gesellschaftlichen Lösungen für ebendiese kennen. Warum setzen wir sie dann nicht um? Warum nehmen wir unser Schicksal nicht in die Hand und befreien uns von all den Krisen, die so viele Menschen heute bedrohen und bedrücken? Warum bringen wir all die zukunftsweisenden Ideen nicht endlich auf den Boden? Warum kommen wir nicht in die Gänge, unseren Wohlstand zu sichern und unseren Kindern eine gute Zukunft zu bieten?

Mit diesen Fragen haben sich wir – Stefan und Julia – uns die letzten fünfzehn Jahre immerzu herumgeschlagen. Wir erinnern uns an unsere Vorträge über Billigfleisch, wo das Publikum im Anschluss beim Kebap-Stand sein Abendessen genoss. Wir erinnern uns an Studien, die andere Studien zitierten, welche wiederum andere Studien zitierten, ohne dass irgendjemand je von diesen Studien erfahren hat. Und auch wir haben schon oft Wasser gepredigt und Wein gesoffen, indem wir unsere eigenen Lösungsvorschläge selbst nicht beherzigten. Wir kennen das Dilemma und nun sind wir überzeugt, auch einen wichtigen Teil der Lösung zu kennen.

Wissen ist Macht. Ja. Doch Wissen allein ändert noch keine Menschen. Dafür braucht es einen umfassenden Bewusstseinswandel. Dieser wiederum erfordert neben Wissen auch Weisheit, neben Verstand auch Herz, neben Aktivsein auch Innehalten und neben äußeren Qualitäten auch innere Fähigkeiten. Wenn ein Mensch seine Handlungen verändern will, muss er auch seine Haltung verändern. Wenn wir die Probleme unserer Welt in den Griff bekommen wollen, müssen wir auch unser Bewusstsein auf die nächste Stufe bringen. Wenn wir uns eine nachhaltige Zukunft wünschen, müssen wir in uns selbst nachhaltig werden. Denn jede äußere Veränderung verlangt nach einer inneren Veränderung. Wie das funktionieren kann und welche Kompetenzen für diese innere Entwicklung von Nöten sind, davon handelt dieses Buch.

Mentale Modelle

Der Nachhaltigkeit eine innere Dimension zu verleihen ist noch eine relativ neue Idee. Natürlich gibt es wie überall eine Handvoll Peers. Menschen, die ähnlich denken und schon lange wissen oder intuitiv spüren, dass rein äußere Lösungen nicht das gesamte Problem erfassen. Vermutlich gehörst auch du – liebe Leserin – zu diesen Peers. Die meisten Menschen gehören jedoch nicht dazu. Jene, denen die Zukunft unserer Gesellschaft egal zu sein scheint, gehören nicht dazu, während der besorgte und engagierte Rest die Lösungen meist in Solarpanelen, Fair-Trade-Siegeln, Sozialprogrammen oder politischen Gesetzen sucht. Bitte versteh uns nicht falsch, diese äußeren Lösungen sind unumgänglich und es wird sie brauchen. Aber sie sind nicht die alleinigen! Innere Lösungen, in jedem Menschen selbst, sind ebenso wichtig, da sie bei der Umsetzung äußerer Lösungen helfen und eine eigene Hebelwirkung entwickeln können.

Eine der ersten Personen, die diesen Zusammenhang beschrieben hat, war die Systemforscherin Donella Meadows. Als Koautorin der weltbekannten Studie »Die Grenzen des Wachstums«« vom Club of Rome, definierte sie schon früh verschiedene Hebelpunkte, die eine nachhaltige Veränderung in Systemen anstoßen können. Als effektivsten Hebel nannte sie unsere Mindsets und mentalen Modelle.[1] Eine ähnliche Herangehensweise verfolgten die in Managementkreisen bekannten Systemtheoretiker Kambiz Maani und Robert Cavana 2007 mit ihrem »Four levels of thinking«-Modell. Darstellung I zeigt dieses Eisbergmodell in vier Schichten, beginnend mit der sichtbaren Ebene der Events und gefolgt von den nicht sichtbaren Ebenen der Muster, systemischen Strukturen und mentalen Modelle.[2]

1 Innere Kompetenzen als Fundament der Zukunft

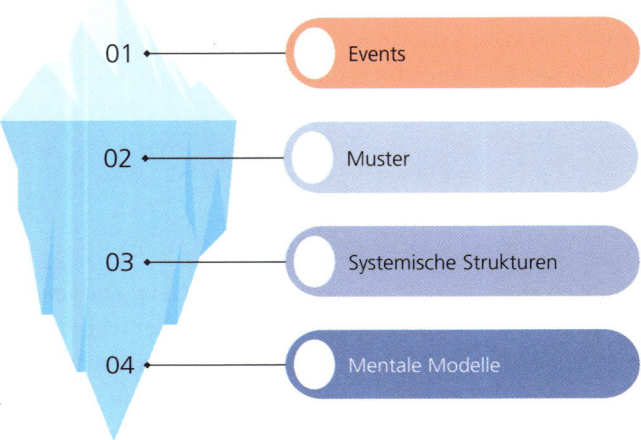

Dar. 1:   Four levels of thinking (Maani & Cavanva 2007)

Nehmen wir das allseits bekannte Phänomen Burnout als Beispiel zur Hand. Stell dir vor, ein beliebiger Mann steht eines Morgens auf und bemerkt eine tiefe emotionale, geistige und körperliche Erschöpfung. Er fühlt sich schlaff, deprimiert und weiß, dass er im Moment nicht fähig ist, seiner Arbeit nachzugehen. Er erlebt diesen Zustand zum ersten Mal und wir sprechen deshalb von einem klassischen Event. Wenn unser Mann klug ist, nimmt er seinen Erschöpfungszustand ernst und macht sich Gedanken, woher dieser kommen könnte. Dabei fällt ihm auf, dass er schon seit längerem täglich mit Schlafstörungen zu kämpfen hat. Vielleicht liegt es daran, dass er oft bis spät in die Nacht Serien schaut und das Problem ist relativ schnell gelöst. Ist das späte Fernsehen aber nicht der Grund für das Problem, so muss unser Mann weiterdenken. Er erkennt, dass sein gesamter Lebensstil ein Problem darstellt. Er arbeitet fünfzig Stunden pro Woche, treibt kaum Sport, ernährt sich ungesund, trinkt gern Alkohol und nimmt sich wenig Zeit für seine Familie. Manche dieser Verhaltensweisen werden sich äußerlich recht einfach abstellen lassen, andere aber nicht. Deshalb muss unser Mann nochmal tiefer gehen. Auf systemischer Ebene erkennt er, dass regelmäßige Mehrarbeit in seiner Organisation erwünscht ist und sogar gefordert wird, dass die Betriebskantine nur fettreiches Essen anbietet und dass sein Freundeskreis aus lauter Männern besteht, die in ihrer Freizeit lieber in die Kneipe gehen und nicht auf den Sportplatz. Er hat nun die Möglichkeit, sowohl seine Arbeit als auch sein soziales Umfeld zu wechseln. Doch in einer neuen Firma wird es viele der alten Probleme womöglich wieder geben und seine trinkfreudigen Freunde hinter sich zu lassen, ist leichter gesagt als getan. Außerdem wäre das nicht unbedingt sinnvoll, da soziale Kontakte auch ein wichtiger Resilienzfaktor sind! Eine Systemänderung kann vieles bewirken, doch bei manchen Dingen hilft sie uns nicht weiter. Wenn sich unser Mann also wirklich verändern will und weitere Erschöpfungszustände ausschließen möchte, muss er auf die tiefste Ebene des Eisbergs gehen. Auf die Ebene der mentalen Modelle. Dort erkennt er dann alte Glaubenssätze wie »nur harte Arbeit führt zum Erfolg« oder »nur wenn ich etwas leiste, werde ich auch gemocht.« Außerdem entdeckt er die fehlende Wertschätzung für seinen Körper, die ihm schon seine Eltern und Großeltern vorgelebt haben. Zu guter Letzt stellt er noch fest, dass er sich als Vater vorgenommen hat, seiner Familie Luxus und Geld zu bieten, obwohl diese im Moment eher ihn und seine Zeit gebrauchen könnten. Auf der tiefsten Ebene erkennt unser Mann also, dass er sich innerlich ändern muss, um auch im Außen eine langfristige Veränderung zu erzielen. Er versteht, dass die Lösung für sein beginnendes Burnout im Wesentlichen bei ihm selbst zu suchen ist.

Wechselt man nun von der persönlichen auf die kollektive Ebene und bezieht dieses vierstufige Modell auf die ökologische Nachhaltigkeit, so kommt man zu ähnlichen Schlüssen wie zuvor. Nehmen wir einen Waldbrand als Beispiel her. Ein Waldbrand ist ein einmaliges Event. Wollen wir dieses Problem lösen, müssen wir den Brand zuerst einmal löschen. Wollen wir außerdem erreichen, dass zukünftig nicht noch mehr Waldbrände auftreten, braucht es den Blick unter die Oberfläche. Dort stellen wir fest, dass es veränderte Niederschlagsmuster gibt, unsere Wälder heute vulnerabler sind und aufgrund des Klimawandels längere Dürreperioden erleben als früher. Als systemische Probleme erkennen wir unsere Bewirtschaftung über wenig resiliente Monokulturen, rein profitorientierte Geschäftsmodelle in der Forstwirtschaft oder die Befeuerung des Klimawandels über fossile Energieträger. Denkt man zuletzt auch die systemische Ebene weiter, so stößt man zu den mentalen Modellen vor, die der Problematik zugrunde liegen. Hier wären materialistische Werthaltungen, ein auf Kurzfristigkeit ausgerichtetes Denken oder eine fehlende Achtung vor dem Leben zu nennen.

Wie uns die vorigen Beispiele zeigen, sind äußere Events untrennbar mit unseren mentalen Modellen verbunden und aus theoretischer Sicht ist damit alles gesagt. Um persönlich wie auch kollektiv in eine bessere Zukunft zu gelangen, brauchen wir ein neues Bewusstsein, ein neues Mindset und einen neuen Zugang zu uns selbst, unseren Mitmenschen und zur Natur! Aus praktischer Sicht ist dies aber nicht so leicht umzusetzen, wie es womöglich den Anschein hat. Denn allein die Bezeichnung »mentale Modelle« ist ein enorm großer Brocken und ein Eisberg für sich. Mentale Modelle beinhalten unsere Werthaltungen, Muster, Grundüberzeugungen, Ängste, Glaubenssätze, Zielbilder, Weltbilder u. v. m. Aus Trainingsperspektive ist dieser Eisberg somit viel zu groß, da er keine Struktur für innere Transformationsprozesse bietet und die unterschiedliche Tiefe einzelner Komponenten in keiner Weise darstellt. Deshalb haben wir die mentalen Modelle und alles, was dazu gehört, nochmal als Eisberg dargestellt und über die innere Dimension der Nachhaltigkeit beschrieben.

Die innere Dimension der Nachhaltigkeit

Nachhaltigkeit wird oft als ausgeglichenes Zusammenspiel der drei Säulen Ökonomie, Soziales und Ökologie beschrieben. Gelingt dieses Zusammenspiel, so floriert die Wirtschaft, jeder bekommt seinen gerechten Teil vom Kuchen und unsere lebensspendende Natur bleibt intakt. Damit diese Theorie in der Praxis funktionieren kann, müssen wir Menschen entsprechend handeln. Da jede unserer Handlungen im Kern von unserer Haltung abhängt, hängt letztlich auch die Nachhaltigkeit von dieser Haltung ab. Kurz gesagt: Ohne nachhaltiges Mindset – mit entsprechenden Denkweisen, Überzeugungen und Verhaltensmustern – gibt es keine Nachhaltigkeit. Und solch ein nachhaltiges Mindset bezeichnen wir im weiteren Sinne als die innere Dimension der Nachhaltigkeit.

In unserem ersten Buch »Innen Wachsen, Außen Wirken – eine nachhaltige Zukunft beginnt in uns selbst«[3] haben wir die innere Nachhaltigkeit ausführlich beschrieben, weshalb wir dir hier nur eine kurze und inhaltlich leicht weiterentwickelte Zusammenfassung bereitstellen möchten. Die innere Dimension der Nachhaltigkeit ist entsprechend Darstellung 2 in verschiedene Ebenen unterteilt.

Die sichtbare Verhaltensebene wird dabei von den drei nicht sichtbaren, inneren Ebenen bestimmt. Auf der kognitiven Ebene finden wir unsere Wertesysteme und Denkmuster, während die emotionale Ebene unsere Ängste, Schattenseiten oder Projektionen behandelt. Auf der spirituellen Ebene befinden sich dann unsere Weltbilder, unsere Grundannahmen über das Leben und die Frage nach dem Sinn des Lebens.

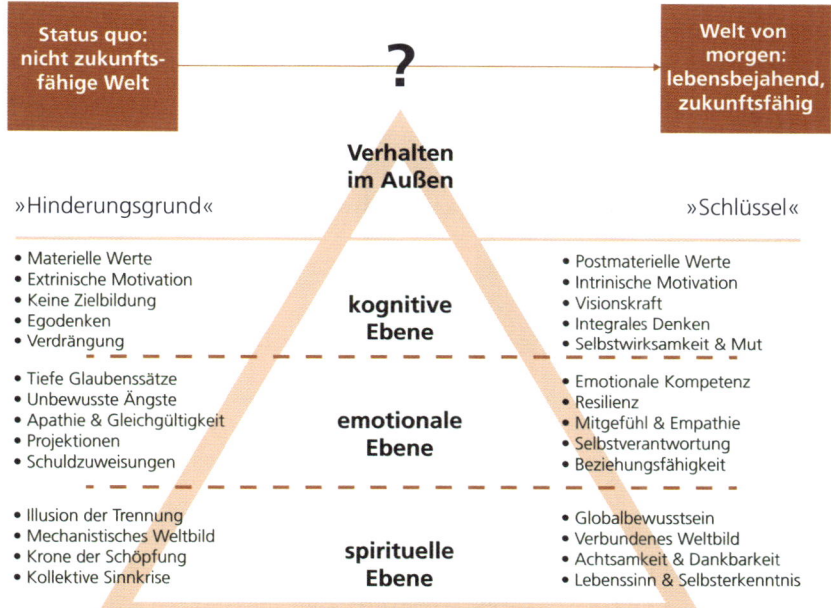

Dar. 2: Die innere Dimension der Nachhaltigkeit

Für das Eisbergmodell der inneren Dimension der Nachhaltigkeit haben wir also die mentalen Modelle nochmal entsprechend unterteilt und beschrieben. Dabei ist zu beachten, dass die drei inneren Ebenen nicht allesamt scharf voneinander abgrenzbar sind, da man etwa Weltbilder auch auf der kognitiven Ebene behandeln kann und Werte mit Emotionen in Verbindung stehen. In Bezug auf den Bewusstseinswandel eines Menschen hat sich diese Dreiteilung in kognitiv, emotional und spirituell aber als sinnvoll erwiesen, vor allem hinsichtlich innerer Arbeit und der Gestaltung transformativer Prozesse.

Die meisten Menschen sind vorsichtig im Umgang mit inneren Themen, weshalb wir diese entsprechend unserem Modell in einem dreistufigen Prozess behandeln. Vereinfacht erklärt, gehen wir dabei wie folgt vor: Zu Beginn eines Trainings adressieren wir die Ebene der Werte, da diese einen einfachen und niederschwelligen Einstieg in innere Welten darstellt. Ist man sich seiner Werte und kognitiven Muster einmal bewusst, fällt es leichter, in die zugrundeliegenden Emotionen und Ängste einzutauchen und diese auf Gefühlsebene zu reflektieren und zu spüren. Nach mehrmaligem Durchlauf der Ebenen 1 und 2 sind die meisten Menschen dann bereit, nicht nur einzelne Werte, sondern ihr gesamtes Weltbild zu hinterfragen und ggf. neu auszurichten. Des Weiteren fällt auch die Sinnfrage leichter, wenn man alte Werte und Handlungsweisen als nicht mehr wünschenswerte Muster erkannt hat.

Sechs innere Zukunftskompetenzen

Wie lassen sich innere Werthaltungen, Glaubenssätze und Weltbilder nun transformieren? Darauf eine eindeutige Antwort zu finden, wäre so etwas wie der heilige Gral der Persönlichkeitsentwicklung. Wir behaupten natürlich nicht, diesen gefunden zu haben. Auch deshalb nicht, weil diese Aufgabe so vielschichtig ist wie wir Menschen selbst. Wer sich lange Zeit mit innerer Transformation beschäftigt, stellt irgendwann fest, dass es viele Wege zum Ziel gibt. Manche Menschen ändern ihre Grundüberzeugungen aufgrund existenzieller Krisen, Krankheiten oder persönlicher Rückschläge. Manche machen tiefgreifende Erfahrungen im Kontakt mit fremden Menschen, Ländern oder Kulturen. Wieder andere haben transformative Reiseerlebnisse, sportliche Grenzerfahrungen oder spirituelle Einsichten. Und dann gibt es noch jene, die ihr Bewusstsein und ihre innere Haltung über Seminare, Trainings oder Coachings ändern. Für Letztere wollen wir mit unseren Büchern, Kursen und Events eine Möglichkeit aufzeigen, wie innere und folglich auch äußere Veränderung funktionieren kann und welche Fähigkeiten / Skills dafür benötigt werden.

Wissenschaftlich haben uns dabei die Inneren Entwicklungsziele (Inner Development Goals – IDG) und die Arbeiten von Christine Wamsler sehr weitergeholfen. Die IDG wurden 2020 in Schweden formuliert und haben trotz ihrer noch sehr jungen Geschichte bereits einiges bewegt und weltweite Aufmerksamkeit erfahren, zum Beispiel seitens der Vereinten Nationen. Die Inneren Entwicklungsziele sind ein recht großes Set von derzeit 23 Skills in fünf Kategorien. Sie beziehen sich namentlich auf die Sustainable Development Goals (SDG) der UN und sind u. a. mit dem Ziel gegründet worden, das Erreichen der globalen Nachhaltigkeitsziele zu beschleunigen.

Christine Wamsler, die selbst im wissenschaftlichen Beirat zur Entwicklung der IDG sitzt, forscht an der Lund Universität in Schweden und gilt als eine der Vorreiterinnen der inneren Nachhaltigkeit. Die Publikation »Linking internal and external transformation for sustainability and climate action« war für uns besonders spannend. Darin werden fünf transformative Skill-Sets beschrieben, die wir in einem Forschungsprojekt über »Transformative Kompetenzen in der Wirtschaft« gemeinsam mit der Universität für Bodenkultur Wien einem Praxistest unterziehen durften. Die Ergebnisse und Erkenntnisse aus diesem Projekt erfährst du im Kapitel über transformative Lernprozesse.[4]

Die in der Publikation von Christine Wamsler beschriebenen Kompetenzen werden im Englischen mit »Awareness, Connection, Insight, Purpose and Agency« bezeichnet. Da es sich um Skill-Sets handelt, sind diese sehr umfangreich und beinhalten viele miteinander verwandte Qualitäten, Kompetenzen und Konzepte. Für die Entwicklung der in diesem Buch beschriebenen »Inner Future Skills« haben sie uns sehr geholfen. Im Rahmen unserer Seminare haben wir allerdings festgestellt, dass fünf derart große Skill-Sets die Anwender im Trainingsbereich unsere Seminargäste schnell überfordern können, weshalb wir sie vereinfacht und entsprechend unserem dreistufigen Modell auf zweimal drei Skills heruntergebrochen haben. Das Ergebnis zeigt Darstellung 3.

Bevor wir uns gleich den inneren Zukunftskompetenzen zuwenden, möchten wir noch ein paar Punkte klarstellen:

I. Unser sechsteiliges Kompetenzmodell erhebt keinen Anspruch auf Vollständigkeit. Unser Innenleben und dessen potenzielle Veränderung ist bei weitem

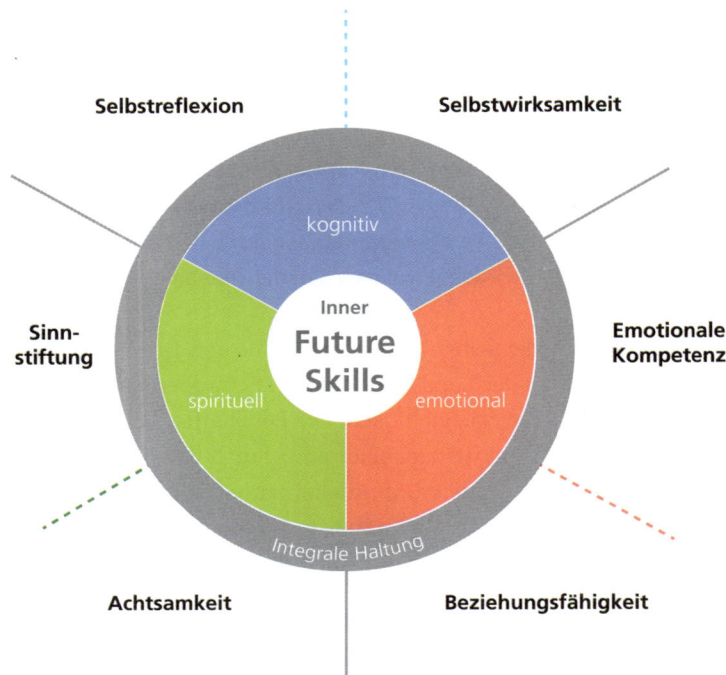

Dar. 3: Sechs innere Zukunftskompetenzen

zu vielschichtig, um es über sechs Skills darzustellen. Als Leitfaden für Diskussionen, Dialoge und Trainings eignet sich dieses Modell aber sehr gut.

2. Die sechs Skills sind zwar keine umfassenden Skill-Sets, aber dennoch als Oberbegriffe zu verstehen. Sollte beim ersten Hinschauen ein für dich wesentlicher Skill fehlen, bitten wir dich um Geduld. Vieles wird sich auf den folgenden Seiten von selbst klären. So ist die Empathiefähigkeit beispielsweise bei der Beziehungskompetenz inkludiert, während wir die Körperwahrnehmung bei der Achtsamkeit mitgedacht haben.

3. Auch wenn wir versucht haben, unsere sechs Skills klar zu definieren und deutlich voneinander abzugrenzen, ist dies nur bedingt möglich. Um emotionale Kompetenz zu erlangen, braucht es die Fähigkeit, über sich selbst zu reflektieren. Wer sich und seine Beziehungsfähigkeit trainieren möchte, muss sich auch

in Achtsamkeit üben. Innere Kompetenzen stehen meist miteinander in Verbindung und können nicht immer scharf voneinander abgegrenzt werden. Wir bitten darum, dies bei jeglicher Arbeit mit den Inner Future Skills zu bedenken.
4. Innere Skills sind ein wesentlicher Treiber für eine bessere und nachhaltigere Welt. Aber nur dann, wenn wir unsere innere Haltung auch für äußere Veränderungen zu nutzen verstehen. Regenerative Wirtschaftssysteme, faire Arbeitsbedingungen, ökologische Produktionsstätten und gesunde Arbeitsplätze lassen sich nicht einfach »herbeimeditieren«. Wir müssen dafür schon aktiv werden. Wer das verstanden hat, wird auch die Inner Future Skills schnell verstehen und verinnerlichen. Wer nicht, der muss noch etwas tiefer blicken!

Quick Reference Guide

Ein Buch für innere Prozesse zu gestalten ist kein einfaches Unterfangen. Sollen diese inneren und damit individuellen Prozesse dann noch mit unseren gesellschaftlichen und wirtschaftlichen Krisen in Verbindung gebracht werden, wird eine eindeutige Beschreibung der Zusammenhänge teils schwierig. Das war uns von vornherein bewusst, da wir diese Problematik schon bei unserem ersten Buch kennenlernen durften. Es ist nun mal so, dass jeder einzelne Mensch seine eigene und nur von ihm wahrnehmbare Innenwelt hat. Wie sich diese subjektive Innenwelt nun auf sein Verhalten im Außen auswirkt, ist von Mensch zu Mensch verschieden. Wie im Weiteren all diese persönlichen Innenwelten – mit ihren individuellen Verhaltensweisen – auf unser kollektives Verhalten wirken, ist eine durchaus komplexe Thematik und schwer darzustellen. Nichtsdestotrotz ist es einer der wesentlichen Aspekte, die dieses Buch zu beschreiben versucht! Wir bitten daher um Nachsicht, wenn die ein oder andere Beschreibung für dich weniger Sinn ergibt. Wir haben bewusst sehr viele und breit gefächerte Beispiele aufgenommen, um die Verbindung von Innen- und Außenwelt möglichst vielen Menschen näherzubringen.

Unser erstes Buch war eine grundlegende und teils philosophische Herangehensweise an diese neue Thematik. Das hier vorliegende Buch hat die vielen Erfahrungen und Erkenntnisse der letzten Jahre miteinbezogen und transportiert das Zusammenspiel von Innen- und Außenwelt auf eine praktischere Art und Weise. Wir durften feststellen, dass innere Transformationsprozesse und ihre Außenwirkung anhand weniger, konkret fassbarer Skills für die meisten Menschen und Organisationen leichter verständlich sind als eine allgemein gehaltene Erklärung. Aufgrund dieser Tatsache war es uns auch ein großes Anliegen, unsere Beschreibungen möglichst einfach und verständlich aufzubauen.

Buchstruktur

Bei der Darstellung unserer sechs inneren Zukunftskompetenzen haben wir für jedes Kapitel eine einheitliche Struktur geschaffen. Im ersten Schritt erklären wir die jeweilige Kompetenz aus theoretischer Sicht. Dabei beschreiben wir insbesondere jene Modelle, die wir selbst gut kennen, verstehen und auch praktisch bereits angewandt haben. Im Anschluss an die Theorie folgt die Erklärung der Kompetenz als Future Skill. Hier zeigen wir die Schnittstelle von innen und außen für den jeweiligen Skill und gehen besonders auf die ökologischen und sozialen Aspekte der Nachhaltigkeit ein. Im dritten Unterkapitel beschreiben wir die Zukunftskompetenz dann bezüglich der Arbeitswelt mit Fokus auf zukunftsfähige Organisationen. Hier finden die ökonomischen und arbeitsrelevanten Aspekte der Nachhaltigkeit ihren Platz. Zum Abschluss haben wir für alle sechs Skills, wie auch für die integrale Haltung, ein Praxisinterview für dich. Im Laufe der Jahre 2023 und 2024 haben wir sieben Expertinnen aus den verschiedensten Bereichen zum einstündigen Interview gebeten und die Essenz daraus liefern wir dir exklusiv in diesem Buch. Da alle Gespräche stets von nur einer Autorin geführt wurden, sind die Interviews allesamt in Ich-Perspektive verfasst.

Modelle

Auf den nachfolgenden Seiten wirst du einer Vielzahl an Modellen begegnen. Wir möchten daher schon im Vorfeld darauf hinweisen, dass kein uns bekanntes Modell die Innenwelt eines Menschen präzise darstellen kann! Unsere eigens aufgestellten Modelle, genauso wie alle anderen hier beschriebenen Modelle, dienen hauptsächlich dazu, eine gemeinsame Sprache zu finden und dir – liebe Leserin –

unsere Sicht der Dinge besser erklären zu können. Des Weiteren sei gesagt, dass wir in einer Welt leben, die sich noch immer stark gegen innere Themen sträubt und jegliche Gefühlsthematiken schnell als unseriös oder esoterisch abstempelt. Auch hierbei durften wir in den letzten Jahren lernen, dass fundierte Modelle und anschauliche Erklärungen Abhilfe schaffen und vielen Menschen eine Annäherung an die eigene Innenwelt erleichtern können.

Perspektivenwechsel

Wir können nur mutmaßen, wer du bist, mit welchen Themen du dich beschäftigst und welche Vorerfahrungen du in Bezug auf innere Skills oder Nachhaltigkeit hast. Als Organisationsentwicklerin bekommst du ein Buch an die Hand, welches dir zu verstehen hilft, warum kollektive Wandelprozesse oft an der Haltung der Einzelpersonen scheitern. Als Führungskraft oder HR-Spezialistin bekommst du wertvolle Einblicke, wie sich die persönliche Entwicklung über gezielte Methoden und entsprechendes Storytelling auch auf die sozialökologische Nachhaltigkeit auswirkt. Als Umweltbeauftragte oder Nachhaltigkeitsexpertin erhältst du ein Basiswissen über die inneren Gesetze des Wandels und wie sich die gesellschaftliche Transformation vorantreiben lässt. Und als Coach oder Trainerin, die bereits an der Schnittstelle vom inneren zum planetaren Wandel arbeitet, können wir dich hoffentlich mit ein paar schlagkräftigen Argumenten bei deiner Arbeit unterstützen!

Doch unabhängig deiner Vorerfahrungen und deines Arbeitsumfeldes bitten wir dich inständig, immer wieder die Perspektive zu wechseln, deine berufliche Agenda zu verlassen und dieses Buch auch für dich selbst zu lesen. Wenn wir von Bewusstseinswandel sprechen, so sprechen wir meistens über die anderen. Nur selten sprechen wir über uns selbst. Wir sind nämlich schnell der Meinung, dass wir selbst ja bereits sehr gut am Weg sind und keinen Wandel mehr brauchen. Und genau hier fängt der Fisch an zu stinken! Wir – Julia und Stefan – beschäftigen uns nun seit weit über 10 Jahren sehr intensiv mit uns selbst und unserem eigenen Bewusstseinswandel. Und wir werden es auch die nächsten zehn Jahre weiterhin tun. Denn noch immer treffen wir auf viele innere Themen, die uns im Wege stehen und ein persönliches und kollektives Weiterkommen ausbremsen.

Die Arbeit an einem selbst kennt streng genommen kein Ende. Das menschliche Bewusstsein und seine Wechselwirkung mit der äußeren Welt sind unserer Ansicht nach viel zu komplex, als dass man es in seiner Ganzheit je fassen könnte. Egal wie reif, erfahren oder erleuchtet man sich selbst auch halten mag, es gibt immer noch Einsichten, die man nicht hatte und die einem als Menschen im Innen wie im Außen wachsen lassen! Wir halten es hierbei gern mit den alten Alchemistinnen. Sie wussten schon damals, dass man den Stein der Weisen nur dann finden kann, wenn man sich selbst gefunden hat. Und weil die wenigsten diesen Stein je finden konnten, lag das Ziel der Alchemistinnen vor Allem im Weg dorthin.

Was unser Buch kann – und was es NICHT kann

Wir glauben und hoffen, dass es im vorliegenden Buch einige Texte geben wird, die dich berühren und die emotionale oder spirituelle Ebene in dir ansprechen. Nichtsdestotrotz fokussieren wir mit unseren Texten hauptsächlich auf die kognitive Ebene. Es ist bei diesem Buch nun mal unser Anliegen, die Verbindung aus inneren Kompetenzen und nachhaltigem Wandel entsprechend verständlich zu machen. Um diese Verbindung jedoch wirklich zu verstehen, braucht es ein Abtauchen in die eigene Innenwelt. Und nein, das kann ein Lesen allein nicht oder nur bedingt liefern.

Wenn du – liebe Leserin – die hier vorgestellten Theorien, Beispiele und Geschichten also in ihrer Tiefe erfassen möchtest, kommst du an einer ganz persönlichen Innenschau nicht vorbei. Innere Welten lassen sich nicht von außen erfassen. Es braucht die Selbsterfahrung, das Reflektieren und eine persönliche und spürbare Auseinandersetzung mit den eigenen Glaubenssätzen, Weltbildern oder Schmerzpunkten. Wir laden dich also ein, jegliche Texte auch immer in Bezug auf dich selbst zu lesen, für dich selbst zu reflektieren und dabei auch mal dich selbst zu hinterfragen. Und wenn du dann Lust bekommst, noch weiter an dir zu arbeiten, dann freuen wir uns auf deinen Besuch bei einem unserer Seminare!

2
Inner Future Skills

Die integrale Haltung

In unserer westlichen Welt findet seit einigen Jahrzehnten eine unglaubliche Entwicklung statt. Wir leben im Überfluss und können Produkte, Güter oder Lebensmittel aller Art mehr oder weniger ohne Verzögerungen von zuhause aus erwerben. Und auch wenn aufgrund der herrschenden Ungleichheit und der begrenzten Ressourcen nicht alle alles haben können, sind unsere Grundbedürfnisse de facto gedeckt. Die Habenseite ist in weiten Teilen erfüllt, was dazu führt, dass immer mehr Menschen ihre innere Ausrichtung vom Haben zum Sein verlagern.

Das materialistische Weltbild macht Platz und am Horizont lässt sich bereits ein neues, verbundenes Weltbild erahnen. Eines, das von manchen Menschen bereits gelebt wird. Zugegeben sind wir gesamtgesellschaftlich noch weit von einem holistischen Welt- und Wertebewusstsein entfernt. Dennoch deutet einiges darauf hin, dass sich viele von uns in den nächsten Jahrzehnten von einer linearen zu einer integralen Sichtweise weiterentwickeln werden. Doch was genau meinen wir mit »Integral« und warum erscheint es uns überhaupt als erstrebenswerter Weg?

Der Philosoph Jean Gebser, die Entwicklungspsychologinnen Jane Loevinger und Susanne Cook-Greuter, der indische Yogi und Politiker Aurobindo Ghose und viele weitere Gelehrte aus den unterschiedlichsten Disziplinen entwickelten im letzten Jahrhundert Theorien zur Werte- und Bewusstseinsentwicklung des Menschen. Und sie alle befanden die integrale Ebene als den großen und notwendigen Bewusstseinssprung.

Stark vereinfacht kann die integrale Haltung auch als multiperspektivisch bezeichnet werden. Sie kennzeichnet eine Denkweise, die versucht, jegliche Fragestellungen, Probleme oder Themen aus multiplen Perspektiven zu betrachten. Eine Denkweise, bei der man seine eigene Wahrheit nicht als die einzig mögliche Wahrheit erkennt und jeglichen anderen Personen auch ihre Wahrheit zugesteht.

Ein berühmter Spruch lautet etwa: »Niemand liegt zu 100 Prozent falsch.« Die integrale Sichtweise geht also davon aus, dass ausnahmslos alle Menschen eine Wahrheit in sich tragen und es diese zu akzeptieren gilt.

In den letzten Jahrzehnten wurde die Idee eines integralen Bewusstseins immer populärer. Selbst Papst Franziskus sprach in seiner Umweltenzyklika Laudato si von einer integralen Ökologie. Im Kern wurde der Begriff vor allem durch die Unternehmensberater Don Beck und Christopher Cowan bzw. durch den Philosophen Ken Wilber geprägt. Beck und Cowan entwickelten die in Businesskreisen weit verbreitete Theorie der Spiral Dynamics, die Wilber wiederum zum Aufbau seiner integralen Theorie inspirierte.

Beide Theorien beschreiben prinzipiell, was auch wir unter der Bezeichnung »integral« verstehen. Sie zeigen, warum die integrale Haltung unsere drei beschriebenen Ebenen – kognitiv, emotional, spirituell – miteinander verbindet und warum es die inneren Zukunftskompetenzen braucht, um sie zu erreichen. Die integrale Haltung kann somit als eine Art Zielbild verstanden werden, das es über das Training der Inner Future Skills zu erreichen gilt. Es sei allerdings erwähnt, dass wir durch unsere praktische Arbeit im Feld hier keine der zuvor genannten Theorien abbilden wollen, sondern vor allem unsere eigene Sicht auf das »Integrale« wiedergeben.

Grundlagen

Bevor wir genauer auf die integrale Haltung eingehen, möchten wir dir eine wichtige Fragestellung aus dem wissenschaftlichen Strukturalismus voranstellen: Wie funktioniert unser soziales und geistiges Leben und welcher Entwicklung folgt es? Um darauf eine Antwort zu finden, stellt man beispielsweise einer Gruppe von Menschen über Jahre hinweg eine Frage und beobachtet dann, wie sich die Antworten im Laufe der Zeit ändern. Folgen sie einem gewissen Muster, so lässt sich daraus eine Struktur ableiten. Ein bekanntes Beispiel für eine derartige Vorgehensweise ist das Heinz-Dilemma:[5]

Ein mittelloser Mann ist mit einer todkranken Frau verheiratet. Eine Apothekerin hat eine Medizin, will diese allerdings nur gegen Bezahlung hergeben. Der Mann kann sich die Medizin nicht leisten. Hat er das Recht, sie zu stehlen? Stark vereinfacht hat unser Mann nun drei mögliche Antworten:

Antwort A: »Ja, denn was ich für richtig empfinde, ist richtig.«
Antwort B: »Nein, denn die Gesetze und die Gesellschaft verbieten das Stehlen.«
Antwort C: »Ja, denn das Leben ist wichtiger als konventionelle Regeln.«

Kurz gesagt lauten die Antworten also Ja, Nein und Ja, unter gewissen Gesichtspunkten. Kommen wir zurück zu unserer Forschungsgruppe von Menschen, deren Antworten beim Heinz-Dilemma über mehrere Jahre beobachtet werden. Ändert eine befragte Person ihre Antwort, so passiert dies in folgender Weise. Wer zuerst mit A antwortet, wechselt später zu B. Alle die B wählen, wechseln daraufhin zu C oder zurück auf A. Niemand hingegen wechselt von A direkt nach C oder umgekehrt. Bedenkt man, dass dies eine moralische Frage ist, so kann man dadurch eine moralische Struktur von A nach B nach C erkennen. Antwort A steht für eine egozentrische Moral: »Nur ich bestimme, was richtig ist und was nicht.« Antwort B steht für eine ethnozentrische Moral: »Meine ethnische Gruppe, die Gesellschaft oder das Gesetz, bestimmen, was richtig ist und was nicht.« Antwort C steht für eine weltzentrische Moral. Hier bestimmt man weder allein, noch lässt man eine bestimmte Gruppe bestimmen. Man wägt die Frage ab und setzt sie in einen größeren Kontext wie »Leben ist wichtiger als Geld« oder »Die Frau könnte noch viel erreichen und der Welt wertvolle Dienste erweisen.«

Werteebenen

Das vorige Beispiel hat uns auf vereinfachte Weise gezeigt, wie sich Moral beim Menschen entwickelt. Werteebenen machen nun etwas Ähnliches, beziehen sich dabei aber nicht auf Moral, sondern auf unsere Weltsicht bzw. unser Wertebewusstsein. In der Theorie der Werteebenen entwickeln sich Menschen und Gesellschaften entlang von sogenannten Memen. Als Mem wird dabei ein mental abgespeichertes Informationsmuster bezeichnet, das über Kommunikation oder Imitation weitergegeben werden kann und somit einer kulturellen Evolution unterliegt. Die Grundlagen für diese Theorie wurden vom Entwicklungspsychologen Clare Graves in den 1950er- und 1960er Jahren gelegt und vor allem in den 1990er Jahren von Beck und Cowen unter dem Namen „Spiral Dynamics" weiterentwickelt. In den letzten beiden Jahrzehnten wurden diese Wertetheorien dann von vielen Vorreiterinnen aus den unterschiedllichsten Bereichen aufgegriffen – und für das jeweilige Fachgebiet herangezogen und angepasst. Genau das wollen wir hier nun in Bezug auf Nachhaltigkeit tun. Wie funktionieren diese Werteebenen nun?![6]

Gehen wir – wieder stark vereinfacht – mal die Entwicklung von uns Menschen im Lauf der Geschichte durch. Dabei fokussieren wir auf vorwärts gerichtete Entwicklungen und lassen rückgewandte Entwicklungen außer Acht! Wir starten mit den Grundbedürfnissen Essen, Trinken und Atmen. Unser Wertebewusstsein ist auf Überleben ausgerichtet und unser Denken ist automatisch. Wir bezeichnen diese erste Entwicklungsstufe als beiges Mem. Um uns den Gegebenheiten besser anzupassen, beginnen wir, uns zu Clans und Stämmen zusammenzuschließen. Aus einem zuvor individuellen Überlebensinstinkt erwächst ein animistisches Denken und ein erstes Gefühl der Zusammengehörigkeit kommt auf (purpurnes Mem). Wenn nun die Stammesordnung, aus welchen Gründen auch immer, zusammenbricht, machen sich einzelne auf in ein neues, rotes Mem. Hier erwacht das egozentrische Denken. Macht und Dominanz sind die Ziele auf dieser Bewusstseinsstufe. »Der Stärkere gewinnt« ist eine typische Idee des roten Mems und geschichtlich entdecken wir es zum ersten Mal über griechische Sagen oder Eroberer wie Alexander dem Großen. Auch die Zeit um Dschingis Khan oder der amerikanische Wilde Westen sind Beispiele, wo das Wertebewusstsein stark von Rot dominiert wurde. Wenn das ewige »Fressen oder gefressen werden« als Gesellschaftsordnung irgendwann nicht mehr funktioniert, erwacht das blaue Mem. Nicht mehr die Stärksten gewinnen, sondern eine übergeordnete und meist göttliche Macht übernimmt die Rolle als oberste Instanz. Man sehnt sich nach Ordnung, Struktur und Sicherheit – und das gesellschaftliche Treiben wird erstmals über Gesetze geregelt. Das Denken ist absolutistisch und der spirituelle Glaube wechselt von anfangs archaisch über magisch, mystisch zu religiös.

Und auch wenn dieses Mem einen großen Bewusstseinsschritt der Menschheit repräsentiert, wird die von den Religionen ausgegebene höchste Wahrheit später infrage gestellt und das Zeitalter der Vernunft nimmt seinen Anfang. Das mit der französischen Revolution groß werdende orange Mem ist nun gekennzeichnet von vielgestaltigem Denken, Rationalismus und den Werten Autonomie, Effizienz oder Leistung. Im orangen Mem beginnt auch der Aufstieg der modernen Wissenschaft und des Kapitalismus. Da sich in diesem von Äußerlichkeiten geprägten Mem das gute Leben als erstrebenswertes Ziel aber irgendwann abnützt, beginnen die Menschen nach innerem Frieden zu suchen. Das grüne Mem erwacht und eine als kalt wahrgenommene Rationalität wird ersetzt durch Gefühle, Sensibilität und Fürsorge. Der Gemeinschaftsgedanke rückt wieder in den Vordergrund und Kooperation, Konsens und Umweltbewusstsein gelten als wichtige Werte. Das Denken ist relativistisch und auch die im orangen Mem weitgehend verdrängte Spiritualität hat in einer vielseitigen und pluralistischen Auffassung wieder ihren Platz.

Bis zum grünen Mem haben alle Vertreterinnen der jeweiligen Meme immer den Glauben, ihr eigenes Wertebild sei das Richtige und die anderen seien falsch oder zumindest weniger wert. Die ersten sechs Stufen werden somit auch als First Tier bezeichnet. Nach dem First Tier zeichnet sich ein weiterer Bewusstseinssprung ab, den Beck und Cowan als integratives, neues Paradigma beschreiben. Das gelbe Mem ist das erste im Second Tier und wird auch als integrales Mem bezeichnet. Das entsprechende Welt- und Wertebild ist mehrdimensional, flexibel für Anpassungen und man versteht sich selbst als Teil eines komplexen, interaktiven Systems. Seinsqualitäten ersetzen das Haben und Werte wie innere Entwicklung, Authentizität, systemisches Denken und multiple Perspektiven haben eine große Relevanz. Im gelben Mem ist man in der Lage, sich in einen Menschen der anderen sechs Meme hineinzuversetzen. Und zwar ohne sich darüberzustellen und das eigene Wertebewusstsein als besser oder wichtiger zu betrachten. Solche Menschen besitzen einen starken Anker und sind sich ihrer inneren Zwänge und Ängste weitgehend bewusst. Strenge Regeln, Dogmen oder alleinige Autoritäten spielen für sie keine Rolle. Dennoch haben sie ein Verständnis dafür, dass Menschen aus anderen Werte-Memen dies für richtig erachten. Dem integralen Mem folgt im Second Tier dann noch ein türkises Mem. Ein ganzheitliches und holistisches Weltbild, welches bereits auf der Entwicklungsebene von Grün verstanden wird, kann nun bewusst wahrgenommen und integriert werden. Das Leben im türkisen Mem gestaltet sich in global-regionalen Gemeinschaften, wo sich alles mit allem in ökologischer Verbindung befindet, man intuitiv denkt, kooperativ handelt und der Materialismus kaum eine Rolle mehr spielt. Von hieraus geht es dann weiter zum korallenen Mem, welches bisher jedoch kaum beschrieben wurde. Vermutlich deshalb nicht, weil sowohl das gelbe als auch das türkise Mem gerade erst am Anfang stehen.

Zuletzt sei noch gesagt, dass die einzelnen Meme immer von individuell zu kollektiv und zurück wechseln. Beige, Rot, Orange und Gelb sind also individuelle Meme mit Fokus auf individuellen Werten, während Purpur, Blau, Grün und Türkis gemeinschaftliche Meme darstellen. Außerdem ist es wichtig zu verstehen, dass hier nur die Hauptbewusstseinsstufen Erwähnung finden. Zwischen den jeweiligen Memen gibt es natürlich auch Zwischenstufen: So kann man etwa **Orange**/Grün als Wertesystem mit orangen als auch grünen Werten begreifen, wobei jedoch Orange dominant ist. Bei Orange/**Grün** wäre Grün dominant. Menschen haben ihre Werte also nie nur in einem Mem, sondern tragen die Werte verschiedener Meme in sich! Auch ein grünes Werteverständnis mit roten und blauen Anteilen ist möglich sowie ein Set aus Orange, Grün und Gelb. Um allerdings vollständig im gelben Mem anzukommen, müssen jegliche Werte aus dem First Tier zuvor erfolgreich integriert sein!

Um nun besser einzuschätzen, in welchen Memen man seine eigenen Werte verordnen kann, möchten wir noch zwei Beispiele anfügen. Stell dir eine wissenschaftlich denkende Frau vor, die sich dem gelben Mem zugehörig fühlt. Das systemische und multiperspektivische Denken lässt sie vermuten, hier zuhause zu sein. Doch womöglich trägt sie eine Ablehnung gegen Spiritualität in sich und hat für innere Gefühlswelten nur ein unverständliches Lächeln übrig. In diesem Fall ist die grüne Ebene nicht integriert, weshalb sie eher im orangen als im gelben Mem zuhause ist. Das zweite Beispiel ist ein in Gemeinschaft lebender Mann mit stark ausgeprägter Gefühlswelt und einer Vorliebe für holistische Texte. Doch nehmen wir an, dieser Mann stellt die Herzensqualitäten klar über die Verstandesqualitäten und hält Fühlen für wichtiger als Denken. In diesem Fall fehlt die orange wie auch die gelbe Ebene und statt auf Türkis befindet sich unser Mann vermutlich auf Grün.

Das blaue und orange Mem sind in der westlichen Welt je nach Literatur mit jeweils 30 bis 40 Prozent vertreten. Auf Grün entfallen nochmal ca. 10 bis 15 Prozent und auf Gelb weniger als 2 Prozent. Da wir Autorinnen der Ansicht sind, dass wir für eine nachhaltige Transformation unserer Gesellschaft und Wirtschaft die derzeit dominanten Meme Blau und Orange auf Grün und Gelb heben müssen, haben wir in Darstellung 5 auch nur diese Meme genauer abgebildet.

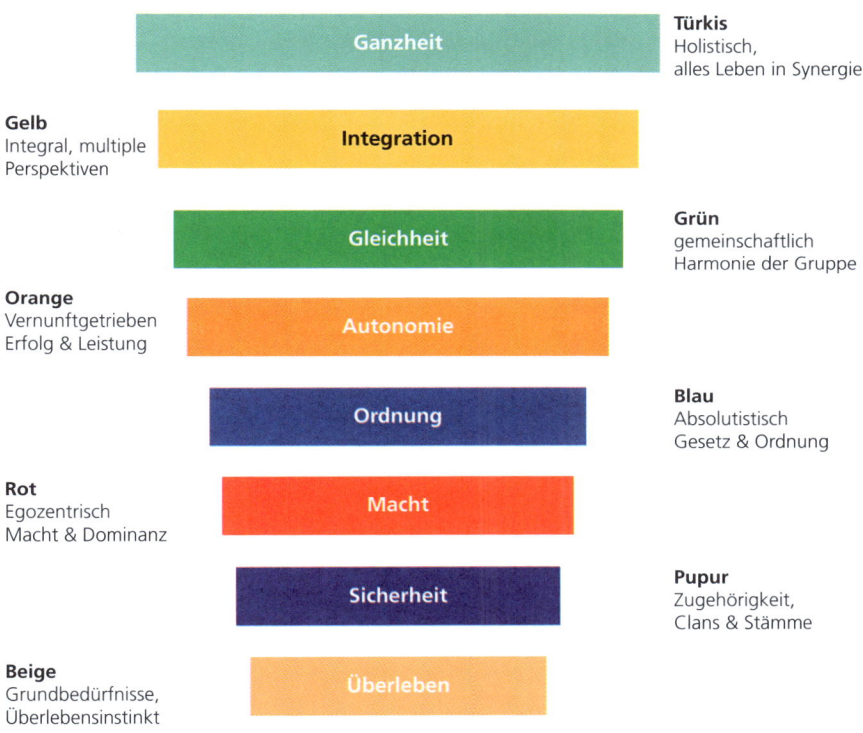

Dar. 4: Wertewandel nach Wilber bzw. Beck, Cohan & Graves

Wandern entlang der Ebenen

Einzelne Meme lassen sich sehr vielseitig ausleben. Auf offene, verschlossene, blockierte und auf eine Weise irgendwo dazwischen. Im offenen Denken ist es einer Person möglich, sich auf andere Menschen und Einstellungen einzulassen, Toleranz zu üben, zuzuhören und ggf. auch in einen Veränderungsprozess einzusteigen. Personen mit blockiertem Denken versuchen hingegen, sich mit der aktuellen Situation zu arrangieren und innerhalb der Grenzen des Mems zu bleiben. Denn diese Grenzen sehen sie nun mal als gegeben. Zu guter Letzt gibt es noch verschlossene Persönlichkeiten. Sie sind nicht imstande, andere Sichtweisen zu tolerieren, sich an verändernde Umgebungsbedingungen anzupassen oder eine

Dar. 5: Die Werte und Eigenschaften der beschriebenen Meme

BLAU Zielgerichtetes Mem	ORANGE Erfolgsorientiertes Mem	GRÜN Gemeinschaftliches Mem	GELB Integrales Mem
Gehorsamkeit, Disziplin, Sicherheit, Recht und Ordnung	Fortschritt, Risikofreude, Vernunft und Optimismus	Sensibilität, Fürsorge, Versöhnung und Konsens	Flexibilität, Spontanität, Kompetenz, Integration
Ziel: Anpassung an Gesellschaft	Ziel: Persönlicher Erfolg und Freiheit	Ziel: Frieden mit mir und mit anderen	Ziel: Alle Ebenen sinnvoll integrieren
Glaube an den einen richtigen Weg und absolute Autoritäten	Möglichkeiten erfassen, das eigene Leben zu verbessern	Wohlbefinden und Konsensbildung haben oberste Priorität	Flexible Anpassungen an Veränderungen mittels multipler Perspektiven
Organisationen: Verbindliche Regeln, strikte Prinzipien	Organisationen: Effizient, innovativ, gewinnstrebend	Organisationen: Kooperativ, Fokus auf Wohl der Belegschaft	Organisationen: Selbstorganisiert, evolutionär, ko-kreativ

andere Position einzunehmen als die eigene. Wenn wir diese drei Zustände innerhalb eines Mems nun betrachten, so wird klar, dass mit verschlossenen Personen kein Wandern entlang der Ebenen möglich ist. Leicht blockierte oder offene Personen sind für einen Wertewandel hingegen verfügbar.

Bevor wir aber auf den Wertewandel eingehen, möchten wir hier nochmal ausdrücklich erwähnen, dass dieser nicht immer erstrebenswert oder sinnvoll sein muss! Wenn jemand sein Mem auf positive und offene Weise lebt, gibt es unserer Meinung nach nicht viel daran auszusetzen oder zu ändern. Wir wollen es einmal plakativ und stereotyp beschreiben: Es gibt viele wunderbare Christinnen in Blau, die innerhalb ihrer Region, Firma oder Glaubensgemeinschaft Großes bewirken und ein Segen für die Gesellschaft als Ganzes sind. Es gibt unglaublich scharfsinnige Wissenschafterinnen in Orange, die mit ihren Entdeckungen die Welt zu einem besseren Ort machen. Und es gibt eine Vielzahl an Aktivistinnen in Grün, die sich für Naturschutz und Miteinander einsetzen und denen wir angesichts der globalen Herausforderungen ewig dankbar sein dürfen. Sie alle leben ihr Potenzial im Rahmen ihres jeweiligen Mems und ob sie sich nun trotzdem entlang der Werteebenen weiterentwickeln sollten, können und wollen wir nicht pauschal beantworten.

Nichtsdestotrotz müssen wir uns der Tatsache stellen, dass eine sich äußerlich stets ändernde Welt auch nach einer innerlich stets wachsenden Gesellschaft verlangt. Denn über kurz oder lang werden die im Westen vorrangig blauen und orangen Wertesysteme den globalen Herausforderungen nicht gerecht werden. Und wenn das persönliche Wertesystem den Anforderungen unserer komplexen Zeit nicht mehr gerecht wird, gibt es zwei Möglichkeiten. Möglichkeit 1 besteht darin, sich zu verschließen, auf den eigenen Ansichten zu verharren und die Krisen einfach kommen zu lassen. Oder – Möglichkeit 2 – sich öffnen, weiterwandern und dadurch die Chance erhöhen, eine neue Welt aus eigener Kraft mitzugestalten.

Dieses Weiterwandern kann ganz von allein passieren. Bewusstseinssprünge und persönliche Transformation ereignen sich auf verschiedenste Art. Der amerikanische Psychotherapeut Jeffrey A. Kottler beschreibt in seinem Buch »Change« dafür unzählige Wege: Lebensverändernde Erlebnisse, bewegende Geschichten, das Wachsen durch erlebte Traumata, Veränderung über Therapie und Coachings, prägende Reisen, spirituelle Erfahrungen usw. Unser Leben und unsere Werte sind also unter anderem geprägt von unseren Erkenntnissen, Erlebnissen, unserem Umfeld oder unserer Familie. Ein bewusstes Weiterkommen steht somit immer im Zusammenhang mit unzählig vielen Parametern. Menschen mit einer integralen Ausrichtung können nun ein solcher Parameter sein, indem sie ihre Mitmenschen beim Ebenenwechsel unterstützen.[7]

Geschult im multiperspektivischen Denken sind sie sich im Klaren, welcher Schritt für welche Person bzw. Organisation der Nächstsinnvolle ist. So helfen sie Rot am Weg zu Struktur und Ordnung. Blau auf der Suche nach mehr Autonomie und Freiheit. Orange unterstützen sie, das aufkommende Bedürfnis nach gemeinschaftlichen Lösungen zu stillen und neben dem Verstand auch die Gefühlsebene miteinzubeziehen. Und Personen auf Ebene Grün bestärken sie darin, ihre homogenen Gruppen bei Bedarf zu verlassen, ihre Ideale hintanzustellen und sich dem gemeinsamen Vorankommen aller gesellschaftlichen Gruppen zu widmen.

Das AQAL-Modell

Um dir ein noch besseres Verständnis der integralen Haltung zu geben, stellen wir dir nun auch das AQUAL (All Quadrants All Levels)-Modell aus Ken Wilbers integraler Theorie vor. Wie der Name bereits erkennen lässt, handelt es sich um eine Metatheorie, die möglichst alle Aspekte des Lebens umfassen und integrieren möchte. Aufgrund des riesigen Umfangs werden wir allerdings nur einige für uns wichtige Punkte erläutern.[8]

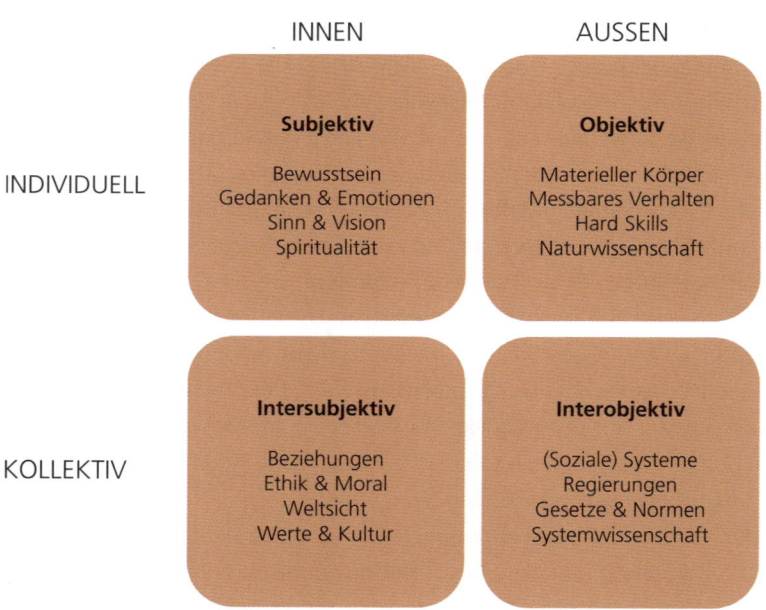

Dar. 6: AQAL-Modell (Wilber)

Erinnern wir uns an das integrale Denken von vorhin, welches auch als multiperspektivisch bezeichnet wurde. Was bedeutet das nun? Das AQAL-Modell kann dies gut erläutern, indem es die menschliche Perspektive in vier Quadranten unterteilt. Auf vertikaler Ebene in individuell und kollektiv und auf horizontaler Ebene in innen und außen. Wenn wir in diesem Buch also von multiperspektivisch sprechen, meinen wir nicht nur die Perspektive unterschiedlicher Menschen, sondern auch jene der einzelnen Quadranten! Entsprechend Darstellung 5 gibt es also eine subjektive, intersubjektive, objektive und interobjektive Ebene. Das AQAL-Modell möchte nun vermitteln, dass jegliche Fragestellungen nur dann ganzheitlich gelöst werden können, wenn man alle vier Quadranten miteinbezieht.

Nehmen wir einen x-beliebigen Menschen als Beispiel und gehen wir zu jener Ebene, an der unseres Wissens niemand zweifelt, dass es sie gibt. »Unser« Mensch kann individuell von außen beschrieben werden. Er hat einen physischen Körper, verschiedene Verhaltensweisen und zum Beispiel handwerkliche Fähigkeiten. All diese Eigenschaften lassen sich objektiv darstellen und beschreiben. So weit so gut. Individuell von innen betrachtet hat dieser Mensch nun auch ein Bewusstsein, Emotionen, Gedanken und beispielsweise ein ganz eigenes Sinnempfinden. Auf der dritten Ebene betrachten wir unseren Menschen kollektiv von außen. Hier geht es etwa um seine sozialen Beziehungen und die Systeme, in die er eingebunden ist. Seine Arbeitssysteme oder Familienstrukturen sind ebenso zu erwähnen wie seine Verbindung zu den regionalen oder auch globalen Ökosystemen. Wie im Quadranten oben rechts, lässt sich der Quadrant unten rechts objektiv beschreiben. Betrachten wir unseren Menschen zu guter Letzt kollektiv von innen, so befinden wir uns auf der intersubjektiven Ebene der Kultur. Auf dieser Ebene dreht sich alles um die in der Familie gelebten Werte, geteilte Moralvorstellungen, innerlich verankerte Weltbilder oder die im Unternehmen gelebte Kultur.

An dieser Stelle sei erwähnt, dass manche Vertreterinnen einer – unserer Ansicht nach – veralteten Wissenschaftssicht nach wie vor versuchen, den Menschen als reine Maschine darzustellen und jegliche Innenwelt als Phänomen des Körpers beschreiben zu wollen. Sie gestehen also, anders ausgedrückt, dem Menschen keine subjektive, innere Ebene zu. In dieser leider immer noch breiten Ablehnung innerer Welten liegt eines der Hauptprobleme, warum wir trotz besseren Wissens unsere planetaren Herausforderungen seit vielen Jahrzehnten weder angehen noch in den Griff bekommen! Fürs Protokoll sei also erwähnt, dass wir den inneren Welten in diesem Buch eine ganz eigene, subjektive und objektiv nicht beschreibbare Ebene zugestehen. Eine Ebene, die jede Person in sich trägt und die zu erkunden nur sie selbst imstande ist. Was wiederum zeigt, dass der Bewusstseinswandel von uns selbst gestaltet werden muss und keine Technologie oder künstliche Intelligenz diesen einfach per Knopfdruck erledigen wird! Und auch wenn man heutzutage Gehirnwellen messen kann, erklären diese Gehirnwellen in keiner Weise das Bewusstsein oder das individuelle Sinnempfinden des jeweiligen Menschen. Egal welche Frequenz von welchen Wellen man auch immer kennt, man wird nie das authentische Innere einer Person damit erfassen können. Das kennt nur die Person selbst!

Die integrale Haltung und ihre sozialökologische Dimension

Nach dieser kurzen Einführung wollen wir auf den folgenden Seiten darstellen, inwiefern uns eine integrale Haltung beim Weg in eine bessere Zukunft helfen kann. Dabei sei erwähnt, dass wir Autorinnen die integrale Theorie als hervorragendes Vehikel ansehen, um komplexe Zusammenhänge zu beschreiben und eigene Denkmuster, Verhaltensweisen und Weltbilder zu reflektieren. Dennoch hat die integrale Theorie neben all ihren Stärken auch Schwächen. Manches vereinfacht sie, manches wird aber komplexer und wie jede andere Theorie, ist auch beim Integralen vieles von subjektiven Annahmen abhängig. Deshalb bitten wir dich, liebe Leserin, immer auf der Hut zu sein und jegliche Erklärungen unseres Buches als eine spezifische Perspektive wahrzunehmen. Nämlich als die Perspektive von uns, Stefan und Julia! Lass dich bitte nicht dazu verleiten, unsere Interpretation der Zusammenhänge als die wahre und einzig richtige zu verstehen. Sei dir stattdessen bewusst, dass wir dich mit unserer Sicht auf die Welt hauptsächlich dabei unterstützen möchten, deine eigene Sichtweise und Haltung zu reflektieren und zu erweitern.

Werteabhängige Kommunikation

»Wenn sich doch nur alle Menschen als Weltbürgerinnen begreifen könnten, dann würden sich unsere globalen Probleme schnell in Luft auflösen!« Diese Aussage stimmt vermutlich, ist aber für die nächsten ein- bis zweihundert Jahre eine nicht zu erreichende Utopie. Denn eine Person mit dominantem Wertebewusstsein im blauen Mem hat klar ethnozentrische Moralvorstellungen. Diese Person fühlt sich vielleicht als Teil ihrer Glaubensgemeinschaft, Teil ihres Teams, Teil ihrer Gemeinde, Teil ihrer Region oder als Teil ihres Berufsstandes. Aber als Teil der einen Welt mit der einen Natur und der einen Bevölkerung wird sich jemand in Blau erstmal nicht fühlen. Dafür braucht es ein weltzentrisches Moralempfinden inklusive ausgeprägter, zwischenmenschlicher Fähigkeiten. Und diese sind frühestens beim Übergang von Orange nach Grün zu erwarten.

Wenn also eine Umweltaktivistin auf Ebene Grün einer Konsumentin auf Ebene Blau empfiehlt, sie solle beim Kauf ihres Mobiltelefons die Ethik voranstellen und die Folgen für die Mienenarbeiterinnen im Kongo mitbedenken, dann wird diese die dahinter liegende Moralvorstellung einfach schwer nachvollziehen können. Diese Denkweise ist in ihrem Horizont schlichtweg nicht relevant bzw. vorhanden. Deshalb ist unsere besagte Konsumentin aber nicht böse, dumm oder ein schlechter Mensch. Nein! Sie ist in ihrer Entwicklung einfach auf einer anderen Ebene und erachtet somit andere Werte als wichtig. Gleiches gilt auch für den naturnah lebenden Biologen auf Ebene Grün, welcher einem naturnah lebenden Jäger auf Blau empfiehlt, er solle den Hirsch doch erstmal spüren, bevor er abdrückt. Besagter Jäger wird vermutlich nur den Kopf schütteln ... und abdrücken.

Als Leserin dieses Buches hast du sicherlich ähnlich hohe oder sogar noch höhere Moralvorstellungen wie wir. Jetzt sind diese Ideale aber scheinbar nicht auf alle anderen Menschen umlegbar. Was sollen wir dann tun, um bezüglich Nachhaltigkeit und Zukunftsfähigkeit voranzukommen? Müssen wir den Weltfrieden mit der Peitsche erzwingen und alle Menschen vom blauen Mem zumindest nach Grün treiben? Nein, natürlich nicht! Geht ja gar nicht. Aber wir müssen uns klar werden, dass jedes Mem entsprechend der eigenen Wertvorstellungen auch eigens angesprochen werden sollte. Leider passiert dies viel zu selten, was wir an folgendem Praxisbeispiel unseres früheren Berufsalltages aufzeigen möchten.

Wir haben es bereits des Öfteren erlebt, dass Umweltreferentinnen mit grünem Werteverständnis bei Vorträgen vor blauen und orangen Geschäftsleuten aus dem Baubereich die halbe Zeit über die positive Wirkung postmaterieller Werte philosophieren. Konkret fordern sie die besagten Geschäftsleute sogar auf, ihre materiellen Werte hinter sich zu lassen und stattdessen postmaterielle Werte wie Selbstverwirklichung oder Harmonie für ihre Unternehmenskultur zu entdecken. Denn Menschen mit einem postmateriellen Werte-Set, so belegt es die Wissenschaft, haben eine tendenziell bessere Nachhaltigkeitsbilanz als Menschen mit einem materiellen Werte-Set. Und auch wenn dies stimmen mag, so wird diese Information nur dann von Relevanz sein, wenn sich die erwähnten Geschäftsleute und ihre Organisationen bereits am Weg von Orange nach Grün befinden. Befinden sich diese hingegen in Blau oder gefestigtem Orange, so wird dieser Appell lediglich ein Lächeln hervorrufen. Denn eine Baufirma, die seit Jahrzehnten Einfamilienhäuser baut, wird nicht über Nacht auf den Bau von »Tiny Houses« oder Gemeinschaftswohnprojekten umsteigen, nur weil es besser für die Nachhaltigkeit ist. Sowohl für das eigene Geschäftsmodell als auch für die meist blau-orangen Mitarbeiterinnen sind materielle Werte einfach wichtiger als Selbstverwirklichung oder Harmonie.

Darum wäre es klug, als integral denkende Umweltreferentin, die postmateriellen Werte im Vortrag besser nur kurz anklingen zu lassen und sich viel eher auf andere Bereiche der Nachhaltigkeit zu konzentrieren. Zum Beispiel auf natürliche Materialen, die aus der Region kommen und nicht importiert werden müssen (Blau). Oder auf die neuen Gesetze und Regeln vom European Green Deal, welcher Nachhaltigkeit quasi vorschreibt (Blau und Orange). Oder auf die starke Nachfrage und die großen Wachstumschancen des nachhaltigen Bauens (Orange).

Ein anderes Beispiel für hinderliche Kommunikation ist der nach wie vor sehr präsente Kampf zwischen Wissenschaft und Spiritualität. Menschen auf der blauen Ebene haben in unseren Breiten meist ein klares Verständnis von Spiritualität, nämlich jenes des Christentums. Im grünen Mem wird Spiritualität hingegen bunt und vielseitig verstanden. Im gelben Mem sind spirituelle Fragen hauptsächlich von geistigem Interesse und im türkisen Mem tritt die spirituelle Ebene sehr klar und holistisch in Erscheinung. Spiritualität wird also der Werteebene entsprechend immer anders interpretiert und erlebt, ist aber auf fast allen Ebenen präsent. Nur auf der orangen Ebene scheint einfach kein Platz zu sein für spirituelle Themen aller Art. Schlimmer noch! Lebt ein Mensch seine orange Ebene auf verschlossene Weise, so lehnt er spirituelle Themen von vornherein ab oder verachtet sie und alle, die sich der Spiritualität, in welcher Weise auch immer, widmen.

Dies führt dazu, dass sich die weitgehend orange geprägte Wissenschaftsgemeinde und die weitgehend blau geprägte Religionsgemeinde wenig zu sagen haben – und sich dementsprechend auch wenig zuhören. Wissenschafterinnen in

Orange reagieren schnell emotional beim Aufkommen spiritueller oder innerer Themen – auch wenn sie sich das selbst nur schwer eingestehen können. Und religiöse Menschen in Blau haben schnell eine ausgeprägte Abneigung gegen eine für sie arrogant wirkende Wissenschaft. Bedenkt man nun, dass sich laut Studien etwa 60 bis 80 Prozent der westlichen Weltbevölkerung auf diese beiden Meme aufteilt, so kann man verstehen, warum wir bei wichtigen globalen Fragen seit Jahrzehnten nicht weiterkommen. Ideologische Grabenkämpfe zwischen Links und Rechts, Stadt und Land oder Religion und Wissenschaft verhindern wichtige Entscheidungen bei dringenden Fragen. Und Personen mit grünem Werte-Set sind davor im Übrigen auch nicht gefeit!

Die Lösung dieser Probleme sehen wir aber nicht im integralen Denken, denn von Blau nach Gelb ist der Weg noch relativ weit. Wir schlagen eine andere, viel simplere Lösung vor. Und zwar jene, dass Menschen ihre Meme wieder offen zu leben beginnen. Soll bedeuten, dass wir die Offenheit wieder entdecken und anderen Menschen und deren Ideen zumindest offen zuhören. Das bedeutet zwar noch nicht, dass ich andere Meinungen und Ansichten in jeder Hinsicht verstehen muss. Und es bedeutet auch nicht, andere Meinungen und Ansichten als richtig anzusehen. Aber man kann ein Mem aus dem First Tier durchaus so leben, dass man für andere Werte und Ideen eine gewisse Offenheit behält, auch wenn man diese anderen Ideen und Ansichten nicht für optimal hält, nicht teilt oder auch nicht wirklich versteht.

Mit einer derart offenen Haltung wäre schon viel gewonnen. Die Religionen könnten sich gegenüber wissenschaftlichen Ansichten noch stärker öffnen und die klassische Wissenschaftsgemeinde könnte das Gleiche auf der anderen Seite tun. Sie könnte beispielsweise erkennen, dass sie nie atheistisch sein kann, sondern immer nur agnostisch. Denn Spiritualität lässt sich weder beweisen noch lässt sich beweisen, dass es sie nicht gibt. Diese simple Einsicht allein würde schon helfen, dem Mysterium Spiritualität zumindest einen kleinen Raum zu geben. Mit diesem Aufeinanderzugehen wäre schon viel gewonnen und wir könnten in den wichtigen Fragen unserer Zeit noch schneller und besser zu gemeinsamen Lösungen kommen.

Integrale Ökologie

Wie lässt sich die integrale Haltung mit dem AQAL-Modell nun in ökologische Überlegungen einbeziehen? Hierzu möchten wir mit einem Beispiel aus der Forstwirtschaft beginnen, ehe wir im nächsten Teil auf die Arbeitswelt eingehen.

Die mitteleuropäischen Fichtenwälder stehen seit Jahren unter massivem Stress. Hauptgrund dafür sind die Borkenkäferarten Buchdrucker und Kupferstecher, welche jedes Jahr hunderttausende Hektar Wald dem Erdboden gleichmachen. Vor allem unsere Fichten haben es dabei schwer, da sie die ständig steigenden Temperaturen schlechter vertragen als andere Bäume. Der Klimawandel sorgt darüber hinaus für längere Wärmeperioden, wodurch sich die Borkenkäfer stärker vermehren als zuvor.

Aus individuell äußerer Perspektive hat man lange Zeit geglaubt, das Lebewesen Borkenkäfer ist das Problem und Insektizide sind beispielsweise die Lösung (oben rechts). Und ja, für einzelne und dringende Fälle ist diese Sichtweise wohl

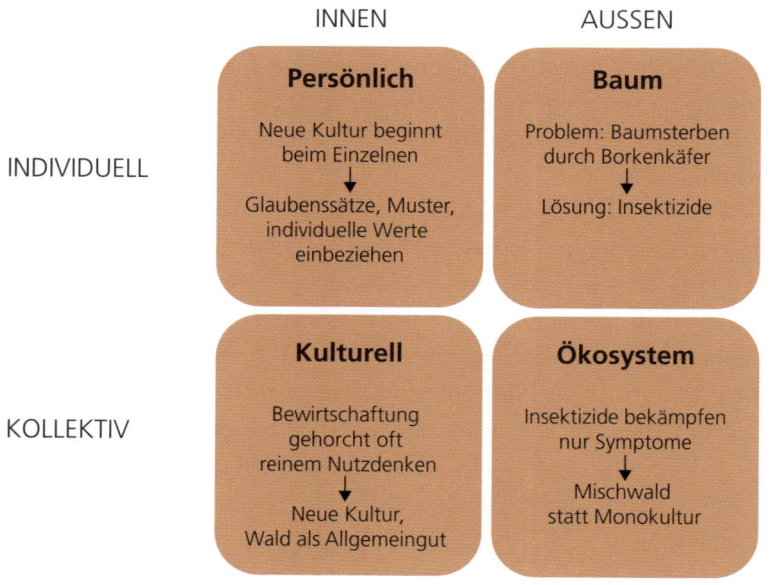

Dar. 7: Der Borkenkäfer und das AQAL-Modell

zutreffend und die Problemlösung passend! Mehr als die Symptombekämpfung wurde dadurch aber nicht erreicht. Deshalb hat man das Ganze weitergedacht und erkannt, dass unsere monokulturell bewirtschafteten Wälder viel eher das Problem darstellen und stärker unter dem Borkenkäfer leiden als Mischkulturen. Mischkulturen stellen vielseitigere Ökosysteme dar und sind in der Regel resilienter in Bezug auf Schädlinge oder Außeneinwirkungen aller Art. Diese Systemperspektive führte somit zur Erkenntnis, dass unsere Fichtenwälder zu Mischwäldern werden müssen (unten rechts).

So weit so gut. Doch wie wir alle wissen, ist eine wissenschaftliche Erkenntnis allein oft nicht ausreichend, um große Umwälzungen anzustoßen. Der Umbau unserer Wälder von Mono- zu Mischkulturen erfordert jede Menge Know-how, Erfahrungswerte, finanzielle Investitionen und einen hohen Arbeitseinsatz. Dem nicht genug, braucht es etwas, das unserer Meinung nach sogar noch wichtiger ist, nämlich den Willen es zu tun!

Aus diesem Grund müssen wir das Thema weiterdenken und auf die kollektiv innere Ebene wechseln (unten links). Kulturell wird Wald nämlich bereits seit vielen Jahrzehnten als Monokultur bewirtschaftet und das lässt sich nicht so einfach ändern. Denn Forstwirtschaft folgt, wie jede andere Wirtschaft auch, einer Kultur. Und diese ist eingebettet in die Köpfe und Herzen der Menschen. Sie lässt sich nicht allein durch äußere Anreize oder Anforderungen ändern. Viel eher muss es einen inneren Willen geben, die Kultur weiterzudenken und neue Ideen einzubringen und auszuprobieren. Dafür müssen die persönlichen Beziehungen, Moralvorstellungen oder auch die gemeinsamen Werte und Weltbilder mitgedacht werden. So kann beispielsweise das reine Nutzdenken, welches der Waldbewirtschaftung oft noch anhaftet, nur auf innerer Ebene verändert werden. Den Wald als kulturelles Allgemeingut zu betrachten und ihn der Profitlogik ein stückweit zu entziehen, ist eine moralische und ethische Entscheidung, die mit äußeren Anreizen allein kaum bis gar nicht zu erreichen ist.

Denken wir das Ganze nun zu Ende, sollte uns bewusst sein, dass diese neue Kultur irgendwo beginnen muss. Und dieses irgendwo ist immer beim Individuum selbst (oben links). Wer sonst als die Einzelne sollte dieses neue Kulturverständnis einbringen?! Jede kulturelle Änderung beginnt bei einzelnen Personen, die diese vehement vorantreiben. Stell dir bitte mal vor, du bist Teil einer forstwirtschaftlichen Unternehmung und möchtest ihre Kultur ändern. Womit kannst du rechnen? Einerseits bist du angehalten, zuerst einmal deine eigenen Muster und Glaubenssätze zu reflektieren, die dich manchmal selbst noch im »alten« Denken verharren lassen. Andererseits musst du dich warm anziehen, denn dir wird mächtig Gegenwind ins Gesicht blasen. Du versuchst ja, unsere veränderungsresistente Spezies ein Stück weiterzubewegen. Und das gehört, wie wir finden, zur absoluten Königinnendisziplin, die ein Mensch wählen kann. Du wirst womöglich mit Ängsten zu kämpfen haben, innere Zweifel werden hochkommen und vermutlich wirst du auch ein-, zwei- oder zehnmal daran denken, das Ganze hinzuwerfen. Damit dies nicht passiert, braucht es ein gutes Verständnis für die eigene Persönlichkeit auf der individuell inneren Ebene. Die Änderung einer alteingesessenen Branche ist also nicht nur eine Frage des Geldes, sondern auch eine Frage der Haltung! Und weil letztlich vor allem der individuell innere Quadrant für diese Haltung ausschlaggebend ist, darf dieser auch niemals vergessen werden.

Die Integrale Haltung und ihre ökonomische Dimension

Anschließend an unsere sozialökologischen Überlegungen wollen wir nun etwas genauer darauf eingehen, wie sich eine integrale Haltung in Organisationen darstellen und nutzen lässt. Was bedeutet eine integrale Haltung für die Wirtschafts- und Arbeitswelt? Wie kann uns eine integrale Ausrichtung dabei helfen, die Ausrichtung unserer Organisation zu schärfen? Und wie lässt sie uns auch im unternehmerischen Kontext besser vorankommen? Weitreichende Fragen, die wir in diesem Kapitel und im Laufe des Buches zu klären versuchen.

Integrale Persönlichkeitsentwicklung

Stellen wir uns zu Beginn eine größere Organisation in einer x-beliebigen Branche vor. Nehmen wir an, eine Frau mit weitgehend integralem Bewusstsein hat darin eine Führungsrolle im mittleren Management. Im gelben Wertebewusstsein wird sie nun kaum versuchen, anderen ihre eigenen Werte und Überzeugungen aufzudrängen. Durch ihre Erfahrung, ihre Intuition und einer gewissen Schulung in den jeweiligen Wertesystemen ist sie in der Lage, anderen den Aufstieg innerhalb der Ebenen zu erleichtern. Sie weiß zum Beispiel, dass eine sich auf Rot befindende junge Arbeiterin nicht Grün als nächste Ebene wählen kann oder wird. Dementsprechend wird sie die junge Arbeiterin viel eher dabei unterstützen, ein geregeltes Arbeiten auf Blau – mit klaren Aufgaben und Strukturen – zu erlernen, anstatt sie mit dem tieferen Sinn ihres Tuns zu konfrontieren. Des Weiteren wird sie einer orangen Teamleiterin mit weitgehend grünem Team vorschlagen, ihre strategisch-, nutzen- und aufgabenorientierte Haltung zu überdenken und sich in Empathie bzw. wertschätzender Kommunikation zu üben. Tut sie das nämlich nicht, wird das grüne Team ihrer orangen Teamleiterin nur schwer folgen und unsere Managerin wird über kurz oder lang entweder neue Teammitglieder oder eine neue Teamleiterin suchen müssen.

Persönliche Entwicklung ist eine Kunst, die auf unterschiedlichen Ebenen auch sehr unterschiedlich verstanden und gelebt werden kann. Im blauen Werte-Set wird die persönliche Entwicklung gerne als Teambuilding vorangetrieben. Konkrete Aufgaben im Team zu lösen, schweißt zusammen und hat auch auf die persönliche Weiterentwicklung eine große Wirkung. Auf Orange dreht sich alles um Leistungssteigerung. Hier wird die persönliche Entwicklung oft als etwas verstanden, das hauptsächlich dem Individuum selbst dienen soll. Andere werden nur dann in die Überlegungen einbezogen, wenn dadurch die eigene Organisation und Person einen Nutzen erfährt. Im grünen Werte-Set ist die Entwicklung der eigenen Person dann stark mit dem Wohlbefinden im Team verbunden. Individuelle Veränderung soll auch dem Kollektiv dienen und schafft im besten Fall mehr Miteinander und ein harmonisches Gemeinschaftsgefühl. Auch gesellschaftliche Aspekte spielen hier bereits eine stärkere Rolle. Gelb denkt dann die gesamte Gesellschaft bei allen Überlegungen mit. Individuelle Entwicklung wird als Organisationsentwicklung verstanden und diese wird auch immer mit gesellschaftlichen Herausforderungen in Verbindung gebracht. Persönliche Entwicklung kann auf Gelb somit wie folgt umbeschrieben werden:

- Ich entwickle mich,
- damit sich unser Team entwickelt,
- damit sich unsere Organisation entwickelt,
- damit sich die Gesellschaft entwickelt.

Will man nun die Persönlichkeit nicht nur innerhalb eines Mems, sondern auch entlang der Ebenen weiterentwickeln, ist es ratsam, stets Elemente des nächsthöheren Mems miteinzubeziehen. Bei Menschen, die vorrangig auf Blau sind, bezieht man beispielsweise orange Elemente mit ein, bei orangen Personen oder Gruppen bezieht man grüne Elemente mit ein usw. Nun ist es aber oft so, dass manche ihr Werte-Set bereits weitgehend auf einer höheren Ebene leben, ohne das vorhergehende Mem völlig integriert zu haben. Angestellte auf Grün sind beispielsweise gut im harmonischen Miteinander, tun sich aber oft schwer mit Werten wie Erfolg, Macht oder auch der Ressource Geld. Solange diese orangen Aspekte aber innerlich abgelehnt werden, kann ein Weiterwandern in Richtung Gelb nicht stattfinden.

Will man eine Person dabei unterstützen, sich entlang der Ebenen weiterzuentwickeln (► Dar. 4), muss man erst einmal verstehen, wo diese Person gerade hauptsächlich steht. Im nächsten Schritt sorgt man dann für Offenheit. Denn man wird sein Gegenüber ja mit Dingen konfrontieren, die im Ebenenmodell entweder weiter oben stehen oder noch nicht integriert wurden. Das bedeutet in jedem Fall, dass man die Person dazu auffordert, ihre Komfortzone zu verlassen. Ein offener Mensch mit einem Funken Veränderungswillen wird diesen Weg mitgehen, solange die Anforderungen in Bezug auf das eigene Weltbild nicht zu weit weg sind. Um das aber ausloten zu können, muss man selbst schon oft und viel am eigenen Welt- und Wertebild gearbeitet haben.

Integrale Organisationsentwicklung

Persönliche Entwicklung bezieht sich hauptsächlich auf die linken beiden Quadranten im AQAL-Modell. Und diese sind essenziell, um Menschen und Teams wirklich weiterzuentwickeln! Für die Organisationsentwicklung reichen sie allerdings nicht aus, da eine Organisation alle vier Ebenen beinhaltet und eine nachhaltige Weiterentwicklung auch auf allen vier Ebenen stattfinden muss.

Wir Autorinnen sind hauptsächlich in der persönlichen Entwicklung tätig und verstehen uns somit nicht als Organisationsentwicklerinnen! Dennoch wollen wir das Thema kurz anschneiden und dir hier das integrale Kompetenzmodell vorstellen. Es zeigt sehr schön, wie eine integrale Herangehensweise den persönlichen, gesellschaftlichen wie auch wirtschaftlichen und organisationalen Entwicklungsprozess unterstützen kann. Das vorliegende Modell wurde über das deutsche Forschungsvorhaben KOMIT entwickelt, unter der Projektleitung der Firma imu augsburg GmbH & Co.KG.[9] Darstellung 8 zeigt aus Platzgründen allerdings nur einen reduzierten Ausschnitt des eigentlichen Modells.

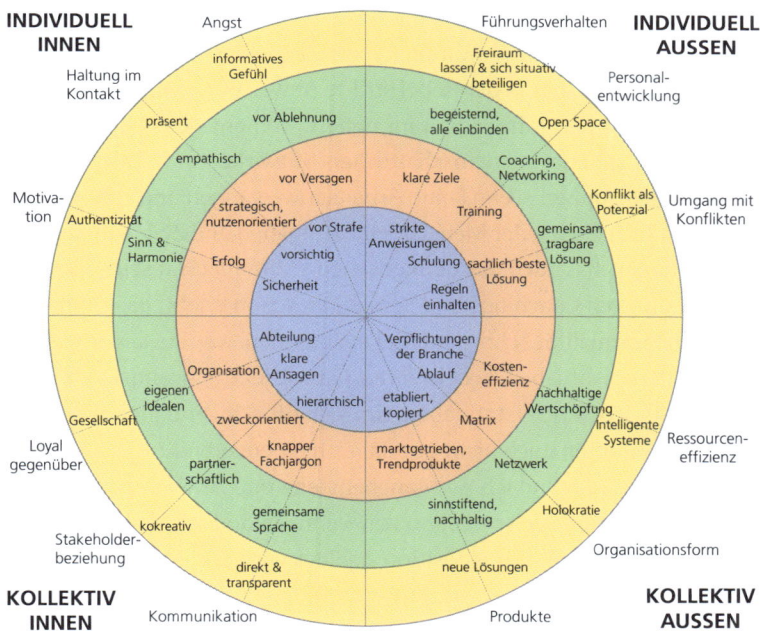

Dar. 8: Integrales Kompetenzmodell (imu Augsburg)

Integrale Führungsqualitäten

Wer auf LinkedIn dem Hashtag #Leadership folgt, bekommt täglich ein Dutzend Vorschläge, was modernes Leadership bedeutet und wie es auszusehen hat. Das bekannteste Beispiel ist wohl jenes, wo ein »Boss« und ein »Leader« miteinander verglichen werden. Während der Boss nur Anweisungen gibt, ist der Leader mit seinem Team im Einklang, packt selbst mit an und erarbeitet gemeinschaftlich alle notwendigen Schritte, Ziele und Lösungen. Das ist ein schönes Bild und unserer Ansicht nach durchaus erstrebenswert. Dennoch hängt es vom Team ab, ob das funktionieren kann oder nicht.

Ein grünes Team wird davon schnell begeistert sein. Es wird sich in der Regel gut darauf einlassen können und wenn einige Mitglieder bereits Teile des gelben Wertebewusstseins verinnerlicht haben, sollte einem Erfolg nichts im Wege stehen. Ist das Team allerdings mehrheitlich noch auf Blau oder frühem Orange zuhause, wird sich unser Leader womöglich die Zähne ausbeißen. Eine Gruppe auf Blau oder Orange verlangt in der Regel strikte Anweisungen bzw. klare Ziele. Und auch wenn es manchen Mitgliedern im ersten Moment gefallen mag, wenn die Führungsperson sie zum gemeinschaftlichen Mitwirken auffordert, so wird die Stimmung schnell kippen, wenn keine Arbeitsanweisungen und Ziele vorgegeben sind. Es will einfach nicht jeder Mensch seine Aufgaben und Ziele selbst definieren.

Darüber hinaus hat auch das gern gesehene Mitanpacken seine Grenzen. Wir haben es bei unseren Coachings und Seminaren schon erlebt, dass Führungspersonen mit Anpackqualität schnell mental ausbrennen, weil sie dauernd selbst anpacken, anstatt die Aufgaben zu delegieren. Gerade jene Führungskräfte, die zuvor viel körperliche Arbeit geleistet haben, tun sich oft schwer damit, diese plötzlich zu delegieren. »Ich fühl mich nicht gut dabei, meinen alten Kolleginnen beim Arbeiten zuzusehen, während ich nur danebenstehe und Anweisungen gebe.« Solche Sätze kommen zum Beispiel dann vor, wenn jemand aus dem blauen Mem in eine orange geprägte Führungsposition gehievt wird, ohne das eigene Mindset angepasst zu haben.

Wenn wir also von modernen Führungsqualitäten sprechen, müssen wir eines immer vor Augen haben: Diese funktionieren nicht von selbst. Zum einen müssen die entsprechenden Fähigkeiten mit dem eigenen Mindset in Einklang sein, um sie auch wirklich umsetzen zu können. Zum anderen muss auch das Team bereit sein, miteinander neue Wege zu bestreiten. Selbstbestimmtes Arbeiten in einem selbstbestimmten Team funktioniert nur dann, wenn die einzelnen Teammitglieder auch innerlich bereit dafür sind. Und das trifft leider noch immer für sehr wenige Teams wirklich zu. Warum? Weil innere Arbeit für die meisten Organisationen nach wie vor ein Fremdwort ist.

Eine wahrhaft grüne Wirtschaft

Nein, wir träumen nicht von einer integralen Wirtschaftswelt. Wir lieben Utopien, sind dann aber doch zu stark in der realen Welt verankert. Und in dieser realen Wirtschaftswelt dominiert nach wie vor ein oranges Weltbild. Eine neue Wirtschaftswelt ist unserer Ansicht nach also nicht integral, sondern zuerst einmal grün im Sinne von gemeinschaftlich, kooperativ, menschenzentriert und ökologisch ausgerichtet.

Was derzeit als grüne Wirtschaft beschrieben wird, erfüllt diese Kriterien nur zum Teil. Momentan verkauft sich der Terminus einer grünen Wirtschaft hauptsächlich über CO_2- und Klimaneutralität. Und diese möchte man fast ausschließlich über neue Technologien erreichen. Einerseits glauben wir nicht, dass das funktionieren wird. Andererseits ist eine solche Wirtschaft dann eher eine orange Variante mit grünem Mäntelchen. Für eine neue und wahrhaft grüne Wirtschaftswelt braucht es also etwas, das im orangen Mem einfach keinen Platz findet. Es braucht den Einbezug unserer Gefühlswelten. Und zwar nicht nur für das Marketing und die Firmenfeier, sondern für den Wirtschaftsbetrieb als Ganzes.

Bewusstes Fühlen! Das ist der wesentliche Schritt von Orange auf Grün. Auf Orange ist ein gesamtökologisches Verständnis bereits möglich. Auf Grün wird dieses ökologische Verständnis zum ökologischen Bewusstsein. Man nimmt die Natur und seine Lebewesen nicht mehr nur als Notwendigkeit wahr, sondern als Teil von sich selbst. Grüne Unternehmen handeln nicht ökologisch aufgrund von Vorgaben oder weil es sich gut verkauft, sie tun es aus Überzeugung. Und diese Überzeugung braucht es letztlich, um damit wiederum erfolgreich zu sein.

Die Wirtschaft der Zukunft ist grün und nicht integral. Aber sie wird integrale Vordenkerinnen brauchen, die in der Lage sind, das eigene Team und die Organisation im Bewusstsein entsprechend zu heben. Ein bewusster Umgang mit den eigenen Gefühlen, die Fähigkeit zur Selbstreflexion, ein tiefes Verständnis für den Sinn des eigenen Handelns und eine empathische Grundausrichtung anderen Menschen gegenüber sind dabei zentrale Schlüssel. Wie wir diese Qualitäten entwickeln können, erfährst du auf den nächsten Seiten mit unseren sechs Inner Future Skills. Zuvor dürfen wir dir allerdings noch ein ganz besonderes Interview eines Vordenkers der integralen Organisationsentwicklung präsentieren!

Interview mit Stefan Enzler

Dr. Stefan Enzler ist einer der spannendsten Organisationsentwickler im integralen Bereich. Als Geschäftsführer des »imu augsburg« sind er und seine Kolleginnen seit 30 Jahren in der Kompetenzentwicklung tätig. Wir haben Stefan über das integrale Kompetenzmodell kennengelernt und beschäftigen uns seither auch gemeinsam mit dem Thema der inneren Zukunftskompetenzen.

Lieber Stefan, wie bist du zum ersten Mal mit dem integralen Denken bzw. der integralen Haltung in Berührung gekommen?

Stefan Enzler: Als wir vor gut 30 Jahren als Studenten gestartet sind, wollten wir das Thema Umweltbewusstsein mehr ins Wirtschaften reinbringen. Dafür haben wir immer nach Modellen gesucht, die unternehmerisches Tun beschreiben können. Irgendwann haben wir selbst begonnen, unsere Erfahrung mit Organisationen in eigens entwickelten Reifegrad-Modellen abzubilden. 15 Jahre später haben wir dann die integrale Theorie entdeckt und festgestellt: »Da gibt es jemanden, der beschreibt das, wie wir auf Organisationen schauen noch schöner, einfacher und feiner.« So haben wir begonnen, eine Mischung draus zu bauen, wo wir die Ideen der integralen Theorie mit unseren Erfahrungen aus der Praxis zusammengebracht haben.

Wie sind Werteebenen und Spiral Dynamics in deine Arbeit als Organisationsentwickler hineingekommen?

Wir haben früh bemerkt, dass unterschiedliche Haltungen und Werte eine große Rolle spielen. Wenn wir mit den verschiedenen Abteilungen, Teams und Bereichen zusammengesessen sind, war danach immer klar, welche Schritte für Veränderung notwendig sind. Und trotzdem war es ganz oft so, dass es menschlich nicht gepasst hat. Dass die Schritte nicht in der Qualität umgesetzt wurden, wie sie vom Verstand her gedacht waren. Deshalb haben wir begonnen, Reifegrad-Modelle zu finden. Welche unterschiedlichen Haltungen gibt es in Organisationen und warum finden die Lösungen nicht Eingang ins wirkliche Tun? Da ist uns klar geworden:

Mensch, da treffen unterschiedliche Werte und Haltungen aufeinander und wenn die nicht eine gemeinsame Sprache finden, dann werden auch die Lösungen nicht umgesetzt!

Unterschiedliche Werthaltungen bzw. das fehlende Bewusstsein dafür verhindern also das Weiterkommen einer Organisation?

Genau, das beschreibt es ganz gut. Die Organisationen schaffen sich auf der Strukturebene über Trainings und Beratungen entsprechende Entwicklungsschritte, bekommen diese aber nicht auf den Boden und wissen nicht warum. Und auch wir als Berater verstanden es nicht. Wir haben die Firmen ja begleitet, Lösungen selbst herausgearbeitet, Prozesse optimiert, Informationsflüsse neu organisiert und einen genauen Fahrplan entwickelt. Trotzdem sind die Dinge – im Alltag – zum Teil wieder gescheitert. Das war für uns eine sehr unbefriedigende Situation und das war der Punkt, wo wir nochmal ganz frisch begonnen haben. Da haben wir dann verstanden, dass die Innenseiten, also alles, was zwischen uns Menschen passiert, eine sehr wesentliche Rolle spielen und dass wir diese Perspektive dazunehmen müssen, um nachhaltige Lösungen umsetzen zu können. Und da war das Vier-Quadranten-Modell für viele Organisationen ein totaler »Breakthrough«.

Wie kann ich mir das vorstellen? Wie nutzt ihr das integrale Kompetenzmodell in eurer Arbeit?

Das ist eine spannende Frage, auf die es nicht die eine Antwort gibt. Jedes Projekt, jede Organisation, jede Herausforderung hat eine andere Herangehensweise und ist immer ein Stückchen neu. Einfach gesagt, nutzen wir die integrale Landkarte erst einmal im Hintergrund. Wir versuchen, über das Verständnis der Unterschiedlichkeiten eine gemeinsame Sprache aller Beteiligten zu finden. Wir wollen helfen zu erkennen, wo sich die einzelnen Menschen gegenseitig behindern und woran das liegen könnte. Hier eine gemeinsame Sprache zu finden, um über so etwas Komplexes wie die eigene Organisation überhaupt mal sprechen zu können, ist der erste Schritt. Sich selbst oder die Organisation auf der Landkarte einzustufen, sind mögliche nächste Schritte. Zuvor geht es aber erstmal um den Aufbau von

Verständnis. Es geht nicht darum, wer was falsch macht. Jeder soll erkennen, was er sich jeden Tag selbst kreiert und was den Schritt in die Zukunft ermöglicht oder verhindert. Hier helfen die linken Quadranten beim AQAL-Modell sehr gut, da sie die inneren Themen so greifbar und strukturiert darstellen. Sie helfen, eine Sprache zu finden für das, was in uns selbst, unseren Beziehungen und unserer Kultur stattfindet und welche Stimmung und Atmosphäre wir uns dadurch kreieren.

Verstehe ich das richtig, dass sich die Leute also nicht in Grün, Orange oder Gelb einordnen, sondern einfach nur mal erkennen, dass es verschiedene Ebenen gibt?

Genau. In einem der nächsten Schritte kann man ein Zielbild kreieren, wo man als Organisation hinmöchte und auf welche Werteebenen man auf Dauer kommen mag. Das ist für mich aber wirklich ein weiterer Schritt. Zuerst ist es essenziell, sich anzuerkennen. Denn über diese Anerkennung findet auch eine Würdigung der Unterschiedlichkeiten statt. Und das hat etwas Magisches, denn dann hören die Menschen auf, sich gegenseitig zu bekämpfen. Plötzlich werden Unterschiede nicht mehr als etwas Falsches, sondern als Ressource gesehen. Die Menschen erkennen, dass wir beispielsweise nicht alle auf Grün sein müssen, sondern dass jede Ebene ihre Wichtigkeit hat. Menschen auf der blauen Ebene von Sicherheit, Beständigkeit und Kontinuität sorgen oft für eine schöne Stabilität und das ist in manchen Bereichen eine ungemein wichtige Qualität. Wenn ich bewusst annehme, wo jeder steht und das auch akzeptiere, kann ich schauen, was der nächste gesunde Schritt für meine Organisation sein kann. Und das ist was anderes wie die Aufgabe, alle Leute jetzt auf eine Ebene zu bringen. Das würde eine große Überforderung bedeuten, denn für manche wäre der Sprung womöglich zu groß.

Wie ist das eigentlich mit den Egos? Wie kann man dieses Modell an Menschen mit großem Ego heranführen? Viele Leute in Führungspositionen wären gern auf Gelb, sind aber tatsächlich auf Orange. Wie nehmen die das Modell an?

Spannende Frage! Wir haben ja alle unsere Egos mit am Start. Da muss man gut schauen, wie das Modell überhaupt landet. Es ist nicht für jede Gruppe und Organisation geeignet. Wenn ich auf eine Organisation stoße, die über Blau und ein bisschen Orange auf das Modell blickt, lass ich die Werteebenen lieber erstmal auf der Seite. Denn sonst wird die Sache zu verkopft und alle wollen nach Gelb, ohne nachzusehen, wo sie denn wirklich gerade stehen. In solch einem Fall fange ich damit an, überhaupt mal ein Bewusstsein für innere und äußere Ebenen zu schaffen. Eine Sprache für die Innenwelt einer Organisation zu kreieren, mit denen die Atmosphäre und Dynamik der Organisation entsprechend beschrieben werden kann. Da arbeite ich auch ein Stück weit mit den einzelnen Menschen und ihrer Selbstwahrnehmung, Emotionalität und Körperwahrnehmung. Denn ohne diese Erfahrungen ist ja ein Zugang zur grünen Ebene gar nicht möglich. Ich fördere also erst die Wahrnehmung einzelner Qualitäten, bevor ich mit Werteebenen zu arbeiten beginne. Weil sonst mach ich aus dem Modell ein Schubladensystem, um Menschen in besser und schlechter einzuteilen – und das ist nicht Sinn der Sache!

Nehmen wir an, wir haben eine Organisation in Orange, die in Richtung Grün aufbrechen möchte. Wie kann das funktionieren?

Das ist eine komplexe Frage. Im Endeffekt brauchst du eine Gleichzeitigkeit von innen und außen, wobei in meiner Erfahrung die innere Seite immer ein bisschen vorausgeht. Vor allem, wenn du den Sprung von Orange nach Grün ansprichst. Wie schon zuvor erwähnt, ist es ganz wesentlich bei dieser Bewegung, dass die emotionale Intelligenz sich entfalten darf. Mit Logik allein komm ich da nicht weiter. Ich kann Grün nicht einfach nur denken. Der Übergang geht erst dann, wenn sich eine dauerhafte menschliche Empfindsamkeit und Empathie bei einer kritischen Masse ausgebildet hat. Wenn wir jetzt eine dezentrale Organisation hernehmen, die schon ein Strukturmuster in Grün hat, dann sehe ich die Führungsebene beim Übergang im Lead. Sie muss gewährleisten, dass empathisches Verhalten und menschliche Unterstützung in den Teams gewährleistet sind. Diese Kompetenzen müssen zumindestens bei einem Teil der Führungspersonen und anderen Kompetenzträgern vorhanden sein, damit der Übergang gelingen kann. Sind sie das nicht, verhindert die Führungsebene diesen Übergang sehr oft. Da springen dann unbewusste Ängste und Sorgen an, dass man die orange Erfolgswelle nicht halten kann. In solch einem Fall ist es wichtig zu verstehen, dass ein immer höher und weiter und schneller eben nicht mit Grün zusammenpasst und dass es eine ganz andere Grundhaltung braucht. Eine, wo ich neben meiner Logik und Denk-Power auch meine Gefühle und Empfindungen bewusster wahrnehme und miteinbeziehe.

Passiert dies, ergibt sich eine zweite spannende Frage: »Wie sehr lassen sich die Menschen auf tiefere Beziehungen ein?« Das fiese ist ja, dass eine erhöhte Empathiefähigkeit im ersten Moment auch meine Verletzlichkeit steigert. Ich werde empfindsamer und das erhöht meine Sensibilität. Wenn das auf Unterstützung trifft, führt es zu einer Öffnung, was die Beziehungsfähigkeit und Kommunikation in der Tiefe betrifft. Dann kann der Übergang gut stattfinden und selbstorganisierte Teams und neue Arbeitsstrukturen können gehalten werden. Wenn dieser Shift auf der Beziehungsebene hingegen nicht stattfindet, dann werden die neuen Strukturen nur mit viel Anstrengung gehalten und irgendwann wird es als erwiesen angesehen, dass das Neue eben nicht funktioniert und man besser wieder zum Alten und Gewohnten zurückkehrt.

Der Shift von Orange nach Grün gelingt also über die Einbeziehung der Gefühlswelten. Wie würdest Du den Schritt auf die gelbe Ebene beschreiben?

An der Stelle forsche ich selbst immer wieder. Ganz ehrlich, wer kann klar von sich behaupten, dass er permanent auf Gelb unterwegs ist? Man kann ja schnell mal eine gelbe Zustandserfahrung machen, wenn man sich bewusst damit beschäftigt und Meditationserfahrung hat. So lässt sich der gelbe Zustand innerhalb einer Gruppe schon mal erleben. Aber permanent? Viele stellen gern die Frage, was nach Grün kommt und wie sie nach Grün weitergehen können. Ich finde, es geht gar nicht um weitergehen, sondern darum, mehr bei sich anzukommen. Gelb ist für mich etwas, wo ich alle sechs Werteebenen gesund und gleichzeitig integriert empfinde. Wo ich mich selbst bewusster wahrnehme und schaue, was für alte Muster, Glaubenssätze und Traumata aus meiner Sozialisation behindern mich denn, um bestimmte Werte zu integrieren? Das ist für mich der nächste Schritt in Richtung Gelb.

Danke! Braucht unsere Wirtschaft bzw. Gesellschaft den Sprung auf einen höheren Reifegrad?

Ich glaube ja! Ohne Evolution sieht es düster aus. Man könnte sagen, es ist ein Geschenk, jetzt zu leben. Wir haben wirklich die Chance, etwas mitzugestalten und gleichzeitig gibt es momentan super hohe Herausforderungen. Wir stehen vor der Frage: »Schaffen wir den nächsten evolutionären Sprung oder kontrahiert sich was, wo wir wieder stärker in Polarisierung und Gegeneinander verfallen?!«

Mir ist es wirklich ein Anliegen, dass wir als Gesellschaft die grüne Ebene mehr in unser Leben integrieren und eine bestimmte emotionale Intelligenz entwickeln. Dass wir uns Themen wieder fühlbar zugänglich machen und nicht nur mit dem Verstand draufschauen. Denn unser Verstand ist so tricky. Wenn ich meine Gedanken und inneren Welten nicht bewusst beobachten kann, dann gibt es immer wieder eine innere Stimme, die mir alle möglichen Handlungen rechtfertigt und sie für gut befindet. Wenn ich aber meine emotionalen Empfindungen wieder zuschalte, spüre ich, ob etwas wirklich in Ordnung ist oder eben nicht. So bekomme ich einen anderen Kompass, mit dem ich durch das Leben navigieren kann.

Wenn Du zum Abschluss nochmal an eine zukunftsfähige Gesellschaft denkst. Welche Qualität braucht es noch, um in eine nachhaltige Zukunft zu gelangen?

Die für mich wichtigste Kernqualität habe ich ja schon beschrieben. Ich finde, wir brauchen einen emotionalen Zugang und müssen wieder anfangen, tief zu fühlen. Abseits davon sehe ich die Intuition als wichtigen Future Skill. Vor allem die Pioniere brauchen diesen Zugang zu inneren Empfindungen und haben ihn teilweise ja auch schon. Wenn ich mit meinen Gefühlen, Gedanken und Körperzuständen überfordert bin, habe ich keinen Platz für neue Ideen. Wenn ich mich davon aber losreißen kann, schaffe ich einen freien Raum, wo Zukunft entstehen kann. Dann taucht auch die Möglichkeit auf, etwas wirklich Neues in die Welt zu bringen. Für mich ist es also ein Future Skill, wenn sich jemand freimachen kann von seinen Altlasten und somit empfänglich wird für etwas wirklich Neues!

Selbstreflexion

Eine der ältesten Methoden zur Selbstreflexion ist das Erzählen von Geschichten. Schon vor tausenden Jahren erzählten sich Menschen tiefgehende Geschichten, um sich selbst und die eigenen Werte, Ansichten und Haltungen zu hinterfragen. Jede Kultur hat dabei ihre eigenen Erzählungen, um die Persönlichkeit in Frage zu stellen und weiterzuentwickeln. Das berühmteste Beispiel zur Reflexionsfähigkeit von Geschichten lieferte der Anthropologe Joseph Campbell mit der Entdeckung der Heldinnenreise. Campbell stellte fest, dass unabhängig von deren Herkunft, alle Heldinnengeschichten eine ähnliche Herangehensweise aufweisen. Eine, die im Wesentlichen davon handelt, dass ein Mensch immer erst nach Innen gehen muss – den »inneren Drachen« besiegen muss – um im Außen zur Heldin zu werden.[10]

Heute leben wir in einer Zeit, die mehr braucht als die eine Heldin. Unsere globalen Missstände und Probleme verlangen nach einer ganzen Gesellschaft, die imstande ist, Altes loszulassen und Neues zu wagen. Wir brauchen also eine breite Masse, die sich selbst reflektieren und wenn nötig auch ändern kann. Angesichts der immer geschmackloser werdenden Grabenkämpfe in der Politik, einer stets nach Feindbildern suchenden Medienwelt und den Horden selbstverliebter Ich-AGs, muss man leider sagen, dass wir weit weg sind von einer reifen Gesellschaft. Aus diesem Grund erscheint uns die Selbstreflexion als eine Schlüsselfähigkeit am Weg in eine bessere Zukunft.

Achtsamkeitsmeditationen, das Erspüren der eigenen Ängste oder die Frage nach dem Sinn des Lebens verlangen den meisten Menschen noch sehr viel ab. Selbstreflexion ist dagegen etwas Geläufiges und die Notwendigkeit leuchtet fast jedem Menschen ein. Somit ist dieser Skill greifbarer als die anderen Skills. Dass die Selbstreflexion trotzdem nur ein Schattendasein fristet, liegt wohl daran, dass wir alle unsere eigene Definition davon haben. Viele wollen sich nur in Bezug auf eine Gruppe Gleichgesinnter reflektieren und nicht in Bezug auf sich selbst, die

Gesellschaft oder den Planeten. Diese eingeschränkte Herangehensweise reflektiert aber nur einen geringen Teil der eigenen Persönlichkeit und führt dann oft zu mehr Problemen als Lösungen.

Zu unserer Verteidigung muss man jedoch sagen, dass wir Selbstreflexion nie gelernt haben und sie vermutlich deshalb nicht verstehen! Aus diesem Grund werden wir auf den folgenden Seiten einige Prinzipien beschreiben, die uns zur ganzheitlichen Reflexion des eigenen Selbst notwendig erscheinen. Im Anschluss gehen wir darauf ein, wieso sie auch in der Nachhaltigkeit und bezüglich zukunftsfähiger Organisationen eine wichtige Rolle einnimmt.

Grundlagen

Aristoteles bezeichnete die Selbstreflexion als geistige Fähigkeit, über das eigene Denken nachzudenken. Ziel dabei ist es, die eigene Perspektive durch neue Erkenntnisse zu erweitern und eine Verhaltensänderung hervorzurufen. In der Regel analysieren wir dafür vergangene Erfahrungen und versuchen dann, diese auf aktuelle Ereignisse anzuwenden. Im Stufenmodell nach Atkins und Murphy wird dieser Herangehensweise Rechnung getragen und die Selbstreflexion in drei Stufen gegliedert:[II]

1. Sich unangenehmer Gedanken und Gefühle bewusst werden.
2. Die Situation kritisch analysieren.
3. Eine neue Perspektive entwickeln.

Stufe I erkennt man durch ein inneres Unwohlsein oder wenn man in einer schwierigen Situation nicht versteht, wie diese zustande gekommen ist. Im Weiteren ist man angehalten, sich mit den eigenen Gefühlen und Gedanken auseinanderzusetzen und diese zu hinterfragen. Und zwar bestenfalls so lange, bis man sich innerlich klar geworden ist, was genau passiert ist. Die Entwicklung einer neuen Perspektive hilft nun dabei, affektive und kognitive Veränderungen herbeizuführen und entsprechende Lerneffekte zu erzielen.

Die wichtigste Fertigkeit in diesem Prozess ist das Stellen von Fragen. Je nach Anwendungsfall können das situationsbezogene Fragen sein wie: »Wie kann ich solch schwierige Situationen zukünftig lösen; warum passiert sowas immer mir; wie haben andere die Situation wahrgenommen?« Oder wir greifen auf philosophische Fragen zurück wie zum Beispiel: »Führe ich das richtige Leben? Bin ich mit meinen Werten im Einklang? Was sind meine größten Schwächen bzw. Stärken und warum?«

Das Stellen der richtigen Fragen ist der Kern der Reflexion und macht diese zur Kunst. Damit sie aber zur hohen Kunst aufsteigt, ist es essenziell, dass jegliche Fragestellungen auch immer das eigene Selbst miteinbeziehen. Bei einfachen und bequemen Themen tun wir das meist ohnehin. Viele Menschen sind heutzutage imstande, sich und ihre eigenen Fehler zu reflektieren. Allerdings nur bis zu einem gewissen Grad. Dort, wo es beginnt, wirklich wehzutun, sehen wir nicht mehr allzu gerne hin. Das ist schade, denn genau dort schlummert meist das größte Potenzial für Veränderung! Um aber jene Themen zu beleuchten, die unangenehme Schmerzpunkte drücken, braucht es eine hohe, emotionale Kompetenz und das immer wiederkehrende Stellen der einen, essenziellen Frage:

»Was hat das alles mit mir zu tun?!«

In einer integralen Haltung können wir wiederkehrende, unangenehme Situationen – persönliche, berufliche wie auch gesellschaftliche – nicht einfach als Zufälle abstempeln! Ein schlichtes Abgeben der Verantwortung ist nicht mehr möglich. »Das passiert mir zwar schon zum dritten Mal, aber daran sind andere Schuld«, das ist ein Satz, den es im integralen Bewusstsein nicht mehr geben kann.

Selbstreflexion bedeutet immer auch eine Reflexion der eigenen Verantwortung in Bezug auf eine jeweilige Situation. Komme ich wegen ein und derselben Sache immer wieder in Konflikt, muss ich mich fragen wieso? Halte ich meine Wut oder Meinung gegenüber mich verletzenden Menschen immer wieder zurück, muss ich mich ebenso fragen wieso? In einer integralen Haltung geht es nicht darum, ein Schuldgeständnis abzulegen, sondern Verantwortung zu übernehmen. Und die Reflexion des eigenen Selbst kann einem dabei helfen, die eigene Verantwortung oder Verantwortungslosigkeit besser zu erkennen und dies für die Zukunft zu ändern.

Nun geht es in diesem Buch abseits der persönlichen Komponente aber auch um die organisationale und gesellschaftliche Ebene. Auch hier sind wir gefragt, stets den Bezug zu uns selbst zu wagen! Lass uns diese Haltung anhand einiger Beispiele zeigen:

- Klimawandel: »Was hat der Klimawandel mit mir zu tun?«
- Spaltung: »Wo sorge ich für Konflikte und Trennung?«
- Ego-Gesellschaft: »In welchen Situationen denke ich nur an mich und meine Familie?«

Auch gesellschaftliche Themen wollen nicht nur reflektiert, sondern selbstreflektiert werden. Tun wir das nämlich nicht, geben wir die Verantwortung automatisch an andere ab und es wird sich wenig bis nichts ändern. Deshalb empfehlen wir dir, die oberen Fragen einmal in Ruhe zu beantworten, ehe du im Text weitergehst.

Big 6

Um den Skill der Selbstreflexion besser greifbar zu machen, wollen wir jetzt noch die Persönlichkeit von uns Menschen genauer unter die Lupe nehmen. Aufgrund der Vielzahl von Persönlichkeitsmodellen möchten wir dir nur zwei Modelle vorstellen, die sich deutlich voneinander unterscheiden und dir zeigen sollen, wie unterschiedlich dieses Thema behandelt werden kann. Das eine Modell ist stark wissenschaftlich, das andere eher intuitiv. Entscheide selbst, welches der beiden Modelle dir mehr zusagt und dich weiterkommen lässt.

Eigentlich gab es lange nur die Big 5: Extraversion, Verträglichkeit, Offenheit, Neurotizismus und Gewissenhaftigkeit. Fünf Faktoren, die ihrerseits wieder in einzelne Merkmale unterteilt sind und die Persönlichkeit eines Menschen im Wesentlichen beschreiben sollen. Dem Modell entsprechend gilt eine extravertierte Person beispielsweise als herzlich, abenteuerlustig, fröhlich und durchsetzungsstark. Ein Mensch mit einer hohen Verträglichkeit ist kooperativ, freundlich und mitfühlend. Offene Menschen gelten als erfinderisch, interessiert und neugierig, neurotische Menschen werden dagegen als ängstlich, depressiv und emotional verletzlich beschrieben und gewissenhaften Menschen sind Merkmale wie Ordnungsliebe, Pflichtbewusstsein und Besonnenheit zugeordnet.[12]

Natürlich ist jeder der fünf Faktoren als Kontinuum zu verstehen. Wir befinden uns bei diesen Faktoren also immer auf einer Skala, die beispielsweise von sehr gewissenhaft über halbwegs gewissenhaft bis überhaupt nicht gewissenhaft reichen kann. Aufgrund dieser vielschichtigen Unterteilung lassen sich tausende Charaktervarianten unterscheiden, was die Big 5 zum weitverbreitetsten wissenschaftlichen Modell der Persönlichkeit gemacht hat. Anhand dieser fünf Faktoren beschreiben Psychologinnen weltweit die Persönlichkeiten von Millionen von Menschen. Einmal beschrieben, lassen sich diese hervorragend zur Selbstreflexion heranziehen. Wurde etwa beim Faktor »Gewissenhaftigkeit« eine geringe Ausprägung festgestellt, so lässt sich gezielt an dieser Eigenschaft arbeiten.

Die Big 5, so zeigen es zahlreiche Studien, sind sehr zuverlässig in der Beschreibung einer Vielzahl von Menschen in sogenannten WEIRD-Ländern. WEIRD steht dabei für »White, Educated, Industrialized, Rich and Democratic«. Außerhalb dieser WEIRD-Bevölkerung lässt die Aussagekraft aber merklich nach. So konnten Rachid Laajaj und sein Team aus Kolumbien nachweisen, dass das 5-Faktoren-Modell in Ländern mit mittlerem oder geringem Bruttoinlandsprodukt nicht ausreichend aussagekräftige Ergebnisse liefert. Kurz gesagt, taugen die Big 5 nicht als globales Beschreibungsmodell der Persönlichkeit, weshalb sich in den letzten Jahren ein neues, um einen Faktor ergänztes Modell durchzusetzen beginnt.[13]

Die Big 6, auch HEXACO-Modell genannt, fügen mit Ehrlichkeit, Bescheidenheit einen weiteren Faktor hinzu. Dabei findet sich Aufrichtigkeit, Fairness und Genügsamkeit auf der einen Seite der Skala, während Eigenschaften wie Habgier oder Überheblichkeit am anderen Ende zu finden sind. Dieser sechste Faktor erlaubt nun genauere Ergebnisse, vor allem in ethisch moralischen Fragen. Möchte man beispielsweise die Anfälligkeit einer Person für Straftaten erheben, so kann dies über zielgerichtete Fragen zum sechsten Faktor bestimmt werden. Mittlerweile gibt es zudem Studienergebnisse, wonach das 6-Faktoren-Modell auch in WEIRD-Ländern genauere Ergebnisse liefert als die Big 5. HEXACO steht für »Honesty-Humility, Emotionality, Extraversion, Agreeableness, Conscientiousness, Openness«. Die Darstellung 9 zeigt die 6 Faktoren auf anschauliche Weise. Dabei ist zu erwähnen, dass der Begriff Neurotizismus gegen Emotionalität getauscht wurde. Solltest du nun Lust haben, deine eigene Persönlichkeit unter die Lupe zu nehmen, findest du dutzende Möglichkeiten für Big 5- oder HEXACO-Tests im Internet.

Dar. 9: Das HEXACO-Persönlichkeitsmodell

Ich – Stefan – möchte dir jetzt zeigen, wie sich dieses Persönlichkeitsmodell zur Selbstreflexion verwenden lässt. Ich habe über einen HEXACO-Test im August 2023 herausgefunden, dass bei mir zwei der sechs Faktoren keine groben Abweichungen im gesellschaftlichen Vergleich ergeben. Die Faktoren Ehrlichkeit-Bescheidenheit und Extraversion sind hingegen überdurchschnittlich, der Faktor Offenheit ist stark überdurchschnittlich und der Faktor Emotionalität ist unterdurchschnittlich. Dass ich ein ehrlicher, bescheidener und sehr offener Mensch bin, hätte ich nie in Frage gestellt und die Ergebnisse haben mich somit nicht überrascht. Meine starke Offenheit führt manchmal dazu, dass andere Menschen meine Grenzen missachten. Doch das ist mir bewusst und ich kann da mittlerweile gut reagieren.

Die überdurchschnittliche Extraversion hat mich allerdings verwundert. Ich hätte mich selbst als eher introvertiert beschrieben. Dass der Test etwas Gegenteiliges ergab, hat mich dazu bewogen, dies zu reflektieren. Unter anderem mit der Erkenntnis, dass ich mich in manchen Situationen nicht so gerne zeige, wie ich wirklich bin. Ich habe dann Angst, dass meine dynamische Art andere überfordern könnte und verhalte mich lieber still – was aber nicht immer meinem Wesen entspricht. Denn auch wenn ich die Stille schätze, bin ich manchmal nur deshalb still, um die Harmonie zu wahren. Wenn ich etwa zu einer Gesprächsrunde über die existenziellen Probleme unserer Zeit eingeladen werde, ist diese Zurückhaltung eher kontraproduktiv. Statt eine fälschliche Harmonie zu wahren, wäre ich dann gern mal lauter und würde lieber noch klarer Stellung beziehen. Eine Lernaufgabe, die ich mir gerne mitnehme.

Die unterdurchschnittliche Emotionalität hat mich ebenso überrascht. Ich traue mich zu sagen, dass ich ein durchaus impulsiver Mensch sein kann. In der Selbstreflexion ist mir jedoch bewusst geworden, dass diese impulsive Art ein früheres Ich beschreibt und mein heutiges Ich nur mehr in besonderen Situationen impulsiv reagiert. Gleichzeitig hat mir das Ergebnis gezeigt, dass ich meine Ängste mittlerweile sehr bewusst wahrnehmen kann und sie mich nur wenig zu manipulieren imstande sind. Allerdings habe ich das Gefühl, dass auch meine Anteilnahme am Leben anderer Menschen und Lebewesen schon mal höher war. Ob ich deshalb weniger mitfühlend bin oder einfach nur weniger mitleide, habe ich noch nicht klären können. Doch egal worauf ich hier noch komme, eines ist mir schon jetzt bewusst: Meine Anteilnahme hat immer noch Luft nach oben und daran möchte ich in Zukunft verstärkt arbeiten.

Medizinrad

Ein gänzlich anderer und zudem deutlich älterer Zugang zur eigenen Persönlichkeit ist die Arbeit mit dem Medizinrad. Schon vor tausenden Jahren reflektierten Menschen den Prozess des Lebens überall auf dem Planeten mittels der vier Himmelsrichtungen. Damit dieses Werkzeug wieder mehr Personen zugänglich wird, haben die beiden Visionssuche-Pionierinnen Steven Foster und Meredith Little die Prinzipien der Medizinradarbeit niedergeschrieben und in ihrem Buch »Die Vier Schilde« veröffentlicht.[14]

Den vier Himmelsrichtungen sind dabei ganz eigene Qualitäten und Aspekte des Menschseins zugeordnet. So finden wir im Norden den Verstand, im Osten den Geist, im Süden den Körper und im Westen die Psyche. Im Osten ist zudem der Frühling und die Erneuerung zu finden, der Süden steht für den Sommer und die Kindheit, der Westen für den Herbst und die Jugend und der Norden zeigt symbolisch den Winter und das Erwachsenenalter an. Um die Idee des Medizinrades besser zu verstehen, wollen wir dir eine kleine Geschichte erzählen, mit deren Metapher die Reise im Medizinrad hoffentlich noch deutlicher wird.

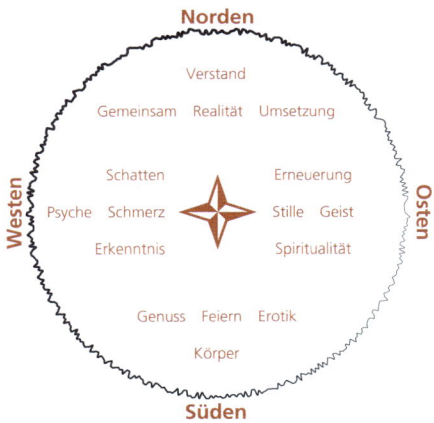

Dar. 10: Medizinrad

Wenn man sein Leben auf diesem Planeten beginnt – wenn man geboren wird – ist man erst einmal Kind (Süden). Kindsein hat etwas Unschuldiges. Dabei geht es zuallererst um das spielerische Lernen. Man tut, worauf man Lust hat und lernt auch seinen Körper kennen.

Dann wird man älter und ist irgendwann nicht mehr Kind, aber auch noch nicht erwachsen. Man kommt in die Jugend und lernt sich und seine Gefühle kennen (Westen). Als Jugendliche kann man nicht mehr alles machen, ohne Rücksicht auf Verluste. In dieser Lebensphase beginnt man also, seine Handlungen zu reflektieren und reifer zu werden. Zudem wird man sich im besten Fall die Frage stellen, was man im Leben mal tun möchte, weshalb auch die Sinnsuche in dieser Himmelsrichtung ein großes Thema ist.

Wenn man den Westen gut durchlebt und für sich nutzen kann, kommt es im Anschluss zur Initiation in das Erwachsensein (Norden). Man übernimmt Verantwortung für sich und die Gemeinschaft. Jetzt ist man bereit zu handeln, seine Gaben für die Gemeinschaft einzusetzen und seine Wünsche und Träume in die Umsetzung zu bringen.

Je älter und – hoffentlich – weiser man wird, desto näher kommt man dem irdischen Tod. Umso wichtiger werden Themen wie Spiritualität oder nicht weltliche Dinge (Osten). Und wenn der Tod einen dann ereilt hat, kommt es zur Wiedergeburt und Erneuerung, weshalb der Osten auch für Transformation und Vision steht.

Die Geschichte zeigt in Kurzform die sogenannte Initiationsreise im Medizinrad. Jetzt ist es im realen Leben natürlich so, dass man als Jugendliche nicht die Zeit hat, den gesamten Pool an inneren Themen zu reflektieren und (s)einen tieferen Sinn im Leben zu erkennen. Die Folge davon ist eine Erwachsene, die nicht vollständig gereift ist und das ist ganz normal. Aus diesem Grund – so die Idee – wird das Medizinrad immer und immer wieder durchlaufen.

Einfach gesprochen beginnt ein neuer Zyklus, wenn man als erwachsene Person erkennt, dass gewisse Teile im Leben nicht gut funktionieren. Um das in der Tiefe zu verstehen, braucht es Stille und man befragt den Osten, wo es dann zu Erneuerung kommen kann. Aus dieser Stille verbindet man sich mit dem Körper (Süden), reflektiert sich selbst (Westen) und erntet im besten Fall neue Weisheit für das eigene Erwachsensein (Norden).

Dem Medizinrad entsprechend lebt ein ausgeglichener und ganzheitlicher Mensch alle Qualitäten der vier Schilde in gesundem Ausmaß, weshalb wir dir noch weitere Qualitäten der einzelnen Himmelsrichtungen aufzeigen möchten. Es sei allerdings erwähnt, dass das Medizinrad sehr umfangreich ist und wir nur einen Bruchteil der gesamten Lehre wiedergeben können und möchten:

- Süden: Sexualität, erotische Liebe, Tanz, Genuss, Feiern – aber auch *Sucht*
- Westen: Erkenntnis, Selbstliebe, Sinn, Schatten – aber auch *Depression*
- Norden: Realität, Nächstenliebe, Struktur, Planung – aber auch *Starre*
- Osten: Nicht Stoffliches, Visionen, die Liebe zum Höchsten – aber auch *Verträumtheit*

Wer nun sich und sein Leben im Medizinrad genauer betrachten möchte, kann dies in jedem beliebigen Raum mit oder ohne Begleitung tun. Wir gestalten den Prozess dabei wie folgt: Zuallererst gilt es, die vier Himmelsrichtungen auszumachen und diese im Raum zu markieren. Im Anschluss atmet man tief durch und betritt das Medizinrad. Und zwar in jener Himmelsrichtung, die einen gerade anspricht. Dort spürt man in sich hinein und lässt seinen Gedanken freien Lauf. Sollte von sich aus nichts hochkommen, kann man auch nachhelfen und beginnen, die aktuelle Lebenssituation oder auch ein bestimmtes Thema entsprechend der jeweiligen Himmelsrichtung zu reflektieren.

Ich – Julia – möchte dir jetzt zeigen, welche Einsichten ich aus einer Medizinradreise im Oktober 2023 ziehen konnte. Ich bat damals Stefan, mich beim Prozess zu begleiten und wir legten zuerst vier Elemente als Kennzeichnung der Himmelsrichtungen im Raum auf. Im Anschluss gingen wir beide in eine stille Meditation, ehe ich mich meinen Gedanken und Gefühlen im Medizinrad zuwandte. Der ganze Durchlauf war sehr intensiv und dauerte über eine Stunde, weshalb ich dir im Folgenden nur manche meiner Erkenntnisse in Ich-Perspektive wiedergeben kann:

Zuerst zieht es mich in den Osten, wo ich mich naturgemäß sehr wohl fühle. Ich fühle mich wohlig, herzoffen und irgendwie zuhause. Und auch wenn mir bewusst wird, dass ich in meiner noch jungen Mutterrolle gerade wenig Zeit für Stille habe, so empfinde ich meinen Osten sehr kraftvoll und gestärkt. Dieses Gefühl genieße ich ein paar Momente lang, ehe ich weiterziehe in Richtung Süden.

Dort kommt mir sofort ein Bild von unserem diesjährigen Change Maker Retreat in den Sinn. Eines, wo ich viel getanzt, geschwitzt und gelacht habe. Ich spüre meine Sehnsucht nach Feiern, Lagerfeuer und Gemeinschaft. Ich sehe ein inneres Bild von mir, aus meiner Jugend, wie ich am Feuer stehe, eine Flasche Wein in der Hand halte und die Musik genieße. Momentan feiere ich gar nicht. Ich habe das Gefühl, ich kann und darf mir das nicht erlauben. Ich bin jetzt Mutter und muss erwachsen und verantwortungsbewusst sein. Das macht mich schwer und ich merke plötzlich, dass nicht mehr der Süden, sondern die Stimme des Nordens in mir spricht.

Ich wechsle in den Norden und beginne dort automatisch mit den Zähnen zu knirschen. Das erinnert mich an meine Verbissenheit, mit der ich meine hohen Ideale im Bereich der Nachhaltigkeit zu verfolgen versuche. Ich spüre die Strenge, die Routine und auch die Lustlosigkeit, die damit oft einhergeht. Mir kommt ein Satz in den Sinn: »In meinem souveränen Königreich ist kein Platz zum Feiern. Ein souveräner Mensch trinkt keinen Wein aus der Flasche.« Dieser Satz schmerzt und veranlasst mich, in den Westen zu wechseln.

Im Westen tauchen Selbstzweifel auf. Viele Gedanken und Gefühle kommen plötzlich hoch. Ich erkenne die stets kritische Zweiflerin in mir. Würde ich ihr freien Lauf lassen, würde diese Stimme alles in mir anzweifeln. Meinen Weg, wie ich bin, was ich beruflich tue u. v. m.! Mir wird bewusst, wie sehr mich diese Zweiflerin manipulieren kann und wie wichtig mein Osten ist, um sie in Schach zu halten. Ich blicke rüber zum Osten, bedanke mich und wechsle noch ein letztes Mal in den Süden.

Im Süden danke ich mir für alles, was ich im Leben schon geschafft habe. Ich sage mir selbst, dass ich ein wunderbarer Mensch bin, dass ich feiern darf und dass ich trotz der vielen Probleme auf unserem Planeten das Leben genießen darf. Das ist mir eigentlich bewusst – und trotzdem vergesse ich es immer wieder mal im Stress des Alltags. Zu guter Letzt setze ich mich in die Mitte, bedanke mich für die tiefen Erkenntnisse zu meiner inneren Zweiflerin und wir beenden das Ritual.

Selbstreflexion als Future Skill

Dass die Reflexion des eigenen Lebens einen Schub in Sachen Lebensqualität bewirken kann, leuchtet sicherlich ein. Dass sie aber auch auf gesellschaftlicher Ebene und bezüglich Nachhaltigkeit eine enorm wichtige Rolle spielt, ist weniger bekannt und soll nun dargestellt werden. Wir werden im Folgenden also gesellschaftlich relevante Themen aus unserer Sicht heraus reflektieren. Damit wir aber dem Buchtitel gerecht werden und dich nach Innen führen können, muss diese Reflexion auch bei dir stattfinden. Selbstreflexion muss immer auch das eigene Selbst miteinbeziehen. Zu diesem Zweck stellen wir nach jedem Abschnitt eine Reflexionsfrage mit der Bitte, diese kurz für dich zu beantworten, ehe du dich den nächsten Texten zuwendest. In diesem Sinne wünschen wir dir spannende Erkenntnisse und eine gute Reise nach Innen!

Die Nord-Süd-Gesellschaft

Beginnen wir mit einer Reflexion entsprechend dem Medizinrad. Wo befindet sich die geopolitisch als »westlich« bezeichnete Gesellschaft momentan auf dem Medizinrad? Wir Autorinnen würden das wie folgt interpretieren, wobei wir natürlich ein besonderes Augenmerk auf die deutschsprachigen Länder legen.

Der heutige Mensch scheint im Norden gefangen. Die Schulung des Verstandes steht über allem. Dieser Verstand möchte planen, strukturieren und umsetzen. Und weil er das so gut kann, hält er planen, strukturieren und umsetzen auch für die wichtigsten Eigenschaften, die ein Mensch haben kann. Alles andere ist nebensächlich. Man lebt ja in der Realität und da zählen jene Dinge, die man anfassen kann, einfach mehr als alle anderen. So hat sich eine Gesellschaft ergeben, die materiell gesehen alles hat. Alles, außer einer Seele. Die wurde irgendwo vergessen, vermutlich wurde sie nicht eingeplant. Deshalb leben wir heute in einer sauberen, bürokratischen, durchstrukturierten, aber weitgehend herzlosen Welt. Das Herz ist dem Verstand, so wie wir ihn nutzen, nämlich relativ fremd. Das Herz zählt maximal in der Freizeit. In der Arbeit zählt der Verstand.

Also nochmal: Der heutige Mensch ist im Norden gefangen. Allerdings ist dies kein wirklich reifer Norden und ob man uns demnach als erwachsen beschreiben kann, sei dahingestellt. ErWACHsene Menschen haben einen wachen Verstand und treffen kluge, reife und weitsichtige Entscheidungen. Zudem bezieht ein reifer Verstand immer Herz und Körper mit ein und lässt auch der Stille seinen Platz. Ein unreifer Verstand agiert hingegen autonom, überhastet und sinnbefreit. Was dabei rauskommt, sehen wir täglich in den Medien.

Da das Leben in nur einer Himmelsrichtung aber fast unmöglich ist, gönnen sich die meisten Menschen noch eine zweite Himmelsrichtung, den Süden. Im Süden wird gefeiert, getanzt, gevöllert und das Leben genossen. Um unsere Konsumgesellschaft am Laufen zu halten, brauchen die meisten nach fünf Tagen sinnbefreiter Verstandeswelt dringend zwei Tage Sinneswelt. Hier werden die Sorgen, der Stress und alles, was sonst noch die Woche angefallen ist, einfach »weg-gesoffen«, »weg-gesnieft« oder »weg-gewellnesst«. Diese zwei Tage sind wichtig, nein, unumgänglich. Sie sind lang genug, um sich einigermaßen zu regenerieren und kurz genug, um nicht auf blöde Gedanken zu kommen. Gedanken wie: »Macht solch ein Leben und Wirtschaften überhaupt noch Sinn?!«

Wer dann doch mal aus dem Nord-Süd-Zyklus ausbricht und es in den Westen schafft, erreicht diesen meist aufgrund eines Burnouts oder wegen einer Depression. Wenn man zu lange Zeit zu wenig auf sich selbst hört, landet man zwangsweise irgendwann im Westen. So gesehen ist manche Krise ein Geschenk des Lebens. Wer dies nicht akzeptieren kann, wird nur das Nötigste tun, ein paar Coachings machen und sich wieder dem Nord-Süd-Zyklus hingeben, ehe die nächste Krise ins Haus steht. Wer die Krise allerdings als Geschenk annimmt, wird womöglich reifen und zu einem wachen Erwachsenen werden.

Dazu braucht es aber noch die Qualitäten des Ostens. Eine Himmelsrichtung, die manchmal tot erscheint in unseren Breiten. Für Stille und Andacht ist einfach kein Platz vorgesehen. Diese haben wir allerdings bitter nötig, um wirklich in die Erneuerung und Transformation zu kommen. Weihnachten und seine einzig stille Nacht des Jahres sind zu wenig, um gesellschaftlich auch im Osten voranzukommen – oder anders ausgedrückt – endlich mal zu ruhen und nicht voranzukommen!

Der geopolitisch westliche Mensch – als Stereotyp betrachtet – wechselt immerzu zwischen Norden und Süden, ohne dabei die Qualitäten des Ostens oder Westens ins Blickfeld zu nehmen. So werden wir als Gesellschaft nicht erwachsen und bleiben innerlich gesehen im Jugendalter stecken. Und das mit einer Wirtschaft, die nur sich selbst dient und Mensch und Natur außer Acht lässt. Wollen wir die drängenden Probleme unserer Zeit hingegen lösen, so verlangt es mehr denn je nach erwachsenen Entscheidungen und erwachsenen Menschen, die mutig und beherzt in die Umsetzung kommen. Deshalb sehen wir es als wesentliches Lernfeld, die Qualitäten aus Ost und West in unser Leben zu integrieren, damit wir als Gemeinschaft endlich einen reifen Norden kultivieren!

> Reflexionsfrage: Welche der vier Qualitäten sind in deinem Leben gerade präsent und welche vernachlässigst du?

Der globale Zustand als Spiegel unserer selbst

Eine alte Weisheit besagt, dass unsere äußere Erscheinung immer ein Spiegel dessen ist, wie es uns im Inneren gerade geht. Auf individueller Ebene lässt sich das leicht nachvollziehen. Wer weint, empfindet entweder ein tiefes Berührtsein, das Gefühl von Trauer oder einen physischen Schmerz. Wer lacht, ist erfüllt von Freude, Dankbarkeit oder auch Schadenfreude. Das innere Empfinden drückt sich in der Außenwelt entsprechend aus und die äußere Erscheinung lässt wiederum auf die innere Befindlichkeit schließen. So weit so gut.

Auf planetarer Ebene ist das unserer Ansicht nach nichts anderes! Unsere Wälder stehen ständig unter Stress. Immer mehr Nachfrage nach dem Rohstoff Holz, immer höhere Temperaturen, immer weniger Niederschläge, dafür intensiver und in unberechenbaren Massen. Kein Wunder, dass die Wälder vulnerabler werden und Waldbrände heute doppelt so viele Bäume vernichten wie noch vor 20 Jahren. Ein gestresster Wald brennt einfach leichter aus.

Bei uns Menschen ist das nichts anderes, auch wir stehen ständig unter Stress. Eine immer komplexer werdende Arbeitswelt, die ständige Erreichbarkeit über neue Technologien und viele alte Glaubenssätze, wonach wir stets produktiv sein müssen – sind Gründe dafür. Kein Wunder, dass wir Menschen vulnerabler werden, die Burnout-Raten ansteigen und die Weltgesundheitsorganisation (WHO) Depression schon 2030 als größte Krankheitslast sieht.[15]

Ein anderes Beispiel für den Spiegel von Innen- und Außenwelt ist der Umgang mit unserem lebensspendenden Planeten. Unsere Erde steht ständig unter Stress. Nicht nur, dass wir ihr gehörig einheizen, wir rauben sie aus, lassen sie nicht regenerieren, zerstören ihre Ökosysteme und versuchen diese später wieder künstlich herzustellen, was meist nur bedingt funktioniert.

Beim lebensspendenden Körper von uns Menschen ist dies nicht viel anders. Auch dem setzen wir gehörig zu, mit minderwertigem Essen, psychischem Stress, kaum Bewegung und viel zu wenig Ruhe- und Entspannungszeiten. Und wenn der Mensch dann spätestens mit Anfang vierzig plötzlich immer öfter erkrankt, wollen wir ihn künstlich wieder reparieren. Mit Operationen, einwöchigen Diäten oder jeder Menge Pillen, welche aber meist nur den Schmerz betäuben, das Problem aber keineswegs lösen. Wir Menschen lieben einfach die Symptombekämpfung sowohl im ökologischen wie auch im medizinischen Bereich!

Wenn wir nun ausbrechen möchten aus diesem Spiegelspiel, müssen wir uns innerlich und äußerlich verändern. Und weil gesellschaftliche Veränderung beim Einzelnen beginnt, werden wir genau dort ansetzen müssen. Am Anfang jeder Veränderung steht immer ein Reflexionsprozess. Ohne sich selbst zu reflektieren, ist man nicht imstande, die Probleme der Welt auch als die eigenen Probleme anzuerkennen. Zu erkennen, dass viele der zuvor beschriebenen Muster und Verhaltensweisen nicht nur andere betreffen, sondern auch einen selbst. Womöglich haben wir mit den beiden Beispielen nichts gefunden, dass genau dich, liebe Leserin, im Moment betrifft. Aber es gibt bestimmt dutzende Themen in deinem Leben, wo du reflektieren und somit erkennen kannst, wie deine äußeren Handlungen deine innere Einstellung widerspiegeln. In vielen Fällen wird womöglich keine Änderung vonnöten sein. Aber wenn du keine Heilige bist, dann wird es auch Themen geben, wo du hinsehen und dich neu ausrichten darfst. Und wenn du diese dann siehst, reflektierst, bearbeitest und innerlich löst, dann wirst du auch im Außen etwas lösen und der Welt noch besser deine Dienste erweisen können.

> Reflexionsfrage: Denk bitte an etwas in deinem Leben, wo du dich NICHT nachhaltig verhältst. Welche innere Einstellung spiegelt dein Verhalten wider und wie kannst du das ändern?

Im Herzen der Demokratie

Wer die vorigen Texte schnell überflogen hat, ohne sie zu reflektieren, wird uns Autorinnen womöglich für sehr kritische Geister halten. Für Menschen, die der modernen Gesellschaft kaum Gutes abgewinnen können. Das stimmt so nicht. Wir sind durchaus kritisch, sehen in unserem westlichen System aber auch viele gute Seiten! In einem Kapitel über Selbstreflexion ist es nötig, Kritik zu üben und unser gesellschaftliches Leben einer kritischen Reflexion zu unterziehen. Ja, wir westlichen Menschen haben einiges zu lernen. Ja, wir tragen mit unserem Verhalten, unseren Handlungen und Entscheidungen zu vielen Missständen bei. Ja, wir haben ein System hervorgebracht, dass schwerfällig ist und die Probleme unserer Zeit nicht zu lösen imstande scheint. Aber es gibt auch unglaublich viel Gutes, das in der westlichen Hemisphäre hervorgebracht wurde und es ist uns wichtig, dies hiermit hervorzuheben.

Moderner Umweltschutz, geregelte Arbeitsrechte, eine umfassende medizinische Versorgung, ein weitgehend freier Zugang zu höherer Bildung und demokratisch legitimierte Institutionen sind nur einige Beispiele für die wertvollen Dinge, die es bei uns gibt. Vor allem die westeuropäische Demokratie ist verglichen mit ziemlich allen anderen Regionen der Erde ein echter Segen. Wo sonst lässt sich eine Meinung derart frei äußern? Wo sonst können Menschen aus knapp einem halben Dutzend Parteien ihre Repräsentantinnen wählen? Wo sonst gibt es derart gute und hohe Sozialleistungen? Wo sonst ist es möglich, sich in nahezu allen Vierteln einer Großstadt frei und sicher zu bewegen?

Natürlich hat auch unsere Demokratie noch einiges Verbesserungspotenzial. Gerade im letzten Jahrzehnt sind die Angriffe auf unsere gesellschaftlichen und politischen Institutionen wieder stärker geworden. Aber nicht nur das, auch die Institutionen selbst haben manchmal ein eher mangelhaftes Demokratieverständnis gezeigt. Aber dass uns solche Missstände sofort auffallen, zeigt auch, wie wichtig uns die Demokratie ist und wie vergleichsweise tief sie hierzulande dann doch verankert ist. Als Europäerinnen leben wir im Herzen der Demokratie – und dafür darf man, bei aller Kritik, auch mal dankbar sein!

> Reflexionsfrage: Wofür bist du unserem westlichen System so richtig dankbar?

Selbstreflexion in Organisationen

Was bedeutet Selbstreflexion für Organisationen und wie lässt sie sich für die Persönlichkeitsentwicklung einsetzen? Diese Frage ist eine große! Vor allem deshalb, weil die Selbstreflexion eine vielschichtige Kompetenz ist und mit den anderen Kompetenzen in Zusammenhang steht. Wer mit seinen Emotionen kompetenter umgehen möchte, wird sich selbst reflektieren müssen. Wer seine Beziehungsfähigkeit erhöhen möchte, wird sie ebenso brauchen und auch bei der Suche nach dem tieferen Sinn im Leben kann sie wertvolle Erkenntnisse liefern.

Da sie bei fast jedem Skill eine Rolle spielt, werden wir die organisationalen Beispiele hier auf ein paar wenige beschränken. Im weiteren Verlauf des Buches werden uns bei den anderen Skills aber stets Beispiele begegnen, welche die Fähigkeit zur Selbstreflexion ebenso voraussetzen wie die besprochenen Fähigkeiten selbst. Die folgenden Zeilen stellen also nur den Beginn dar, Organisationen in Bezug auf Zukunftsfähigkeit zu reflektieren.

Reflexion zum Ausgleich für fehlende Gesetze

Wir sind der Überzeugung, dass eine fortschrittliche Organisation die Selbstreflexion nicht nur als Selbstzweck verstehen darf! Vor allem jene Organisationen, die es ernst meinen mit der Nachhaltigkeit, mögen dies doch erstmal ohne Anreize unter Beweis stellen. Schon allein deshalb, weil es im wirtschaftlichen Kontext einfach vorkommt, dass eine umweltfreundliche oder sozial motivierte Entscheidung auf kurze Sicht weder hohe Gewinne bringt noch Wettbewerbsvorteile ergibt oder gesetzlich von Nöten ist. Doch auch ohne ersichtliche Vorteile braucht die Welt genau solche Organisationen.

Die Welt braucht Organisationen, die trotz fehlender Gesetze und Rahmenbedingungen das Richtige tun. Organisationen, die ethisch handeln, der Ethik wegen. Die naturfreundlich wirtschaften, der Natur wegen. Die sozial agieren, der Menschen wegen, und nicht, weil es Gesetze und Aktionärinnen so verlangen oder sonst ein Shitstorm droht. Eine zukunftsfähige Organisation braucht keine Anreize von außen, um das Richtige zu tun. Stattdessen reflektiert sie sich und ihr Handeln – und trifft dann ihre Entscheidungen.

Eine solche Organisation ist nicht nur ein Segen für Mensch und Natur, sie ist auch hochgradig resilient, weil sie stets aus innerer Überzeugung handelt und sich der Motivation ihrer Mitarbeiterinnen sicher sein kann. Um nun solch eine selbstbestimmte Organisation zu werden, zu sein und zu bleiben, benötigt es eine Belegschaft, die sich und ihre Entscheidungen reflektiert. Die nichts als gegeben nimmt und sich bewusst ist, dass jegliche Entwicklungen – innere wie äußere – stets weitergehen und nie stehenbleiben oder abgeschlossen sind. Solch flexible

Organisationen prägen unser Wirtschaftsleben, bringen uns gesellschaftlich voran und sind ihren Mitbewerberinnen auch meist einen Schritt voraus!

> Reflexionsfrage: Welche Organisationen imponieren dir und warum?

Employer Branding

Eine moderne Gesellschaft muss imstande sein, sich selbst immer und immer wieder zu reflektieren. Eine moderne Organisation muss das auch. Insbesondere deshalb, um im Wettbewerb um Talente langfristig bestehen zu können. Kreative, intelligente, umgängliche, teamfähige und gut ausgebildete Menschen können es sich heute aussuchen, welcher Organisation sie ihre Arbeitskraft schenken möchten. Und wer die jungen Menschen von heute kennt, weiß, dass Geld allein nicht mehr den Ausschlag gibt. Altbackene Organisationen mit starren Strukturen und kaum Entwicklungsmöglichkeiten können noch so viel Kohle bieten, sie werden die klugen Köpfe der nächsten Generation damit nicht für sich gewinnen.

Wir denken bei diesem Thema gerne an die »Das ist einfach so«-Vorgesetzten. Führungspersonen, die jegliche Fragen mit »das ist einfach so« oder »das machen wir schon immer so« oder »das weiß keiner so genau« beantworten. Wer nach 1980 geboren wurde und eine solche Person vorgesetzt bekommt, wird spätestens nach der fünften unbeantworteten Frage das Handtuch werfen. Junge, engagierte und gut ausgebildete Talente wollen nicht einfach nur zuarbeiten, sie wollen mitarbeiten, sprich mitreden, mitdiskutieren, mitplanen und mitkreieren. Wenn sie also feststellen, dass irgendwo in der Organisation etwas nicht gut läuft, ein Produkt fehlerhaft ist, eine Dienstleistung veraltet scheint oder ein umweltschädliches Material zum Einsatz kommt, dann wollen sie etwas unternehmen. Vielleicht nicht immer gleich und auch nicht immer selbst, aber sie wollen, dass etwas passiert.

Wenn die Führungskräfte einer Organisation nun komplett starr sind, eigene Fehler und Missstände nicht sehen können und jeglichen Veränderungswillen untergraben, werden sie die wirklich engagierten Mitarbeiterinnen über kurz oder lang verlieren. Aus diesem Grund erscheint uns die Reflexionsfähigkeit von

Unternehmen auch für das »Employer Branding«, also die Markenbildung einer Organisation als Arbeitgeberin, ungemein wichtig. Womöglich wird man mit einer guten Marketingkampagne genügend talentierte Menschen ins eigene Unternehmen bringen. Diese aber auch zu halten, verlangt nach einer ausgeprägten Veränderungsbereitschaft.

Nehmen wir die Berufsgruppe der Nachhaltigkeitsmanagerinnen als Beispiel zur Hand. Seit etwa einem Jahrzehnt leistet sich jede größere Organisation eine solche Stelle bzw. Abteilung. Das ist eine schöne Entwicklung. Leider ist es oft der Fall, dass die Führungskräfte besagter Organisationen nicht mit den Nachhaltigkeitsmanagerinnen kooperieren wollen. Sie glauben nämlich, dass sie selbst viel besser wüssten, wie Nachhaltigkeit in der eigenen Abteilung umgesetzt werden muss. Und ohnehin sei man ja schon am richtigen Weg. Da dies selten stimmt, ändert sich nicht viel und die wirklichen Expertinnen räumen irgendwann ihren Tisch – aus Frust, Resignation oder Langeweile. Wir kennen viele CSR- und ESG-Managerinnen, die hoch motiviert ihre Jobs begannen und ein Jahr später wieder kündigten, weil es seitens der Führungsebene einfach keinen Willen gab, die eigenen Probleme anzusehen.

| Reflexionsfrage: Was außer Geld ist dir besonders wichtig in deinem Berufsleben?

Die reflektierte Führungskraft

Ein direktiver Führungsstil kommt heute nicht mehr gut an. Mehr noch. In einer Studie der Universität Mannheim und dem Versicherungsunternehmen Euler Hermes konnte gezeigt werden, dass ein autoritärer und rigider Führungsstil einer der fünf relevantesten Gründe für Firmeninsolvenzen ist. Dennoch läuft Führung in vielen Organisationen noch immer direktiv oder aufgabenzentriert und nicht personenzentriert ab. Stellen heutige Führungskräfte ihre eigene Führungsqualität nie infrage, wird sich daran nichts ändern. Allerdings werden Organisationen mit derartigen Führungskräften wohl kaum noch qualifiziertes Personal finden oder die nächsten Jahrzehnte überleben.[16]

Eine moderne Führungskraft muss die eigenen Mitarbeiterinnen kennen, um ihre Potenziale und Schwächen wissen und Aufgaben entsprechend zuteilen können. Darüber hinaus muss sie imstande sein, andere zu motivieren und zu führen. Für Letzteres muss sie aber zuallererst sich selbst führen können. Auch wenn dies einfach klingen mag, ist Selbstführung keine Aufgabe, die man schnell mit einem Büchlein erlernen kann. Selbstführung verlangt nach regelmäßiger Selbstreflexion. Wer also andere Menschen führen möchte, muss deren Persönlichkeit verstehen – und das geht nur, wenn man auch sich selbst versteht.

Kompetente Führungskräfte haben ein realistisches Bild von sich selbst. Sie kennen die eigenen Fähigkeiten und Schwächen, wissen um ihr Entwicklungspotenzial, schätzen ihre persönlichen Kompetenzen richtig ein und können auch mit Kritik an der eigenen Person gut umgehen. Eine selbstreflektierte Führungskraft versteht es, frühere wie auch aktuelle Erfahrungen des Lebens zu reflektieren, um von diesen zu profitieren und sich stets weiterzuentwickeln. Und je tiefer sie in die eigene Person eintauchen kann, desto tiefer und besser wird sie auch ihre Mitarbeiterinnen verstehen.

> Reflexionsfrage: Wie gut gelingt es dir, dich selbst zu führen?

Die selbstreflektierte Organisation

Wir fordern, dass sich jede Person einmal die Frage stellt: »Was hat das alles mit mir zu tun?! Was haben die ökologischen Probleme, sozialen Missstände, Kriege, Pandemien und all die anderen Krisen mit mir zu tun? Wie hängen mein Lebensstil, meine Handlungen und meine Haltung dem Leben gegenüber damit zusammen? Wo bin ich Teil der Krise, wo bin ich Teil derer, die einfach wegschauen und wo bin ich Teil der Lösung?« Der erste Schritt zur Besserung besteht immer darin, das Problem zu erkennen und gleichzeitig zu verstehen, wo man selbst Teil dieses Problems ist!

Das gilt aber nicht nur für Individuen. Auch Organisationen sind gut beraten, die zuvor genannten Fragen immer wieder zu stellen: »Welche ökologischen und sozialen Probleme verursacht unsere Organisation? Wie sieht es mit unserer

Branche aus? Welche Themen haben wir bereits erkannt, wo haben wir noch blinde Flecken und in welchen Bereichen können wir bereits Lösungen anbieten?« Wenn wir uns nicht nur individuell, sondern auch innerhalb unserer Organisationen zu reflektieren beginnen, setzen wir einen kollektiven Erkenntnisprozess in Gang. Und wir Autorinnen glauben fest daran, dass dieser den Grundstein für den inneren und äußeren Wandel auf breiter Ebene legen kann.

> Reflexionsfrage: Wo ist deine Organisation Teil des Problems und wo ist sie Teil der Lösung?

Interview mit Christine Wamsler

Dr. Christine Wamsler ist Professorin am Lund University Centre for Sustainability Studies im schwedischen Lund. Sie ist eine der Vorreiterinnen im Bereich der inneren Nachhaltigkeit und hat diese auf wissenschaftlicher Ebene über dutzende Studien erforscht, beschrieben und publik gemacht. Wir sind mit Christine schon seit der Publikation unseres ersten Buches immer wieder in Kontakt und konnten sie auch für das Scientific Advisory Board des im letzten Kapitel beschriebenen Forschungsprojektes gewinnen.

Liebe Christine, wie bist du zum ersten Mal mit dem Thema Selbstreflexion in Berührung gekommen?

Christine Wamsler: Ich würde sagen, dass das ganze Leben ein Prozess der Selbstreflexion ist, und je nach Person und Bedingungen kann dieser Prozess mehr oder weniger bewusst stattfinden. Man geht durch das Leben und wird dabei ständig äußeren Einflüssen ausgesetzt und mit Informationen bombardiert. Da ist es unumgänglich, sich immer wieder zu hinterfragen und positionieren zu müssen: Inwieweit stimme ich dem Gesagten zu, inwieweit find ich bestimmte Einflüsse gut oder schlecht, und inwieweit möchte ich diese in mein Leben aufnehmen oder auch nicht? So gesehen würde ich meinen, dass die Selbstreflexion ein intrinsischer Bestandteil unseres Lebens ist. Der Prozess der Selbstreflexion findet mehr oder weniger bewusst statt, aber er findet statt und zwar konstant!

In Bezug auf meine Arbeit ist die Selbstreflexion ein großer Bestandteil und Antrieb, um Nachhaltigkeit zu fordern und Leiden zu mindern. Ohne Selbstreflexion hätte ich mich nicht auf die spannende Reise begeben, den Zusammenhang von äußerer und innerer Nachhaltigkeit zu untersuchen. Die Reise begann vor zirka 9 Jahren, als ich das Contemplative Sustainable Futures-Programm ins Leben gerufen habe. Ich kam zu der Überzeugung, dass der traditionelle Nachhaltigkeitsansatz nicht ausreicht, um die heutige Polykrise und die damit verbundenen existenziellen Fragen zu bewältigen. Ich konnte das, was fehlt, zuerst nicht in Worte fassen, aber es war der Beginn einer tiefen Reflexion über mich, über Identität, Verantwortung und Nachhaltigkeit. Mit der Gründung des Programmes wollte ich mir und anderen die Bedingungen schaffen, um über die innere Dimension – unsere individuellen und kollektiven Überzeugungen, Werte oder Weltanschauungen – auch an der Universität reflektieren und forschen zu können. Solche Bedingungen sind unabdingbar für Nachhaltigkeit und unser individuelles, kollektives und planetarisches Wohlbefinden, aber sie sind in der modernen Gesellschaft selten gegeben.

Ich bin durch unser Schulsystem gegangen, durfte an der Universität studieren, habe eine Doktorarbeit geschrieben und bin Professorin geworden. Das Training von kognitiven Fähigkeiten und die Anhäufung von externem Wissen standen hier im Mittelpunkt. Ganzheitliches Lernen und existenzielle Fragen aber kaum. Fragen zu unserer Identität, wie wir mit uns selbst, anderen und der Welt in Beziehung stehen und verbunden sind, waren einfach nicht präsent. Und diese Situation steht in enger Verbindung mit unserer modernen Kultur und Arbeitsweise. Diese Art der Entfremdung ist ein integraler Bestandteil moderner Lebensformen, in der die Selbstreflexion und das Fördern innerer Kapazitäten wie Mitgefühl und Achtsamkeit weitestgehend abwesend sind, auch in unserem Bildungssystem. Wir sind sehr stark auf den Intellekt fokussiert, indem wir externes Wissen in uns aufsaugen, auswendig lernen und es dann beim Test wiedergeben müssen. Es geht also oft nur darum, externes Wissen eins zu eins wiederzugeben, ohne dieses Wissen in Bezug auf sein eigenes Leben zu reflektieren, inklusive der Emotionen oder Körperreaktionen, welche das eventuell mit sich bringen kann. Dass die Vermittlung von externen Fakten nicht ausreicht, um notwendige Veränderungen herbeizuführen, mussten wir auch in der Nachhaltigkeitsarbeit bereits schmerzhaft erkennen. Das Resultat sehen wir jeden Tag in den Nachrichten.

Als Universitätsprofessorin hast du diese Erkenntnisse und Erfahrungen aufgegriffen und lässt sie nun in deine Lehrveranstaltungen einfließen. Wie läuft das?

Viele der Studierenden, welche ich unterrichte, sind natürlich durch dasselbe moderne Ausbildungssystem gegangen wie ich. Wenn ich sie dann innerhalb einer Gesprächsrunde dazu einlade, das Erlernte in Bezug auf ihr persönliches Leben und ihre Kultur zu reflektieren, ist die Antwort generell sehr theoretisch, irgendeine gelernte Theorie kommt eins zu eins zurück. Ich versuche dann verständlich zu machen, dass es mir darum nicht geht. Ich möchte, dass die Studierenden sich selbst als eine Art Labor verstehen, indem sie theoretisches Wissen in Form von Übungen praktisch erfahren, anwenden und testen. Meine Kurse sind eine Einladung, sich Zeit zum Nachdenken zu nehmen und durch verschiedene Praktiken und Selbstreflexion das Erlernte an sich selbst zu erforschen. Es hilft nicht, nur die Theorie zu erlernen. Wir wissen, dass wir zum Beispiel Tennis nicht nur durch Theoriestunden erlernen können. Aber wir glauben, dass das theoretische Wissen über Klimawandel und andere Krisen uns in die Lage versetzt, effektiv Nachhaltigkeit zu fördern, unser eigenes Engagement aufrechtzuerhalten, und andere einzubeziehen und motivieren zu können. Aber dies erfordert regelmäßige Selbsterforschung und Übung im Alltag. Das zu erkennen, wie unser Innenleben, unsere Kultur und unser Engagement – für oder gegen Nachhaltigkeit – sich gegenseitig beeinflussen, sollte nicht unterschätzt werden.

Kommen wir nun zu einem deiner Kernthemen – der inneren Nachhaltigkeit. Kannst du bitte noch etwas genauer erklären, wie es dazu kam und inwiefern die Praxis der Selbstreflexion dabei eine Rolle gespielt hat?

Nach jahrelanger Tätigkeit im Bereich der Nachhaltigkeit ist mir mehr und mehr bewusst geworden, dass wir etwas Entscheidendes vernachlässigt haben. Der Fokus der Nachhaltigkeitsarbeit liegt vorwiegend auf äußeren Aspekten und Veränderungen: Technologie, Politik, gesellschaftliche und wirtschaftliche Strukturen. Dementsprechend verstehen wir auch den Klimawandel und andere Krisen als externe Probleme, und diese Sichtweise steuert die Art unserer Maßnahmen.

Wir neigen dazu, die planetaren Grenzen als veränderbar und manipulierbar anzusehen. Gleichzeitig sehen wir unsere Kultur, mit ihren Werten und Paradigmen, welche sich auch in unseren Leben, Institutionen und der Politik widerspiegeln, oft als gegeben. Es braucht einen hohen Grad an Selbstreflektion, um zu erkennen, dass unsere Kultur – und die damit verbundenen Überzeugungen, Werte, Weltanschauungen und Fähigkeiten – von uns selbst konstruiert sind. Wir bekommen im Prinzip also nur das zurück, was wir selbst kreiert haben. Unsere Polykrise ist in gewisser Weise das Ergebnis der Werte und Kriterien, welche wir zuvor ins System eingespeist haben.

Mittlerweile erkennen wir aber mehr und mehr, dass die heutige Polykrise Ausdruck einer inneren Krise ist. Einer existentiellen Krise, welche unsere Identität, unsere Beziehungen und die Verbundenheit mit uns selbst, anderen, und der Natur in Frage stellt. Die Verfremdung von der Natur, von uns selbst und anderen, sind im Grunde eine logische Konsequenz der Kultur und Systeme, welche wir aufgebaut haben. Wenn wir diese nicht infrage stellen, nicht reflektieren, dann bleiben wir stecken. Dann suchen wir die Lösung nur im Außen – und wir kommen nicht voran!

Was wird gebraucht, damit es wieder weitergeht?

Das klingt jetzt vielleicht genauso banal wie das eben Beschriebene zur Kultur: Wir müssen uns bewusst machen, dass je nachdem, wie wir ein Problem definieren, sich auch automatisch die Herangehensweise zur Lösung dieses Problems ändert. Wenn man sich das durchdenkt, dann ist die Art und Weise, wie wir Nachhaltigkeit heute angehen, äußerst logisch. Wir beschreiben Themen wie Klimawandel oder Umweltprobleme als etwas Externes und deshalb suchen wir auch nach äußeren, externen Lösungen dafür.

Wenn wir aber sehen, dass unsere heutige Polykrise auf einer inneren Krise beruht, dann eröffnen sich uns neue Wege und Lösungen. Dann müssen wir auch die innere Dimension der Nachhaltigkeit angehen. Dies erfordert gezielte Maßnahmen auf individueller, kollektiver und systemischer Ebene, und von allen gesellschaftlichen Akteuren.

Danke, sehr inspirierend. Du sprichst mir aus dem Herzen! Jetzt interessiert mich natürlich, wie du es geschafft hast, die ganzheitliche Betrachtung der Nachhaltigkeit auf Universitätsebene zu bringen? Wie alle anderen Bereiche, hat auch die Wissenschaft die Tendenz zum Tunnelblick. Man bestätigt lieber nur das, was man ohnehin schon weiß, während neue Methoden und Ansätze nur wenig Chance bekommen. Wie hast du es dennoch geschafft, die innere Dimension in die Wissenschaft einzubringen?

Eine gute Frage. Als ich mit dem Thema zu arbeiten begann, habe ich nicht nur Zustimmung erhalten. Ganz im Gegenteil. Ich wusste aber, dass ich diesen Weg gehen muss! Je mehr ich mich mit dem Thema dann beschäftigte, desto mehr bemerkte ich, wie sehr man damit an den Grundpfeilern der Gesellschaft und auch der Wissenschaft rüttelt. Und das empfinden die Leute oft als unbehaglich oder sogar als Bedrohung. Man zwingt sie damit zur Selbstreflexion und das ist unangenehm. Menschen suchen Sicherheit und reagieren daher irritiert.

In unserer modernen Kultur und Wissenschaft gibt es ein sehr festgefahrenes Verständnis davon, wie Veränderung stattfindet. Dieses Verständnis basiert wiederum auf unseren Normen und Werten, welche ich vorher beschrieben habe. Die damit verbundenen Paradigmen und Glaubenssätze sind in unserer Kultur fest verankert und unsere heutige Wissenschaft und unsere Institutionen sind darauf aufgebaut. Im Prinzip sind auch wir Menschen, wir Individuen darauf aufgebaut. Wenn man nun diese existierenden Strukturen grundlegend in Frage stellt, bekommt man nicht nur positive Reaktionen. Mein erster Kurs zu den inneren Dimensionen der Nachhaltigkeit stieß daher zuerst auf Widerstand.

Im Nachhinein bin ich aber froh, dass mein erster Kursentwurf nicht angenommen wurde. Zu diesem Zeitpunkt war ich mit meiner eigenen Selbstreflexion noch nicht weit genug, um das Thema ganzheitlich zu erfassen und lehren zu können. Zwei Jahre später wurde mein Kurs zum Thema »Nachhaltigkeit und innere Transformation« angenommen, und er ist in der Zwischenzeit an meinem Institut einer der populärsten Kurse. Vor zwei Jahren haben wir dann noch einen zweiten, sehr populären Kurs zum Thema »Psychologie und Klimawandel« geschaffen.

Was waren die großen Barrieren und wie hast du sie aus dem Weg geräumt?

Für viele Leute mag es intuitiv logisch erscheinen, dass unser Innenleben eine direkte Auswirkung auf das externe Leben hat. Wenn man das aber in Forschung, Lehre und den Institutionen angehen möchte, stößt man schnell auf Barrieren. Da ist es natürlich gut, wenn man wissenschaftliche Studien hat, auf die man verweisen kann. Das war auch meine persönliche Reaktion. Ich dachte, okay, wenn wir über den wissenschaftlichen Kontext reden wollen, kann es nur funktionieren, wenn dazu wissenschaftlich gearbeitet wird. Deshalb habe ich dann meine ganze Energie da reingegeben und publiziert, publiziert, publiziert! Das hat auch funktioniert und viele Leute haben damals auf mich verwiesen und bekamen ihre Projekte dann durch. So hat das Ganze begonnen und irgendwann eine Eigendynamik entwickelt.

Danke dafür. Kommen wir wieder zurück zur persönlichen Ebene. Welche Methoden der Selbstreflektion erscheinen Dir sinnvoll und welche wendest Du selbst an?

Das werde ich öfters gefragt und manchmal kommt gleich die Frage dazu, wieso wir überhaupt andere Methoden brauchen? Die Antwort ist, dass wir eine ganzheitliche Herangehensweise benötigen, um existenzielle Fragen beantworten zu können. Kognitiv kommen wir da nicht hin. Wir können die Frage über Identität und Sinn nicht rein kognitiv beantworten. Bezüglich Selbstreflexion ist der kognitive Weg aber sehr unterstützend. In meinen Kursen lasse ich die Studierenden über ihre Werte reflektieren, wie sie diese verstehen, wahrnehmen und empfinden, welche Werte die Gesellschaft hat und wie diese mit ihren eigenen Werten zusammenhängen. Bei solchen Fragen sind kognitiv reflektive Übungen ein wichtiger Bestandteil und können durch kontemplative, psychologische, naturbasierte und kreative Methoden unterstützt werden.

Heutzutage ist unser Kopf die ganze Zeit extrem beschäftigt und von Informationen überflutet. Wir denken dauernd nach und da ist es sehr schwierig, zu tieferer Selbstreflexion zu kommen. Es gibt dafür aber Methoden, welche die Bedingungen und Kapazitäten schaffen können, in tiefe Reflexion zu kommen. Das können verschiedene psychologische oder kontemplative Methoden sein, wie zum Beispiel Meditation.

Wenn ich mein eigenes Leben betrachte, kann ich klar sagen, dass bestimmte Methoden meine Kapazität zur Selbstreflektion fördern. Wenn ich es schaffe, jeden Morgen eine Stunde früher aufzustehen, um zu meditieren, bevor der Rest der Familie aufsteht; wenn ich dreimal die Woche zum Sport gehe; wenn ich morgens und abends in mein 6-Minuten-Tagebuch schreibe und reflektiere, wofür ich dankbar bin; wenn ich regelmäßig Pausen einlege und meinen Geist und meine Gedanken gezielt trainiere und leite, dann bin ich im Einklang mit mir selbst und habe gute Voraussetzungen für Selbstreflexion. Ich kann besser zuhören und bin offen für neue Perspektiven, Kooperationen und Lösungen.

Bei tiefer Selbstreflexion geht es nicht darum, ein spezielles Wissen theoretisch zu erlernen, wie etwa ein neues Fach in der Schule. Selbstreflexion ist eine Übung und eine Kapazität, welche konstant genährt werden muss! Das Dumme daran ist, dass man mit der Übungspraxis oft aufhört, wenn man sich gut fühlt und schon beginnt der Teufelskreis. Und dann kommt wieder der Punkt, an dem man denkt: Oh, warum bin ich schon wieder hier gelandet und wie komme ich jetzt wieder aus meinem Autopilot heraus und zu einer regelmäßigen Praxis? Das ist frustrierend und das kenne ich gut von mir selbst.

Herzlichen Dank für deine Ehrlichkeit. Eine letzte Frage habe ich noch. Welchen Skill außer Selbstreflexion müssen wir noch lernen, um in eine gute und nachhaltige Zukunft zu kommen?

Es ist wichtig zu wissen, dass alle inneren, transformativen Fähigkeiten, welche wir in unserer wissenschaftlichen Arbeit identifiziert und definiert haben, miteinander in Verbindung stehen. Transformative Skills können nicht allein betrachtet werden, da sie miteinander in Zusammenhang stehen und sich gegenseitig oft positiv beeinflussen.

Anstatt dir jetzt auf deine Frage eine Fähigkeit, wie zum Beispiel Systemdenken oder Mitgefühl zu nennen, welche im akademischen Diskurs auftauchen, möchte ich stattdessen Liebe und innerer Friede nennen. Über diese Begriffe wird im akademischen Kontext selten gesprochen. Ich denke aber, man sollte über sie mehr reflektieren, als wir das im Moment im Bereich der Nachhaltigkeit tun.

Selbstwirksamkeit

Wo wären wir als Menschheit – als globale Gesellschaft – ohne die Selbstwirksamkeitsüberzeugung einzelner Personen? Oder anders gefragt, auf welcher der zuvor beschriebenen Entwicklungsstufen wären wir wohl stehen geblieben, wenn nie jemand an sich und seine ungewöhnlichen, neuen und womöglich komplett durchgeknallten Ideen geglaubt hätte? Vielleicht wären wir als Spezies im Stadium der Jäger und Sammler stecken geblieben und hätten uns niemals Gedanken gemacht, dass es Jägerinnen und Sammlerinnen heißen könnte. Oder wir wären bis in die purpurne Stufe der Clans aufgestiegen. Doch weiter sicher nicht, denn schon für das rote Mem und sein Streben nach Macht braucht es in jedem Fall die Überzeugung, bei anderen eine Wirkung erzielen zu können.

Selbstwirksamkeit wird oft als entscheidender Faktor für persönlichen Erfolg genannt. Doch näher betrachtet ist sie auch entscheidend für unser gesamt gesellschaftliches Weiterkommen. Denn wie hat es die Anthropologin und Wegbereiterin der sexuellen Revolution, Margaret Mead, formuliert: »Zweifle nie daran, dass eine kleine Gruppe engagierter Menschen die Welt verändern kann. Tatsächlich ist dies die einzige Art und Weise, in der die Welt jemals verändert wurde.«

Wer also seine Stadt, Region, Organisation oder sonst etwas verändern möchte, muss zuallererst daran glauben, dass dies möglich ist! Ohne den festen Glauben an die eigene Selbstwirksamkeit werden neue Ideen und Träume nur Ideen und Träume bleiben. Erst die mentale Überzeugung, dass man selbst das scheinbar Unmögliche möglich machen kann, gibt den entscheidenden Antrieb für die

Umsetzung im Außen. Das gilt für vermeintlich kleine Vorhaben wie den Sprung vom 5 Meter Turm genauso wie für große Vorhaben wie die Veränderung einer Organisation, Nation oder – Achtung Größenwahn – der Welt.

Gut, backen wir fürs Erste einmal kleinere Brötchen und begeben wir uns in die Tiefen der Selbstwirksamkeit. Was braucht es, um sich seiner persönlichen Wirksamkeit bewusst zu werden und inwiefern ist das am Weg in eine nachhaltige Zukunft entscheidend? Zwei der vielen Fragen, die dieser Abschnitt beantworten möchte.

Grundlagen

Das Konzept der Selbstwirksamkeit wurde aus der sozial-kognitiven Handlungstheorie nach Bandura abgeleitet. Selbstwirksamkeit beschreibt dabei die subjektive Gewissheit einer Person, neuen oder schwierigen Aufgaben aufgrund eigener Kompetenzen gewachsen zu sein. Hat eine Person ein hohes Vertrauen in die eigene Wirksamkeit, so erleichtert dies die Erreichung gegebener Ziele. Sie ist außerdem ein Maß dafür, inwieweit sich jemand zutraut, schwierige Zeiten bewältigen zu können.[17]

Personen mit einem hohen Empfinden an Selbstwirksamkeit sind eher dazu bereit, vorgegebene, externe Ziele auch als persönlich verfolgte, intrinsische Ziele zu übernehmen. Darüber hinaus hilft ein hohes Selbstwirksamkeitslevel bei der Bewältigung jeglicher Herausforderungen. Selbst wenn die Aufgabenstellung das eigene Wissen, die Fähigkeiten, den Intelligenzquotienten oder die Persönlichkeitseigenschaften einer Person anfangs übersteigt, so hilft das Empfinden von Selbstwirksamkeit beim Finden einer Lösung. Es fördert zudem die Motivation und bewirkt ein erhöhtes Durchhaltevermögen in herausfordernden Zeiten.[18]

Das Konzept der Selbstwirksamkeit steht mit der »erlernten Hilflosigkeit« in enger Verbindung. Ein Rückschlag oder ein negatives Ereignis können demnach entweder in ein erhöhtes Selbstwirksamkeitslevel oder in erlernter Hilflosigkeit resultieren. Letztere entsteht hauptsächlich dann, wenn das negative Ergebnis auf feststehende Faktoren zurückgeführt wird, auf die der Einzelne keinen Einfluss mehr zu haben glaubt. Erklärt sich ein Mensch das schlechte Ergebnis hingegen dadurch, dass man sich beim nächsten Mal einfach mehr anstrengen muss, so bleibt ein Kontrollgefühl aufrecht, was wiederum die Selbstwirksamkeit erhöht.[19]

Selbstwirksamkeitsfaktoren nach Bandura

Der bekannteste Forscher am Gebiet der Selbstwirksamkeit ist wohl der kanadische Psychologe Albert Bandura, der vier Qualitäten zur Erhöhung der eigenen Selbstwirksamkeitserwartung beschrieben hat. Später fügte James Maddux noch eine fünfte Komponente hinzu:

1 – Eigene Erfolgserlebnisse

Durch die Bewältigung einer schwierigen Situation kann die eigene Überzeugung gestärkt werden, auch in Zukunft mit ungewohnten und herausfordernden Situationen umgehen zu können. Was man einmal geschafft hat, kann man wieder schaffen und gibt einem zudem Mut, auch andere Herausforderungen erfolgreich zu meistern.

Im Coachingbereich arbeitet man oft damit, konkrete Situationen zuerst in einer geschützten Seminarumgebung zu trainieren. Ein Beispiel ist der Probelauf einer wichtigen Präsentation vor seinen Kolleginnen, ehe man auf die große Bühne wechselt. Wobei es hier natürlich wichtig ist, dass einem besagte Kolleginnen auch wirklich ein Erfolgserlebnis bescheren und bestärkende Worte für die eigene Performance abgeben – was uns direkt zur zweiten Qualität bringt.

2 – Verbale Ermutigung

Erhält man von anderen ein positives Feedback, kann sich dies auf die Selbstwirksamkeitserwartung entsprechend auswirken. Sofern keine unrealistischen Erwartungen gefordert werden, kann einen die Motivation von außen sehr bestärken.

Dieser Punkt klingt fast wie eine Binsenweisheit und ist trotzdem wichtig zu erwähnen. Gerade wir Österreicherinnen können das nicht oft genug hören. »Sudern«, was so viel bedeutet wie »sich beklagen«, ist im Alpenland eine Art Goldstandard im Umgang mit sich selbst und anderen. Egal wie gut es einem geht, man sudert – über sich und andere – denn das gehört scheinbar zum guten Ton. Sollten wir uns trotzdem mal die Blöße geben und bestärkende Worte für jemand anderen finden, so setzen wir sofort danach ein »Aber«, inklusive einer langen Liste an Kritikpunkten.

Spaß beiseite! Wie oft finden wir an anderen etwas auszusetzen, einen Kritikpunkt oder einen Fehler und äußern diesen dann? Und wie oft tun wir dasselbe im positiven Sinne? Wie oft geben wir unseren Mitmenschen positives Feedback, versorgen sie mit bestärkenden Worten, machen ihnen Mut oder zeigen ihnen, warum sie uns wichtig sind, wir sie mögen oder sogar lieben? In unserer Erfahrung überwiegt die Kritik und das muss sich ändern, wenn eine Gesellschaft mit selbstwirksamen Menschen entstehen soll.

3 – Beobachtung von Modellpersonen

Beobachtet man die erfolgreiche Bewältigung einer Aufgabe bei anderen Personen, traut man sich das auch selbst eher zu. Ist einem die Modellperson zudem in einigen Aspekten ähnlich, kann dies die Selbstwirksamkeitserwartung noch weiter erhöhen.

»Was die kann, kann ich auch!« Schon auf dem Spielplatz hört man diesen Spruch, wenn ein Kind etwas Neues schafft und die anderen Kinder es dann so lange probieren, bis sie es auch schaffen. Auch im Erwachsenenalter ist dies immer noch gültig, wie wir beispielsweise an der berühmten Vier-Minuten-Meile sehen können.

Bis in die 1950er Jahre gab es im Laufsport der Männer eine Art Grenze, die scheinbar unüberwindbar schien. Eine Meile in unter vier Minuten zu laufen, das galt als unmöglich. Bis zum Jahre 1954, als Roger Bannister diese Marke zum ersten Mal unterbot. Als sich die Nachricht auf der Welt verbreitete, folgte plötzlich ein Rekord auf den anderen. Die Läufer hielten auf einmal etwas für möglich, was zuvor unmöglich schien und überstiegen diese nie dagewesene Grenze. Roger Bannister kann hierbei als die zentrale Modellperson angesehen werden.

Auch im Coachingbereich erleben wir immer wieder, wie wichtig Modellpersonen sind. Wenn wir in unseren Seminaren zur Selbstwirksamkeit auf die persönliche Ebene wechseln, ist es für viele Menschen oft schwierig, sich vor der Gruppe zu öffnen. Erst wenn die ersten Personen beginnen, ihre persönlichen Geschichten zu erzählen, folgen auch die anderen nach und öffnen sich. Je tiefer die Themen der Einzelnen sind, desto tiefer kommt auch die ganze Gruppe im Prozess. Gibt es hingegen niemanden, der etwas wirklich Persönliches von sich preisgeben will, so springen wir Trainerinnen als Modellpersonen ein, um den Raum entsprechend zu öffnen.

4 – Emotionale Erregung und Interpretation

Unter Druck und in Stresssituationen nehmen viele Menschen körperliche Empfindungen als Zeichen für ein mögliches Scheitern wahr. Typische Symptome sind beispielsweise feuchte oder besonders trockene Hände, Zittern, Herzrasen oder auch kurzer und schneller Atem. Treten diese oder ähnliche Symptome auf, so kann es das Empfinden der eigenen Wirkmacht schmälern.

Solche Wechselwirkungen von Körper und Psyche kann man zum einen verstehen lernen, um sie nicht als etwas Negatives zu empfinden. Andererseits kann man sie auch nutzen und in ein positives Gefühl umwandeln, indem man etwa feuchte Hände nicht mehr als Stress, sondern als freudige Erregung neu interpretiert. Hierzu seien vor allem Körperübungen aus dem Bereich Embodiment empfohlen.

5 – Erfolgserlebnisse imaginieren

Wer sich selbst dabei visualisieren kann, wie er sich effektiv in einer herausfordernden Situation verhält, erreicht das auch leichter. Die Kunst, sich den eigenen Erfolg bildlich vorstellen zu können, ist die fünfte Qualität am Weg zu mehr Selbstwirksamkeit.

Dieser konkrete Skill wird u. a. bei diversen NLP (Neuro-Linguistische Programmierung)-Methoden verwendet, um alte Glaubenssätze mit neuen Zielbildern zu »überschreiben«. Vereinfacht erklärt, visualisiert man dabei zuerst eine wiederkehrende Situation, in der ein alter und hinderlicher Glaubenssatz einen erfolgreichen Ausgang verhindert hat. Im Anschluss stellt man sich die gleiche Situation mit erfolgreichem Ausgang vor und fühlt sich in die positiven Empfindungen ein, die man dann hat bzw. haben wird. Man stellt sich den zukünftigen Erfolg schonmal innerlich vor und das kann ungemein helfen, diesen später auch zu erreichen.

Selbstwirksamkeit als Future Skill

Dass Selbstwirksamkeit eine Schlüsselkompetenz ist auf dem Weg in eine nachhaltige Zukunft, muss vermutlich nicht erklärt werden. Der Umbau von fossilen zu erneuerbaren Energiesystemen, die Umgestaltung der intensiven in eine regenerative Landwirtschaft, die komplette Neugestaltung unserer Transport- und Verkehrssysteme oder die Abschaffung der Massentierhaltung – alle diese Vorhaben erfordern eine massive Anstrengung von den Menschen, die in diesen Branchen arbeiten. Und sie werden die großen Veränderungen nur dann angehen, wenn sie selbst daran glauben, diese umsetzen und siebewerkstelligen zu können.

Eine kollektiv empfundene Selbstwirksamkeit ist zentral beim Umbau unserer äußeren Welt. Und je wirksamer sich eine Gesellschaft selbst begreift, desto eher wird dieser Wandel geschehen und desto weniger Leidensdruck wird es dabei geben. Darüber hinaus werden jene Organisationen oder Nationen, die das am schnellsten begreifen, auch ökonomisch profitieren und in der Kreislaufwirtschaft von morgen den Ton angeben.

Um die Relevanz der Selbstwirksamkeit für die soziale wie auch ökologische Nachhaltigkeit darzustellen, wollen wir dir jetzt ein paar Beispiele mit auf den Weg geben. Sie zeigen, wodurch Einzelpersonen imstande sind, die kollektive Selbstwirksamkeit zu heben und was dadurch erreicht werden kann.

Greta Thunberg als Modellperson

Wie manche unserer Leserinnen schon im letzten Buch bemerkt haben, sind wir – Julia und Stefan – große Fans der Geschichte von Greta Thunberg und Fridays for Future. Wir möchten dazusagen, dass wir nicht mit allem übereinstimmen, was die Fridays for Future-Bewegung in den letzten Jahren von sich gegeben hat. Da gab es einige Aussagen, die einer integralen Haltung stark widersprechen. Allerdings kann man von einer Jugendbewegung auch nicht erwarten, integral zu denken, wenn schon wir Erwachsene permanent daran scheitern. Und ganz ehrlich, welcher Mensch gibt schon ausschließlich kluge, selbstreflektierte und bis zuletzt durchdachte Aussagen von sich? Wir jedenfalls nicht! Die Geschichte von Fridays for Future ist aber großartig und ein perfektes Beispiel für die Selbstwirksamkeit.

Mitte 2017 hatte ich – Stefan – ein spannendes Erlebnis. Ich war zu einem Vortrag über Nachhaltigkeit an einer deutschen Schule geladen. Nach dem Vortrag kam die organisierende Direktorin auf mich zu und erzählte mir von ihrer Sorge, dass die Umweltbildung bald sterben werde. Wenn sie selbst in Pension gehe, ist niemand aus der Umweltbewegung der 1980er Jahre mehr übrig, um solche Veranstaltungen zu organisieren. Die jungen Lehrerinnen von heute würden sich nicht mehr für diese Themen interessieren. Diese Sorge traf sicher nicht auf alle Schulen zu, aber auch ich hatte in meinen Schul- und Gemeindevorträgen oft das Gefühl, dass die junge Generation nur wenig Interesse an Nachhaltigkeit und Umweltschutz hat.

Mitte 2018 änderte sich mein Gefühl dazu radikal. Denn da kam ein 15-jähriges Mädchen und setzte sich aus Angst vor dem Klimawandel schulschwänzend vor das schwedische Parlament. Innerhalb kürzester Zeit gründete Greta Thunberg mit Fridays for Future eine weltweite Bewegung und plötzlich waren die Vorträge voll mit lauter motivierten Jugendlichen. Doch nicht nur das. Auch die Erwachsenen zogen mit und so gibt es heute Teachers for Future, Scientists for Future, Architects for Future und sogar Omas for Future.

Eine Erfolgsgeschichte, die uns eine Sache lehrt: Erkennt ein Mensch seine Wirkkraft und geht damit nach außen, so wirkt sich dies auch auf andere aus, die dann ebenfalls ein höheres Selbstwirksamkeitslevel empfinden und dieses nach außen tragen. Im besten Fall setzt sich das fort und es entsteht dabei eine ganze Bewegung. Je mehr soziale und umweltbewusste Menschen also ihre eigene Wirksamkeit und ihr Potential erkennen, desto schneller kann diese Gruppe ihr neues Wertebild in die Welt tragen und wieder andere Menschen dazu anregen, dies ebenfalls zu tun. Genau diese selbstverstärkenden Effekte braucht es, um den Wandel in Richtung einer nachhaltigen und zukunftsfähigen Gesellschaft zu vollziehen.

Eine Frage, die sich hier natürlich stellt, ist Folgende: Wieso schafft Greta Thunberg etwas, das die anderen Akteurinnen im Bereich der Klimawissenschaft in dieser Form nicht geschafft haben? Nämlich den Aufruf zu einer kollektiven und weltweiten Bewegung in Sachen Klimaschutz. Die Antwort auf diese Frage hängt stark mit dem Thema Selbstwirksamkeit zusammen. Tausende Wissenschafterinnen haben in den letzten 50 Jahren die menschliche Bedrohung durch den Klimawandel vorhergesagt, und uns vor dessen Folgen gewarnt. Mit meist mäßigem Erfolg. Greta Thunberg tut im Prinzip nichts anderes, nur dass sie darüber hinaus eine Geschichte erzählt.

Die Geschichte eines jungen und unscheinbaren Mädchens, welches sich trotz ihres Asperger-Syndroms in einer von Männern dominierten Welt durchsetzt und quer über den Globus ihre Botschaften verbreitet. Sie zeigt den Menschen damit, dass es nicht darauf ankommt, ob man männlich, weiblich, klein, groß, jung, alt, hell, dunkel, psychisch normal oder gar geistig beeinträchtigt ist. Die tiefere Botschaft ihrer Geschichte vermittelt uns, dass alles möglich ist, sofern man selbst daran glaubt und die Sache in die Hand nimmt. Mit diesem unbändigen Willen hat sie Barrieren gesprengt und ist zu einer Art Symbol geworden für die Selbstwirksamkeit einer ganzen Generation. Nicht alle lieben sie. Aber jene die es tun, tun es auch dafür, weil sie uns zeigt, dass es jeder einzelnen möglich ist, etwas Großes zu bewirken. Und genau deshalb ist das Thema Selbstwirksamkeit so wichtig für die sozialökologische Transformation unserer Gesellschaft![20]

Von der Zukunft her denken

Wie funktioniert Veränderung? Um dieser Frage näher zu kommen, analysieren wir meist die Vergangenheit und versuchen, die Übergänge von »Alt« auf »Neu« zu verstehen. Eine oftmals sinnvolle Methode, über die wir jetzt allerdings hinausgehen möchten. Denn wie sagt es der Transformationsforscher Otto Scharmer so schön: »Um ein System zu verändern, muss man den Mut haben, ins Unbekannte zu gehen.«[21]

Wer nur in die Vergangenheit blickt, wird kaum etwas Neues hervorbringen und stattdessen die Vergangenheit immer wieder neu aufrollen. Wollen wir hingegen eine wirklich neue Zeit einläuten, so müssen wir das, was kommt, von der Zukunft her denken. Uns interessieren ja nicht die Änderungen der Vergangenheit, sondern jene in Richtung Zukunft. Als kleines Beispiel möchten wir dir deshalb folgende Frage beantworten: »Wie sind wir von den krisengebeutelten 2020er Jahren in eine nachhaltige Zukunft gekommen?« Stell dir für dieses Gedankenexperiment bitte vor, ich – Julia – sei ein Mensch, der in dieser guten und nachhaltigen Zukunft bereits lebt. Und ich darf dir nun erklären, wie wir es als Gesellschaft dorthin geschafft haben:

> Liebe Leserin! Wie sind wir von den krisengebeutelten 2020er Jahren in eine nachhaltige Zukunft gelangt?! Kollektiv lässt sich dieser Zeitenwandel am besten über die Metamorphose einer Raupe erklären. Wir Menschen aus den 2020er Jahren waren ein bisschen wie Raupen. Und wir haben geglaubt, das Ziel jeder Raupe ist es, eine möglichst fette Raupe zu werden. Ewiges Wachstum war im Raupendenken etwas ganz Wichtiges. Nun ist das Ziel einer Raupe aber nicht, eine möglichst fette Raupe zu werden. Das Ziel einer Raupe ist der Schmetterling! Da stellt sich natürlich die Frage, wie eine Raupe zum Schmetterling wird?
>
> Ein angehender Schmetterling durchläuft vier Phasen, ehe er sich zum Schmetterling verwandelt: Ei, Raupe, Puppe, Imago.
>
> Aus dem Ei schlüpft die Raupe. Bevor nun die Raupe zur Puppe wird, häutet sie sich. Sie verändert sich ein bisschen, frisst im Anschluss wieder weiter und häutet sich erneut. Dieses Häuten findet in etwa vier bis fünfmal statt. Doch irgendwann ist der Raupe das Häuten nicht mehr genug. Sie beschließt, anstatt der kleinen Veränderung auf eine große Transformationsreise zu gehen. An diesem Punkt beginnt die Raupe nun sich zu verpuppen. Sie zieht sich in sich selbst zurück. Sie betreibt gewissermaßen eine Innenschau und im Inneren der Raupe geht es jetzt so richtig los.
>
> Die ca. 7 bis 8 Milliarden Zellen der Raupe bemerken plötzlich, dass ihr System, so wie es war, nicht mehr funktioniert. Die Verdauungszellen merken, dass es nichts mehr zu verdauen gibt. Die Muskelzellen merken, dass man sich nicht mehr bewegt. Allen Zellen geht die Arbeit aus und sie wissen auf einmal nicht mehr, was sie tun sollen. In der Puppe verflüssigt sich alles und man könnte sagen, es herrschen pures Chaos und Panik! An diesem Punkt erwachen die sogenannten Imagozellen. Diese Zellen waren schon immer in der Raupe angelegt, aber bisher inaktiv, da sie nicht gebraucht wurden. Jetzt

erwachen sie und haben – wie der Name schon sagt – eine Vorstellung von der Zukunft. Sie wissen, wie die Zukunft aussieht. Sie kennen den genetischen Code ihrer Zukunft.

Und so vermitteln die ersten Imagozellen in diesem Kokon eine Idee von »Ich kann fliegen«. Was passiert aber, wenn ein paar einzelne Zellen in einem Verbund von Milliarden Zellen die Idee äußern, sie könnten fliegen? Richtig, sie werden ignoriert, bzw. gefressen. Denn die alten Zellen sagen: »Wir sollen fliegen? Blödsinn! Wir sterben hier, alles verflüssigt sich, die Verdauungssäfte fressen uns auf. Fliegen? Wir können doch noch nicht fliegen! Ihr seid ja komplette Träumer.«

Die Imagozellen sind allerdings verdammt hartnäckig und bleiben bei ihrer Vision von: »Wir können fliegen.« Und weil immer mehr alte Zellen merken, dass sie sich verflüssigen und zu Brei werden, bekommen die Imagozellen ihre ersten Verbündeten. Denn manch alte Zelle hat nun verstanden, dass sie sich entweder den Verdauungssäften hingibt oder selbst zur Imagozelle werden muss. Ab diesem Zeitpunkt beginnen die Imagozellen sich zu vermehren. Immer mehr alte Zellen wechseln zu den Imagozellen. Aus anfangs 50 Imagozellen werden 500, 5.000, 50.000 usw.

Im Lauf dieses Prozesses beginnen die Imagozellen irgendwann, Cluster zu formen und sich mit anderen Clustern zu vernetzen – sie bilden Hubs. Und jetzt passiert etwas Entscheidendes. Die einzelnen Hubs kommunizieren miteinander und erzählen sich, worin ihre Aufgabe, ihr tieferer Sinn liegt. Cluster Nummer 1 meldet sich etwa mit: »Wir werden ein Flügel«. Cluster Nummer 2 möchte Stabilität geben und wird ein Fuß. Cluster Nummer 3 entpuppt sich als Fühler usw. Irgendwann weiß jedes Custer, was es einmal werden soll, und die Transformation kommt zum Abschluss. Die einzelnen Cluster verbinden sich entsprechend und der Schmetterling steigt aus der Puppe empor.

Nur wenige Imagozellen haben es also geschafft, Milliarden alter Zellen zur Umwandlung zu bewegen. Ihre alten Ideen hinter sich zu lassen und sich auf völlig neue und utopisch klingende Ideen einzulassen. So wurde aus der Idee des Schmetterlings, der reale Schmetterling. Aus der Idee des Fliegens, das Fliegen selbst. Aus der Idee der Zukunft, die Zukunft! Und genau so vollzieht sich die Transformation. Genau so sind wir in die gute Zukunft gekommen. Immer mehr Menschen haben in den 2020er Jahren bemerkt, dass die alten Denk- und Verhaltensweisen einfach nicht mehr funktionieren und haben sich den Imagozellen angeschlossen, sich hingegeben und irgendwann gesagt: »Ich kann jetzt auch fliegen!«

Diese kleine Geschichte ist der Biologie nachempfunden und soll uns lehren, dass wir Menschen bereits alles in uns tragen, um den Wandel zu vollziehen. Wir müssen nur noch erkennen, dass dieser Wandel möglich ist und dass sein Gelingen auch in starkem Maße von uns selbst abhängt! Es braucht also selbstwirksame Menschen, die an sich und ihre Imagokraft glauben und andere damit anstecken. Aus der Transformationsforschung weiß man zudem, dass es nur 10 bis 20 Prozent an Imagozellen braucht, damit große Übergänge funktionieren. Wenn also 10 bis 20 Prozent der Gesellschaft an ihre Wirkkraft glauben und ihre Werte und Überzeugungen aktiv nach außen tragen, dann ändert sich schlagartig die ganze Gesellschaft in diese Richtung. Beim Fall der Berliner Mauer hat man erforscht, dass es in der ehemaligen DDR sogar nur ca. 3,5 Prozent waren, die letztlich die Mauer zu Fall gebracht haben. Bei der Rassentrennung in den USA spricht man ebenso von diesen 3,5 Prozent. Es braucht also oft nur wenige, die an sich selbst und ihre Wirksamkeit glauben, um auch den großen Rest zu verändern.

Selbstwirksamkeit in Organisationen

> Fange an, sagte die Meisterin, dann wirst du lernen.
> Ich weiß noch nicht genug, antwortete die Schülerin.
> Dann warte, sagte die Meisterin.
> Wie lange? Fragte die Schülerin.
> Bis du anfängst, sagte die Meisterin!

Braucht es wirklich mehr Wissen, um schwierige Herausforderungen anzugehen? Manchmal ja. Doch welches Wissen dafür notwendig ist, erfährt man meist erst im Tun. Die alte Weisheit aus dem Zen-Buddhismus trägt also viel Wahrheit in sich. Anstatt immer zuzuwarten, bis der Weg komplett klar ist, müssen wir ihn zu gehen beginnen. Doch das erfordert Mut und den Glauben an sich selbst.

Vor allem im beruflichen Kontext wählen viele lieber den sichersten Weg. In einer sich rapide verändernden Wirtschaftswelt ist das weder zeitgemäß noch effektiv. So hat man etwa festgestellt, dass sich Menschen bei beruflichen Herausforderungen oft ineffektiv verhalten, obwohl sie wissen, was zu tun wäre. Der Grund dafür ist ihr fehlender Glaube an die eigene Wirksamkeit. Um diese nun zu stärken, haben wir im Folgenden ein paar Geschichten gesammelt, welche zeigen, wie Selbstwirksamkeit wirkt, was sie kann und auch, was sie braucht, um sich in Organisationen wirklich entfalten zu können.

Graswurzelinitiativen

»Wir haben es unseren Vorgesetzten nicht erzählt!« Theres Kolell und Mathes Schulz haben 2017 bei ihrer Organisation Siemens Energy eine kulturelle Bewegung angezettelt. Sie wollten erreichen, dass ein gerade eingeführtes digitales Werkzeug auch wirklich genutzt wird. Anstatt nun auf einen Auftrag von oben zu warten, entschieden sie sich, die Sache selbst in die Hand zu nehmen. Über das Intranet der Organisation veranstalteten sie erste Treffen, um das Tool besser nutzbar zu machen und erkannten schnell, dass daraus mehr entstehen kann.[22]

Stand zuerst die Nutzung digitaler Werkzeuge im Fokus, ging es bei den Treffen plötzlich darum, wie man die Strukturen der Organisation insgesamt verbessern kann. Neue Arten der Zusammenarbeit, der Kommunikation und der Entscheidungsfindung wurden diskutiert und die Treffen entwickelten sich zum »Cultural Hacking«. Man wollte die Organisation von innen heraus reformieren. Irgendwann holten sie dann doch die Führungsebene mit ins Boot und bekamen den Auftrag, die Versammlungen der Belegschaft umzugestalten. So wurde aus einer klassischen Frontalveranstaltung plötzlich ein Barcamp.

Ursprünglich wollten die beiden nur die Nutzung eines digitalen Werkzeugs verbessern. Im Gehen wurde jedoch ein ganz anderer Weg sichtbar. Und dieser hat die Organisation scheinbar nachhaltig geprägt. Denn auch wenn das Kulturhacking die Pandemie nicht überlebt hat, leben die Impulse und Funken in der Organisation bis heute weiter.

Der Siemens Kulturhack ist nur ein Beispiel, wie sogenannte Graswurzelbewegungen die Kultur einer Organisation verändern können. Damit diese stattfinden, braucht es im Wesentlichen eines: Mitarbeiterinnen, die an sich und ihre Wirksamkeit glauben. Wenn eine Person nicht daran glaubt, etwas bewegen zu können, wird sie nicht aus dem Blauen heraus etwas Neues starten. Das Empfinden von Selbstwirksamkeit ist also zentral für die Umsetzung neuer, erfolgreicher und zu Beginn meist ungeplanter Initiativen.

Das richtige Umfeld

Für kaum eine andere Kompetenz wurden wir die letzten Jahre häufiger zu Trainings gebucht wie für die Selbstwirksamkeit. Und wenn wir eine Lehre daraus ziehen können, dann jene, dass wirklich jede Organisation eine Vielzahl an engagierten und selbstermächtigten Mitarbeiterinnen in ihren Reihen hat. Warum passiert dann nicht mehr? Warum gibt es eine Handvoll visionäre Organisationen, die sich ständig weiterentwickeln und soziale und kulturelle Innovationen hervorbringen, während der große Rest einfach weitermacht, wie bisher – und damit das Potenzial der eigenen Belegschaft komplett ungenützt lässt?

Unsere allgemeine Antwort ist natürlich aufgelegt: Weil heutige Organisationen meist nur die äußere Ebene betrachten und die innere Entwicklung der Mitarbeiterinnen nicht oder nur halbherzig angehen. Ohne innere Entwicklung des Einzelnen kann sich eine Organisation nicht kollektiv entwickeln. Dieses Dilemma adressieren wir ja umfassend mit dem vorliegenden Buch. Abgesehen von dieser breit angelegten Antwort möchten wir aber noch eine spezifische Antwort geben.

Die meisten Organisationen schaffen einfach kein passendes Umfeld für soziokulturelle Veränderungen. Ich – Stefan – habe das bei zwei meiner früheren Arbeitgeberinnen hautnah erlebt. Als Leserin kannst du dir mittlerweile vorstellen, dass ich eine Person bin, die Herausforderungen sucht und diese auch gerne angeht. Ich möchte wirken und mein Team und meine Organisation damit nach vorne bringen. Leider wurde ich dabei zweimal sehr stark ausgebremst. Von mir selbst, Stichwort »innere Entwicklung«, aber auch von meinem Umfeld.

Einmal hatte ich zu viel Freiheit, einmal zu wenig. Im ersten Fall war ich Marketingleiter in der Solarbranche und konnte wirklich tun und lassen, was ich wollte.

Leider fehlte es mir an Budget und auch an einem Mentor oder einer Führungsperson. Ich war damals gerade mal Ende Zwanzig und hätte einen Chef gebraucht, der mich bei meinen Anliegen ab und an bestärkt, unterstützt oder auch in Frage stellt. Mein Chef hatte dafür nie Zeit und meinte nur: »Ich vertrau dir, mach einfach.« Das war gut gemeint und klang zuerst wie ein Traum. Später musste ich aber feststellen, dass mir das zu viel Verantwortung war und ich mich dieser einfach noch nicht gewachsen fühlte!

Im zweiten Fall war ich als Trainingsleiter in einer großen Organisation aktiv und musste jede meiner neuen Trainingsideen mit drei Führungsebenen abstimmen. Mit DREI! Die letzte Führungsebene habe ich dabei kein einziges Mal zu Gesicht bekommen. Wie soll man da wirksam werden? Richtig, indem man einfach beginnt und nicht auf alle DREI Führungsebenen wartet. Das habe ich natürlich getan und die Trainings waren auch sehr erfolgreich. Aufgrund des Erfolges hat sich das dann herumgesprochen. Als die erste Führungsebene Wind davon bekam, wurde ich aus Angst vor Führungsebene Zwei zurückgepfiffen. Von nun an musste ich über jeden Schritt Buch führen. Und ganz ehrlich, ich schreib gerne Bücher, führen tu ich sie aber nicht so gern. Wenn ich jeden kleinen Schritt zu jeder Tageszeit irgendwo eintragen muss, geht mein Selbstwirksamkeitsempfinden irgendwann flöten.

In beiden Fällen habe ich die Organisation nach eineinhalb Jahren verlassen. Ein Umfeld, wo man keine Unterstützung erhält, ist nichts für mich. Ehrlich gesagt ist so ein Umfeld für niemanden was. Zumindest für niemanden, der motiviert ist und mit seiner Arbeit auch etwas bewirken möchte. Das passende Umfeld und passende Vorbilder, die einen bestärken und unterstützen, sind unserer Ansicht nach zentral dafür, dass Mitarbeiterinnen ihre Selbstwirksamkeit auch zu leben beginnen. Dann und nur dann werden sie der Organisation dienlich sein und auch langfristig motiviert bleiben.

Transformationale Führung

Die zuvor beschriebene Führungskraft, die Stefan in seinen jungen Jahren als Marketingleiter gebraucht hätte, wäre wohl eine transformationale Führungskraft gewesen. Was bedeutet das jetzt? Die transformationale Führung soll dabei helfen, das Verhalten, die Motivation, das Engagement, die Selbstdisziplin und die Selbstwirksamkeit der eigenen Mitarbeiterinnen zu steigern. Ihr erklärtes Ziel ist es, die eigene Belegschaft selbstständiger zu machen und herausfordernde Ziele aus Eigeninitiative heraus zu verfolgen.

Der Wirtschaftspsychologe Bernard Morris Bass beschreibt dabei vier Kriterien, die Führungskräfte können müssen:

- Vorbildwirkung ausstrahlen und die Firmenwerte selbst vorleben.
- Motivierend auftreten und Sinn vermitteln.
- Alte Denkmuster aufbrechen und neue Einsichten etablieren.
- Alle fair behandeln und individuell unterstützen.

Der transformationale Führungsstil denkt den zweiten und dritten Weg von Bandura weiter. Er beschreibt die Fähigkeit, andere in ihrem Tun zu bestärken, eine Vorbildfunktion wahrzunehmen und dadurch Vertrauen, Respekt und Wertschätzung zu erwerben. So bewirkt dieses Führungsmodell eine überdurchschnittliche Leistungsbereitschaft bei den Mitarbeiterinnen und verändert zudem die Organisationskultur auf positive Weise. Außerdem kann durch die soziale Unterstützung einer Führungskraft das Erleben von Stress reduziert- und das Sinnerleben positiv beeinflusst werden. [23]

Interview mit Sylvia Brenzel und Alfred Strigl

Sylvia Brenzel und Dr. Alfred Strigl sind beide Gesellschafterinnen der Plenum GmbH, Mitgründerinnen der Pioneers of Change und haben in Österreich bereits zahlreiche Projekte in den verschiedensten Bereichen umgesetzt und die Nachhaltigkeitsszene damit entscheidend geprägt. Sie sind ein Powerpaar und eine Inspiration, sowohl auf beruflicher wie auch privater Ebene. Als frühere Chefinnen von Julia pflegen wir zudem eine Freundschaft mit den beiden und freuen uns sehr, sie als Interviewgäste mit dabei zu haben!

Liebe Sylvia, lieber Alfred, wie seid ihr zum ersten Mal mit dem Skill »Selbstwirksamkeit« in Berührung gekommen?

Sylvia Brenzel: Wahrscheinlich in meiner Kindheit, aber das nehme ich jetzt nicht als Beispiel. Wirklich bewusst habe ich die Selbstwirksamkeit 2010 als Trainerin beim Jahrestraining der Pioneers of Change wahrgenommen. Da habe ich erlebt, wie Menschen in ihre Selbstwirksamkeit kommen, sobald sie auf der Bühne stehen und Sichtbarkeit erleben. Zuvor haben sie sich tief ausgerichtet und persönlich an sich gearbeitet, ehe sie dann ihre Projekte präsentieren und das Innere ins Äußere bringen. Dieses nach außen gehen ist immer sehr kraftvoll.

Bei der ganzen Entwicklung der Pioneers bin ich auch selbst immer wieder vor der Kamera oder auf der Bühne gestanden. Da hat mir die Resonanz der Menschen gezeigt, dass ich etwas vermitteln kann, was bedeutsam ist. Beim Training selbst habe ich nicht immer unmittelbar gesehen, ob und wie wirksam ich bin. Aber in den Folgejahren, wo ich gespiegelt bekommen habe, wie tiefgehend die Veränderungen waren durch unsere Begleitung, habe ich mich sehr wohl selbstwirksam erlebt.

Ganz aktuell bin ich in einem Projekt zum Hosting Empowerment involviert. Da haben wir eine Filmkampagne entwickelt und Menschen eingeladen, über ihre persönlichen Wunden zu sprechen. Ich habe das selbst auch ausprobiert. Wenn ich mich einerseits verletzlich zeige, sehe ich andererseits, wie kraftvoll das als Inspiration wirken kann. Deshalb würde ich sagen, dass Selbstwirksamkeit auch mit Mut zusammenhängt!

Alfred Strigl: Eine Geschichte, die mir dazu einfällt, kommt aus den Jahren 2006, 2007, 2008. Damals war ich sehr desillusioniert in den verschiedensten Lebenslagen. Meine Habilitation ist abgelehnt worden, meine Möglichkeiten beim Österreichischen Institut für Nachhaltigkeit (ÖIN) sah ich blockiert und die wirtschaftliche Weiterentwicklung der damaligen Beratungsfirma habe ich als sehr eingeschränkt empfunden. Da sind dann Menschen aus meinem Umfeld, Sylvia und auch viele andere, an mich herangetreten mit der Idee, eine eigene Beratungsfirma – die Plenum GmbH – zu gründen.

Damals habe ich in mir sehr gerungen. »Wenn ich das mache, ist das dann ein Egotrip? Geht es da nur um mich, oder ist das eine Möglichkeit zur Erfüllung höherer Wünsche, Träume und Visionen, die ich selbst in dieser Welt vollbringen möchte und deshalb diese Organisation als Vehikel brauche?« Nach einem inneren Prozess, der knapp ein Jahr lang gedauert hat, habe ich dann irgendwann gesagt: »Ja!« Zuvor sind alle gekommen mit Businessplänen und wollten mich überzeugen, dass es geht, dass wir uns ausgründen können. Doch erst als ich in die Selbstwirksamkeit gestiegen bin und gesagt habe, »Wir machen das, ich mache das«, ist das auch gelungen.

Selbstwirksamkeit zu leben, erfordert Mut, eine Unterstützung vom Umfeld, innere Entschlossenheit und auch eine Risikobereitschaft. Und es erfordert ein tiefes Vertrauen auf etwas, dass Hilde Domin so wunderbar beschreibt mit dem Satz: »Ich setzte den Fuß in die Luft und sie trug.« Ich war damals schon 42 Jahre alt und habe erleben dürfen, wie sich Selbstwirksamkeit anfühlt und wie sie tatsächlich werden kann.

Wie bereits von euch angesprochen, habt ihr schon viele Organisationen und Projekte ins Leben gerufen, mitgegründet oder begleitet. Vieles hat funktioniert, manches ist gescheitert. Wie behält man sich seine Selbstwirksamkeit im Falle von Scheitern, Rückschlägen und Enttäuschungen?

Alfred Strigl: Scheitern macht immer gescheiter. Wenn du aus der Rückschau etwas lernst und daraus Erkenntnisse und Schlüsse ziehst, dann ist Scheitern gut. Es ist wichtig, das Scheitern als ganzheitliche Lernerfahrung zu sehen und es auf mentaler, emotionaler und somatischer, also körperlicher Ebene zu betrachten. Ich denke, es ist eine innere Entscheidung und Haltung, wie man dem Scheitern gegenübersteht und wie man entsprechend seine nächsten Schritte wählt auf seinem Lebensgang.

Und weil du Enttäuschung erwähnt hast, noch eine letzte Sache. Da ist ja das wunderbare Wort Täuschung drinnen. Mit der Enttäuschung wirst du von der Täuschung entbunden. Ich wünsche mir viele Enttäuschungen in meinem Leben, damit ich der Täuschung überdrüssig werde und sie entlarven darf. Bei Enttäuschung spielen ja immer auch die Hoffnung und die Erwartung mit. Wenn ich hoffe, warte und erwarte, dann kauf ich die Enttäuschung mit ein. Somit birgt für mich jede Erwartung auch eine erwartbare Enttäuschung. Wenn also auf der einen

Seite der Medaille die Hoffnung ist, dann ist auf der anderen Seite die Enttäuschung und dazwischen spielt sich der Roller Coaster des Lebens ab.

Sylvia Brenzel: Dann greif ich den Faden mal auf. Ich habe das Gefühl, ich kann gar nicht nicht wirksam sein. Es ist spannend, denn ich spüre eine leichte Aufregung das Folgende auszusprechen, da ich es in dieser Deutlichkeit noch nie ausgesprochen habe. Ich glaube, was ich schon immer extrem gut konnte, ist Zuhören. Ich habe mich schon als junger Mensch ganz stark in meiner Wirksamkeit erlebt beim Zuhören.

Wenn ich in Gruppen war und einer hat gesprochen, dann habe ich den Blick der sprechenden Person schnell binden können. Ich war tief in Kontakt mit den Menschen, die etwas beigetragen haben. Ich habe auch dem Unausgesprochenen gelauscht. Ich habe das selbst nie als besondere Wirksamkeit empfunden, aber in der Schule ist mir das oft gespiegelt worden. Denn obwohl ich meist eher ruhig war, hat man es gemerkt, wenn ich mal nicht da war.
Ich habe das Gefühl, sobald ich unter Menschen bin, wirke ich durch mein Sein. Zuhören ist ein Element, meine starke Präsenz ein anderes und mein ehrliches Interesse an Menschen ist wohl ein weiteres Element dieser Wirksamkeit. Aber zugegeben bin ich da selbst noch am Forschen, wo genau sich meine Wirksamkeit letztlich noch entfalten wird. Um auf deine Frage bezüglich des Scheiterns zurückzukommen: Rückschläge erlebe ich immer wieder wie ein Ausatmen. Eine Möglichkeit, wo ich die Scheinwerfer mal nach innen drehen darf bzw. muss und mich frage: Was war da? Was kann ich daraus lernen? Warum bin ich gescheitert?

Ich merke, ich trage ein großes Vertrauen in mir, dass Dinge gut werden. Das habe ich schon seit meiner Kindheit. Durch mein Scheitern bin ich gefordert, meine Aufmerksamkeit wieder mal auf das Wesentliche zu lenken und nicht nur im Außen wirken zu müssen.

Danke Sylvia! Bezüglich deiner Jugendzeit wollte ich noch nachfragen. Du hast gemeint, dass du in Gruppen oft gefehlt hast, obwohl du die Ruhige warst. Kannst du uns darüber noch mehr erzählen und vielleicht genauer beschreiben, worin die Kraft der Stille liegt?

Sylvia Brenzel: Ich bin immer als Mona Lisa bezeichnet worden, weil ich einfach dasaß und gelächelt habe. Das habe ich gehasst, also bitte nicht weitersagen. Ich habe schon damals versucht, alle Seiten zu hören und zu integrieren. Wenn etwa ein Streit aufkam, war ich stets bemüht, den Gegenpol einzunehmen, wie in einer Aufstellung. Wenn also eine Stimme zu stark vertreten war, habe ich mich ganz bewusst auf die andere Seite gestellt. Nicht weil das meine Meinung war, sondern weil ich einfach ein Feld aufspannen wollte und ganz generell eine Liebe zu Gegensätzlichkeiten in mir trage.

Alfred hat das in einem Vortrag mal die Sowohl-als-auch-Haltung genannt und damit kann ich viel anfangen! Ich trage in mir diese Neugier auf das Fremde, das Andere, ohne gleich in einen Widerstand gehen zu müssen. Ich habe beispielsweise noch nie das Gefühl gehabt, dass meine Einstellung in Gefahr ist, nur weil ich mal in eine gegensätzliche Einstellung hineingelauscht und Interesse dafür gezeigt habe. Als Kind habe ich zum Beispiel nie verstanden, wieso sich die Erwachsenen nach Streit nicht einfach umarmen und alles ist wieder gut.

Als Erwachsene ist mir natürlich bewusst, dass die Welt komplexer ist, aber diese integrative Grundeinstellung habe ich mir erhalten können. Ich glaube, ein wertfreier bzw. vielfältiger Raum legt die Basis für ein gutes Miteinander. Und das ist möglicherweise etwas, das gespürt wird, auch wenn es nicht laut ist, sondern eher still und introvertiert. Wenn das nicht da ist, fehlt etwas und es ist es womöglich schwieriger, zusammenzukommen. Das ist jetzt eine Fantasie und ich habe das nicht als direktes Feedback bekommen, aber das kann ein Element sein, was dann fehlt, wenn die Ruhigen und Stillen nicht da sind.

Alfred Strigl: Eine These, die ich habe, ist jene, dass die Leisen eben leise und introvertiert sind. Die Lauten sind ebenso introvertiert, aber halt laut und introvertiert. Sie sind laut, damit man ihre Introvertiertheit, ihre Ängstlichkeit und ihre Scham nicht erkennt. Die Leisen schweigen, damit man es nicht erkennt und die Lauten lärmen, damit man es nicht erkennt. Diese Introvertiertheit haben wir also alle in uns und das ist mal eine Grundthese von mir.

Wer hört, der führt und wer fragt, der führt. Das ist beim Leadership eine ganz wichtige Erkenntnis und wenn du gut fragst und gut zuhörst, dann führst du. Wenn wir zum Beispiel mit Gruppen arbeiten, dann braucht es vor allem auch die leisen Menschen, die einen Prozess bezeugen. Jene, die da sind und mal mit dem Kopf nicken oder ein Ja oder ein Nein andeuten. In Gruppenprozessen schätzen wir sowohl die Elders, die mitunterstützen, als auch die Youngsters, die vielleicht ein wenig lauter sind und alle anderen natürlich auch.

Wenn da jetzt zwei oder drei ruhigere Menschen, die introvertierter wirken, im Team aber wichtige Stützen sind, nicht anwesend sein können, dann gehen die massiv ab. Das hat schon dazu geführt, dass wir solche Workshops lieber verschoben haben. Da ernten wir dann oft Verwunderung. Doch auch wenn diese zwei oder drei Leute fast nichts sagen, ist ganz viel Wissen, Weisheit, Intuition, Kraft, Segen, Zuversicht und Zuspruch nicht im Raum. Wenn die Leisen fehlen, dann wird es still.

Ich bin gerade sehr berührt von euren Antworten und dass ihr sozusagen die Lanze brecht für die Leisen unter uns. Da das tiefe Zuhören beim Skill »Beziehungsfähigkeit« nochmal explizit Erwähnung findet, freu ich mich außerdem, dass ihr dazu schon jetzt einen Einblick aus eurer Erfahrung gebt. Im letzten Teil des Interviews möchte ich jetzt noch auf die Ohnmacht zu sprechen kommen. Die Ohnmacht wird gerne als Gegenpol zur Selbstwirksamkeit gesehen und deshalb frage ich euch, wie man die Ohnmacht eurer Erfahrung nach in den Griff bekommen kann?

Sylvia Brenzel: Mir kommt gleich eine Antwort. Das Erste ist, diese Ohnmacht anzusprechen. Ansprechen, Aussprechen, darüber sprechen. Sie anschauen, sie transparent machen, sie akzeptieren, sie annehmen und dann schauen, was hochkommt. Du kennst ja das Wahrheitsmandala von Joanna Macy, wo es darum geht, Emotionen wie Wut, Angst, Trauer oder Ohnmacht anzusprechen. Dabei erkennt man oft, dass hinter der Ohnmacht noch eine ganz andere Emotion steckt. Ein anderes Gefühl, das vielleicht noch viel wichtiger ist, sich aber als Ohnmacht ausdrückt. Solche Räume zu nutzen, wo wir uns trauen die Ohnmacht auszusprechen, sind sehr hilfreich bei deren Integration.

Alfred Strigl: Ich glaube, Ohnmacht anzusprechen führt dazu, dass du spürst: Aha, vielleicht ist mein Erwartungshorizont oder Veränderungshorizont viel zu groß. Da haben die Menschen oft eine übersteigerte Empfindung, was die Welt ist. Natürlich kann ich die Welt verändern und ich selbst bin ein absoluter Weltenveränderer. Alles, was mich umgibt, kann ich verändern. Ich kann nicht verändern, dass Soldaten eine Drohne abschießen, aber das ist auch nicht meine Welt. Meine Welt ist die meines Horizonts, meines Radius, meiner Empfindungsfähigkeit und meines aktiven Wirkungsfeldes. Wenn Menschen einen Weltverbesserungsansatz haben, glauben sie oft, dass sie planetar in Ereignisse eingreifen sollten und damit eine Wirkung erzielen müssen.

Sylvia Brenzel: Das möchte ich gleich aufgreifen und nochmal etwas pointierter weiterspinnen. Bei mir stellen sich schnell die Nackenhaare auf, wenn jemand sagt: Ich will die Welt retten. Das ist ein riesiger und überheblicher Anspruch und da wundert es mich nicht, wenn sich ein Gefühl der Ohnmacht einstellen kann. Wenn du dein Wirkfeld etwas kleiner bzw. realistischer betrachtest, wird sich die Ohnmacht wandeln. Alfred, du hast es so schön als »meine Welt« bezeichnet. Wenn ich meine Welt so klein mache, dass es fürs Erste nur mich und meine Nachbarin betrifft, dann kann ich sofort wirken. Denn wenn meine Nachbarin Hilfe braucht und ich ihr helfe, bin ich am Gestalten und sofort in der Selbstwirksamkeit.

Ich kenne das natürlich selbst und hab manchmal das Gefühl, dass ich Berge versetzen und die Welt verändern kann oder muss. Aber es gibt auch Tage und Phasen, wo ich dieses Gefühl nicht habe, und da reduziere ich meinen Gestaltungsradius und schaue, was ich in meinem direkten Umfeld ändern kann. Und dann werde ich aktiv und setze mich genau dort für meine Werte ein. Das lässt mich wiederum meine Kraft spüren bzw. führt es mich wieder in meine Kraft!

Alfred Strigl: Eine Sache möchte ich auch noch anschließen. Aus der Traumaforschung wissen wir ja, dass Ohnmacht oft in eine physische Starre führt, die sich auch wieder physisch lösen lässt. Ohnmacht löst sich also nicht unbedingt immer durch Reden oder Fühlen, sondern tatsächlich durchs Tun. Wenn du dich also bewegst, sei es in einer Wippbewegung, dieser typischen Lemniskate [schleifenförmig, d. Verf.] Bewegung oder einer Schmetterlingsbewegung, kann das die Starre lösen. Und zwar nicht nur bei Ohnmacht im übertragenen Sinn, sondern auch bei einer richtigen Schockstarre, wo du vielleicht sogar ohnmächtig am Boden liegst. Wenn du dann aufwachst und wieder zu dir kommst, ist das physische Bewegen ein ganz wichtiges Hilfs- und Heilmittel.

Und auch das Tanzen hilft. Das frei improvisierte Tanzen oder sich im Rhythmus bewegen zu einer Musik führt zur Entkrampfung und zum inneren Vorbereiten dessen, dass eine Wirksamkeit wieder möglich wird und sich diese Blockadehaltung und Ohnmacht wieder auflöst. Sich bewegen hilft, sich körperlich wieder bereit zu machen, damit auch das Gefühl eintreten kann, was dann wiederum den Geist und den Gedanken eintreten lässt und dich wieder gut in den Fluss bringt.

Herzlichen Dank, dass du hier noch den Körper in deine Überlegungen einbeziehst und zeigst, dass dieser nicht nur bei äußeren, sondern auch bei inneren Themen immer mitgedacht werden muss! Liebe Sylvia, lieber Alfred, ich bedanke mich schon jetzt für das spannende Interview und habe nur noch eine letzte Frage an euch: Welchen Skill braucht es noch am Weg in eine gute Zukunft?

Alfred Strigl: Wir brauchen unbedingt die Selbstdistanzierung im Sinne des Humors. Du musst über dich lachen können. Du musst dich selbst von dir und deinem Ego, deinem Ich, deinem Selbst distanzieren können. Wenn du mal wieder einen Blödsinn gemacht hast, darfst du dich auch mal über dich selbst zerkugeln. Denn dieses Lachen über dich selbst und dieses Sich-selbst-nicht-so-wichtig-Nehmen führt letztlich dazu, dass du dich ernst nimmst und dass du dich selbst lieben lernst.

Sylvia Brenzel: Wir brauchen Kollaboration und Teamwork. Kollaboration und Ko-Kreation, in aller Freiheit! Ich glaube, es ist eine Kunst, gemeinsam zu kreieren und sich gleichzeitig freizulassen. Das geht vor allem dann, wenn du liebst, was du tust. Du brauchst keine Partnerinnen, du machst es mit oder ohne Partnerinnen, und trotzdem machst du es mit Partnerinnen! Das geht am besten, wenn du voll in der Sache aufgehst. Ich sag gerne: Sei radikal in dem, dass du liebst, was du tust. Und natürlich gibt es gewisse Elemente, die keinen Spaß machen. Aber wenn du weißt, wofür du es tust, dann tust du es trotzdem und wirst es sogar lieben.

Emotionale Kompetenz

Egal ob Wut, Trauer, Ekel, Angst oder Freude, jede unserer Emotionen enthält eine wertvolle Rückmeldung über unser inneres Empfinden und sollte, wenn möglich, bewusst wahrgenommen werden. Im alten, mechanistischen Denken wollte man die Welt der Emotionen am liebsten gänzlich hinter sich lassen. Es galt die Maxime, sich von jeglichen Empfindungen freizumachen. Was letztlich aber nichts anderes bedeutet, wie seine Gefühle zu unterdrücken, zu verdrängen oder zu leugnen. »Werd' nicht emotional« war einer der Leitsprüche dieses alten Denkens, das bis in die späten 1980er- und 1990er Jahre noch en vogue war. Erst seit Beginn des neuen Jahrtausends kristallisiert sich langsam ein Bewusstsein heraus, das Emotionen den ihnen gebührenden Platz gewährt. Wo sie wieder als wertvolles Feedback für einen selbst wie auch für andere erkannt werden.

Emotionen zu unterdrücken ist nicht mehr zeitgemäß. Sie unverblümt und zu jeder Stunde auszudrücken ist allerdings auch nicht der Weg, der uns in die gute Zukunft führt. Es geht vielmehr um ein bewusstes und selbst gewähltes Ausdrücken innerer Gefühlswelten. Bewusster Ausdruck bedeutet dabei, selbst entscheiden zu können, wann und in welcher Situation man seine Gefühle mitteilt und wann nicht. Nehmen wir folgendes Beispiel als Erklärung: Ärgert einen jemand, kann man je nach Situation den Ärger zurückhalten und erst im Anschluss nachspüren, was einem in der jeweiligen Situation verärgert hat. Ärgert einen diese Person aber wiederholt oder sogar ständig, ist das Zurückhalten irgendwann keine passende Reaktion mehr, weshalb der bewusste Ausdruck dieses Ärgers in der Regel ein besseres Mittel ist, um in Zukunft nicht mehr geärgert zu werden.

Emotional kompetente Reaktionen sind aber nicht nur im Umgang mit anderen Menschen gefragt, es braucht sie auch im Umgang mit den Problemen unserer Zeit. Klimawandel, Artensterben, soziale Unruhen, Kriegsverbrechen und alle damit verbundenen Bilder sind in unseren heutigen Medien omnipräsent. Was wiederum dazu führt, dass sich die meisten Menschen innerlich völlig verschließen, um die dadurch ausgelösten Gefühle nicht spüren zu müssen. Wenn wir jedoch die Trauer um sterbende Pflanzen, Tiere und Menschen nicht mehr spüren, fehlt uns eine wertvolle Rückkopplung, um auf diese Dinge entsprechend reagieren zu können. Außerdem, so weiß es die Tiefenökologie, fällt bei unterdrückter Trauer auch die Freude nur mehr flach aus. Und unterdrückte Wut hemmt beispielsweise die Selbstwirksamkeit.

Die Entwicklung einer zeitgemäßen, emotionalen Kompetenz ist ein ständiger Prozess und unserer Ansicht nach eine der wichtigsten Zukunftskompetenzen. Sie ist essenziell für unseren Umgang mit anderen Menschen, für unsere Beziehung zu uns selbst, wie auch für den Aufbau eines ökologischen Bewusstseins. Kurz gesagt sehen wir in dieser Kompetenz die größte Chance für einen umfassenden Paradigmenwechsel in unserer Gesellschaft.

Grundlagen

Der Aufbau emotionaler Kompetenz ist ein riesiges Thema. So groß und umfangreich, dass es bis heute noch keine klare und allgemein anerkannte Definition für diese Fähigkeit gibt. Wir Autorinnen haben uns nun fast zehn Jahre mit emotionaler Kompetenz auseinandergesetzt und dabei ein halbes Dutzend unterschiedlicher Theorien inklusive Methoden und Herangehensweisen kennengelernt. Da wir dich, liebe Leserin, aber nicht erschlagen wollen mit all dieser Theorie, haben wir für dieses Buch zwei für uns besonders relevante Ansätze ausgewählt. Alle weiteren Erläuterungen folgen diesen theoretischen Konzepten, die das Thema sehr gut verständlich machen.

Der Atlas der Emotionen

Um den Ablauf einer Emotion besser verständlich zu machen, hat der Dalai Lama zusammen mit dem Emotionsforscher Paul Ekman und dessen Tochter Eve Ekman den Atlas der Emotionen ins Leben gerufen.[24] Das zugrundeliegende Emotionsdiagramm zeigt Darstellung II.

Jegliche Emotion hängt von äußeren wie auch inneren Parametern ab. Wir beginnen bei der Vorbedingung (vorher). Sie soll unsere aktuelle Gemütslage bzw. unser körperliches Empfinden abbilden. Ist diese Gemütslage beispielsweise angespannt oder instabil, so erhöht das die Wahrscheinlichkeit, dass ein eintreffendes Ereignis auch eine Emotion in uns triggert. Ob dies der Fall ist und wie stark wir

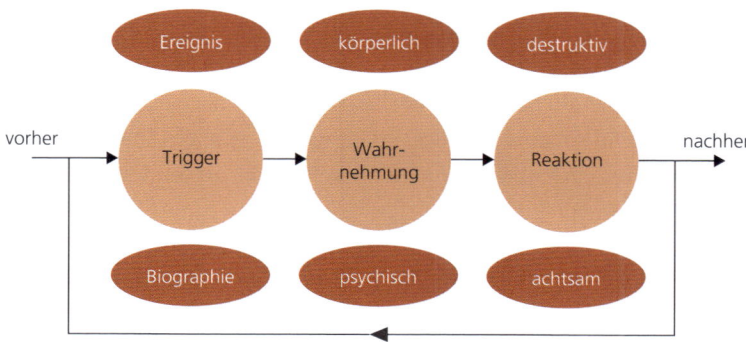

Dar. 11: Zeitverlauf einer Emotion

diese Emotion erleben, hängt darüber hinaus noch mit unserer eigenen Biografie zusammen. Erinnert uns das Ereignis etwa an eine alte Geschichte oder steht es in Verbindung mit inneren Glaubenssätzen oder Mustern, so wird die Emotion entsprechend stärker ausfallen.

Im unbewussten Fall kommt hierauf direkt eine Reaktion. Wir wollen aber emotional kompetent reagieren, weshalb wir zwischen Reiz und Reaktion noch die Wahrnehmungsebene einfügen. Sie ist essenziell, um destruktive Reaktionen zu vermeiden. Je genauer wir die auftretenden Körpergefühle oder psychischen Änderungen im gegenwärtigen Moment wahrnehmen, desto klarer und achtsamer können wir reagieren.

Nehmen wir ein einfaches Beispiel, um eine emotional kompetente Reaktion dem Diagramm entsprechend zu erklären. Stell dir vor, eine Geschäftspartnerin verschiebt zum wiederholten Male telefonisch eine seit Langem angesetzte Besprechung nach hinten. Wie könnte eine bewusste Herangehensweise in solch einem Fall aussehen?!

Bei der erstmaligen Terminverschiebung wirst du vermutlich Verständnis zeigen und keinen emotionalen Trigger verspüren. Besprechungen werden des Öfteren verschoben, das lässt sich kaum vermeiden. Bei der zweiten Verschiebung wirst du womöglich leichten Ärger empfinden, diesen aber je nach Begründung nur sehr sanft kommunizieren und darum bitten, den nächsten Termin wirklich einzuhalten. Außerdem wirst du als bewusster Mensch in dich gehen und fragen, warum dich diese Terminverschiebung ärgert – und – warum du deinen Ärger oder Unmut nicht besser ausgedrückt hast?! Vielleicht trägst du den Glaubenssatz »ich bin nichts wert« in dir und die Verschiebung verletzt dein Bedürfnis nach Wertschätzung. Oder du bemerkst ein altes Muster, wonach du immer höflich bist und zu allem Ja und Amen sagst. Das Erkennen dieser alten Themen deiner Biografie hilft dir dabei, dich und deine Gefühlswelt besser zu verstehen und entsprechend wahrzunehmen.

Kommt es dann beim nächsten Telefonat zur dritten Terminverschiebung, so brennt in der Regel der Hut. Schluckst du den Ärger erneut runter, wirst du im schlechtesten Fall bei einem späteren Telefonat wütend und ausfallend werden. Bestenfalls wirst du endlich beginnen, deine fehlende Selbstliebe in Angriff zu nehmen. Hast du dies hingegen bereits getan, so kannst du schon während des Telefonats deine innere Wut wahrnehmen und deine körperlichen und psychischen Abläufe werden vielleicht wie folgt lauten: »Ich spüre Wut. Ich spüre, wie mein Herz plötzlich schneller schlägt. Ich spüre den Schweiß auf meinen Händen. Ich spüre eine aufkommende und nach oben steigende Hitze in mir.« Anstatt diese nun wie bei einem Dampfkochtopf entweichen zu lassen, kannst du über die verbesserte Wahrnehmung viel bewusster entscheiden, welche Reaktion angebracht ist. Ist es eine wichtige und langjährige Geschäftspartnerin, wählst du eine achtsame Reaktion, wo du deinen Ärger und Unmut auf bestimmte und dennoch höfliche Art und Weise erklärst. Ist die Geschäftspartnerin hingegen eine Person, die ohnehin jedes Mal aufs neue Probleme verursacht, so würde ein ebenso achtsamer, aber etwas stärkerer Ausdruck dieser Wut womöglich die Chance bieten, das Geschäftsverhältnis neu zu besprechen oder zu beenden.

Die Wahrnehmungsebene hilft uns, unsere Reaktionen auf unerwünschte Ereignisse bewusster zu gestalten. Indem wir unsere körperlichen und psychologischen Empfindungen innerlich wahrnehmen, können wir unsere Reaktionen selbst steuern, anstatt von der Emotion gesteuert zu werden! So hat das Forschungsteam um Matthew D. Liebermann in der Studie »Putting Feelings into Words« beispielsweise nachgewiesen, dass das bloße Erkennen und Benennen einer Emotion bereits ihre Auswirkungen reduziert.[25]

Unser Gehirn besteht aus mehreren Arealen. Die Amygdala ist jener Teil, der für unsere Emotionen zuständig ist, während der präfrontale Kortex unter Anderem das rationale Denken übernimmt. Erfährt ein Mensch nun eine Emotion wie Wut, Trauer oder Angst, so wird die Amygdala aktiviert, die ihrerseits hochfährt und, vereinfacht gesagt, den präfrontalen Kortex blockiert. Damit blockiert sie aber auch unser rationales Denken und kommt meist unbemerkt davon. Wir glauben zwar, rational zu entscheiden, tun dies aber nicht. Wird die Emotion hingegen wahrgenommen und innerlich benannt, so lässt sich durch MRT erkennen, dass die Amygdala sich entspannt und den präfrontalen Kortex wieder freigibt. Wer also Wut empfindet, diese im gegenwärtigen Moment wahrnimmt und innerlich zu sich sagt »ich fühle Wut«, der kann diese Wut allein durch das Erkennen merklich reduzieren und in der Folge eine achtsamere Reaktion wählen.

Eine erste Möglichkeit zur Stärkung unserer emotionalen Kompetenz ist also die Fähigkeit, Emotionen innerlich wahrnehmen und benennen zu können. Eine zweite und ebenso wichtige Ebene ist die Arbeit mit unserer eigenen Geschichte. Um unseren Emotionen und ihren tieferen Wurzeln näherzukommen, brauchen wir ein Verständnis für unsere Biografie und zudem auch ein Verständnis für unsere Schatten.

Schattenkompetenz

Sigmund Freud nannte es den verdrängten Anteil des Unbewussten, Carl Gustav Jung beschrieb es als das persönlich Unbewusste und prägte dafür den bekannten Begriff des Schattens. Der Schatten enthält alle Persönlichkeitsanteile, die dem naiven Selbstbild und den eigenen Masken entgegenstehen. Einfacher formuliert ist der Schatten alles, was wir verdrängen, leugnen oder nicht haben wollen.

Der Schatten bildet sich dabei meist schon in frühester Kindheit. Unsere Erziehung, unsere Erwartungen, alle Belohnungen oder Verbote lassen immer nur einen Teil der Persönlichkeit reifen, während andere, unerwünschte Teile ins Unbewusste verabschiedet werden. Zum besseren Verständnis seien hier ein paar einfache Beispiele genannt:

- Leistung ist gut, Faulheit kommt in den Schatten.
- Brav sein ist gut, Wildheit kommt in den Schatten.
- Geben ist gut, Nehmen kommt in den Schatten.
- Der harte Mann ist gut, der weiche Mann kommt in den Schatten.

- Der weiche Mann ist gut, der harte Mann kommt in den Schatten.
- Verstandeskraft ist gut, Gefühle kommen in den Schatten.
- Gefühle sind gut, Verstandeskraft kommt in den Schatten.

Auch all unsere Kindheitserfahrungen und die daraus resultierenden Ängste, Muster, Glaubenssätze und Interpretationen kommen in dieses Gefäß. Und so schreiben wir viele Teile unserer Lebensgeschichte entsprechend unserer Kindheitserfahrungen weiter, ohne je darüber nachzusinnen, ob diese Art zu leben auch unserem authentischen Selbst entspricht. Das hat nicht nur ein verzerrtes Weltbild zur Folge, sondern kann uns auch ganz praktisch im Alltag manipulieren und zu großen Problemen führen:

- Menschen, die Faulheit im Schatten haben, sind stärker Burnout gefährdet als andere. Wer es sich nicht zugestehen kann, auch mal faul – oder besser gesagt – gemütlich und unproduktiv auf der Couch zu liegen, wird irgendwann ausbrennen.
- All die Braven, die Wildheit im Schatten haben, lassen sich viel zu viel gefallen und sind meist auch sehr veränderungsresistent. Angesichts der globalen Herausforderungen können wir uns eine Welt mit lauter braven Schafen aber nicht leisten.
- Wer immer nur gibt und das Nehmen im Schatten hat, gönnt sich selbst nichts. Hier fehlt es an Selbstliebe und daran, auch sich selbst mal eine nährende Fülle im Leben zuzugestehen.
- Mit dem weichen Mann im Schatten ist eine männlich dominierte und gegenüber den globalen Problemen sehr kühle Gesellschaft entstanden. Mit dem »harten« Mann im Schatten werden wir die Probleme aber auch nicht lösen. Manchmal muss man harte Entscheidungen treffen, ob man will oder nicht. Der zukunftsfähige Mann braucht also beide Qualitäten und die zukunftsfähige Frau natürlich auch!

Der Schatten manipuliert uns und hält uns davon ab, authentisch zu leben. Damit das funktioniert, muss der Schatten aber ständig verdeckt bleiben. Denn wer betrachtet schon gerne seine gefühlte Minderwertigkeit, seine unterdrückte

Wildheit, seine Fehlbarkeit oder Gier? Wir wollen diese Schattenanteile und den zugehörigen Schmerz nicht fühlen, weshalb wir uns entsprechende Abwehrmechanismen zurechtgelegt haben. Vermeiden, verdrängen, verleugnen, rationalisieren, intellektualisieren, dramatisieren oder projizieren sind Beispiele solcher Abwehrmechanismen und probate Mittel, den Schatten nicht fühlen oder uns damit konfrontieren zu müssen. Diese Abwehr wirkt allerdings toxisch auf unser Leben sowie auf unseren Umgang mit anderen und der Welt.

Wer nun seine Schattenkompetenz erhöhen möchte, muss sich im ersten Schritt der eigenen Schattenanteile bewusstwerden. In Schritt zwei gilt es dann, die unbewussten, verdrängten oder verleugneten Teile wieder in das Selbst zu integrieren. Darstellung 12 zeigt dafür die Schattenspirale, welche sowohl den ewigen Zyklus der Verdrängung als auch die erfolgreiche Integration darstellen soll.

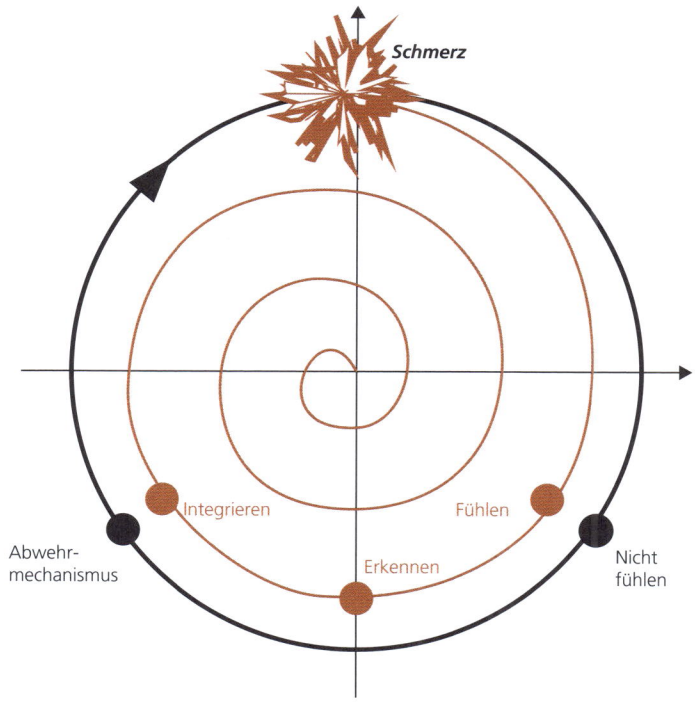

Dar. 12: Die Schattenspirale (Buchebner & Stockinger 2021)

Dabei ist zu erwähnen, dass es unserer Erfahrung nach nicht reicht, den Schatten nur intellektuell zu fassen und darüber zu reflektieren. Sich des eigenen Schattens bewusstzuwerden, bedeutet viel mehr, die mit ihm verbundenen Gefühle auch wirklich fühlen zu können. Es braucht auch hier wieder die Wahrnehmungsebene! Wird ein alter Schmerz getriggert, so muss dieser Schmerz auch gefühlt und erkannt werden. Erst im Anschluss beginnt die Integration, welche sowohl die biografische Beschäftigung mit dem Schmerz als auch die liebevolle Annahme dieser alten Wunde beinhaltet.

Es gäbe noch Vieles zu erzählen über das große Thema der emotionalen Kompetenz. Wir möchten an dieser Stelle aber nochmal erwähnen, dass dieses Buch nur die Grundlagen der jeweiligen Skills inklusive deren Bedeutung für zukunftsfähige Menschen und Organisationen beschreiben kann. Solltest du dich näher dafür interessieren, so können wir dir abseits der Sekundärliteratur auch unser bereits erwähntes Buch »Innen Wachsen, Außen Wirken« empfehlen.

Emotionale Kompetenz als Future Skill

Was bringt uns emotionale Kompetenz auf dem Weg in Richtung Zukunft? Der soziale Aspekt wird dir sicherlich klar sein. Eine Welt mit emotional kompetenten Menschen ist friedvoller und viel stärker auf Miteinander ausgerichtet wie unsere heutige, immer noch stark konkurrenzorientierte Welt. Darüber hinaus gibt es aber auch Aspekte, welche sich auf die Zukunftsfähigkeit als Ganzes auswirken und welche wir im Folgenden beschreiben wollen.

Ohnmacht und Klimawandel

» Was soll eine allein schon erreichen? Fragte sich die halbe Menschheit.

Kaum ein Gefühl schwächt die Klimabewegung mehr als das Gefühl der Ohnmacht. Wenn Menschen sich angesichts des globalen Klimawandels ohnmächtig fühlen, kann sich dies auf unterschiedliche Weise auswirken. Manche Menschen verdrängen diese Ohnmacht – und das ganze Thema gleich mit. Das muss nicht bedeuten, dass sie den Klimawandel leugnen, sie wollen sich nur nicht zu sehr damit beschäftigen. Denn unterbewusst löst dies ein Gefühl der Machtlosigkeit aus, welches die meisten Menschen einfach nicht fühlen wollen. Sich nicht zu sehr mit dem Thema auseinanderzusetzen ist dann eine einfache Möglichkeit, den Schmerz abzuwehren. Es gibt allerdings auch Menschen, die große Sorge und zugleich großes Engagement in den Klimabereich mitbringen. Sie grenzen das Thema nicht aus, fühlen sich aber dennoch ohnmächtig angesichts der globalen Dimension des Problems.

In beiden Fällen wäre es wichtig, sich die zugehörigen Schatten genauer anzusehen und den zugrundeliegenden Schmerz einmal wirklich zu fühlen. Oft wird diese Arbeit nur auf kognitiver Ebene durchgeführt, indem man etwa versucht, das Ohnmachtsgefühl über Coaching-Maßnahmen in ein Gefühl der Wirkmacht umzuprogrammieren. Einen inneren Glaubenssatz wie »ich bin ohnmächtig« über NLP-Methoden auf »ich bin wirkmächtig« zu überschreiben, hilft aber allein oft nicht weiter. Erst müssen der Schmerz und sein Glaubenssatz wahrgenommen, erkannt, benannt und integriert werden, ehe man einen neuen, positiven Glaubenssatz einspeichert.

Sowohl in der Arbeit mit uns selbst als auch in der Arbeit mit Business- und Studierendengruppen haben wir festgestellt, dass das Loslassen alter Themen nachhaltiger wirkt, wenn der Schmerz zuerst einmal bewusst gefühlt wird. Darüber hinaus bekommt man tiefe Ohnmachtsgefühle nicht einfach gelöst, nur weil man sich einmal in einem Coaching oder Seminar damit beschäftigt hat! In der Regel wirken sie dann schwächer und weniger manipulativ, auftreten tun sie aber dennoch. Wenn dies passiert und das Ohnmachtsgefühl eine gewisse Tiefe erreicht, ist die Ratio nicht mehr imstande, auf den neuen und positiven Glaubenssatz zuzugreifen und sich damit vom Ohnmachtsgefühl zu lösen. Man fühlt sich dann nicht mehr nur machtlos dem Klimawandel gegenüber, sondern auch machtlos dem Gefühl gegenüber. Taucht der Schmerz also auf, muss er wahrgenommen und anerkannt werden, um ihm seine manipulative Macht zu nehmen. Wie schon im vorigen Praxisinterview beschrieben wurde, ist es im Falle von Ohnmacht auch ungemein wichtig, den eigenen Wirkungsradius zu hinterfragen und gegebenenfalls zu verkleinern. Dann beschäftigt man sich nicht ständig mit Dingen, auf die man ohnehin keinen Einfluss nehmen kann und ein wirkmächtiges Gefühl ist leichter aufrechtzuerhalten.

Abschließend sei erwähnt, dass nicht jeder Mensch zu jeder Zeit bereit ist, sich alte Muster, Ängste oder Glaubenssätze in ihrer Tiefe anzusehen. Auch in unseren Trainings haben wir nicht immer die Zeit und Möglichkeit, alle aufkommenden Themen genau zu betrachten und greifen oftmals auf weniger tiefgreifende Methoden zurück. Dies ist wichtig, um alte Glaubenssätze in ihrer Wirkung abzuschwächen. Wer sie allerdings zur Gänze integrieren möchte, der muss irgendwann auch tief in sie eintauchen.

Good News braucht die Welt

Eine Kollegin von Julia hat uns einmal erzählt, dass eine ihrer Studentinnen weinend in ihrer Vorlesung saß. Sie hat den Schwall an negativen Nachrichten rund um die Klimakrise einfach nicht mehr ausgehalten. Damit ist sie nicht allein. Vor Allem bei Jugendlichen und jungen Erwachsenen sind Zukunftsängste und die sogenannte Ökoangst (Eco Anxiety) ein immer größer werdendes Thema. Wie die betroffenen Menschen mit inneren Ängsten und Ohnmachtsgefühlen umgehen können, haben wir zuvor beschrieben. Wie und mit welchen Maßnahmen die Politik und wirtschaftlich Tätigen hier helfen können, ist auch klar: mit aktivem Klimaschutz! Was aber können all die Referentinnen, Lehrenden und Journalistinnen besser machen?[26]

Sie könnten beispielsweise verstehen, dass der Schwall an negativen Nachrichten nicht gerade motivierend wirkt am Weg in eine bessere Zukunft. Denn diese Flut an »Bad News« ist es ja oftmals, die die Ohnmachtsgefühle hervorruft! Und während negative Informationen bei der Gruppe der bereits Engagierten wie ein Weckruf funktionieren kann, hat sie beim großen Rest der Bevölkerung nachweislich keine bzw. eine gegenteilige Wirkung. Die existenzielle Bedrohung veranlasst diese Menschen eher zu Abwehrreaktionen, denn zu klimafreundlichem Verhalten.[27]

Auch abseits des Klimathemas muss man leider sagen, dass das aktuell viel zu hohe Maß an negativen Nachrichten unsere Wirkmacht stärker einschränkt als es ihr nutzt. Ein gutes Beispiel dafür sind die Forschungsarbeiten des Psychologen

James Russel über die subjektive Wahrnehmung von Gefühlen. Das daraus abgeleitete Circumplex-Modell zeigt, dass unangenehme Gefühle wie Trauer oder Ekel keine Lust machen, die Umstände entsprechend zu ändern. Wut oder Furcht aktivieren uns zwar und können uns kurzfristig dazu bringen, Dinge in Angriff zu nehmen. Langfristig gesehen schaffen sie allerdings ein Gefühl der Unlust und sind damit als Bremse für den Wandel einzustufen. Die einzige der sechs Basisemotionen, die proaktives Verhalten nachhaltig fördert, ist jene der Freude.

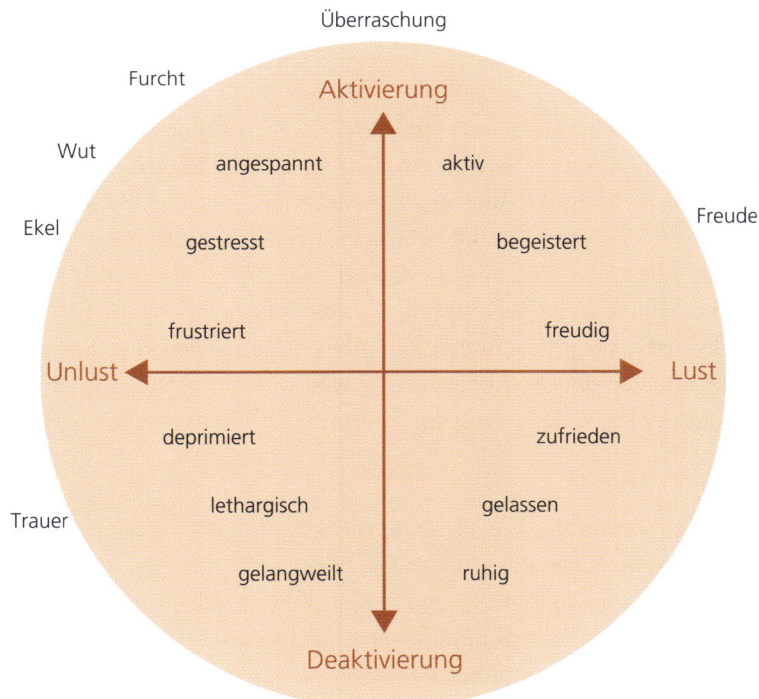

Dar. 13: Circumplex-Modell nach Russel

Aus den oben genannten Gründen müssen zukunftsfähiger Journalismus und eine zielgerichtete Krisenkommunikation viel positiver und ermutigender gestaltet werden. Dass wir eine Vielzahl globaler Probleme haben, wird uns tagtäglich serviert und sollte mittlerweile mehr als klar sein. Dass es für die meisten Probleme aber auch Lösungen gibt, wird hingegen viel zu selten berichtet. Dass auch wir selbst Teil dieser Lösung sind oder sein könnten, hört man fast nie. Schade, denn hier wird enorm viel Potenzial verschenkt, in Organisationen genauso wie in der Gesellschaft als Ganzes. Die Nachrichten der Zukunft sollten also konstruktiv und ermutigend sein und müssen zudem konkrete Lösungen und Handlungsoptionen vorstellen. Reine Berichterstattung, wie sie heute nach wie vor stattfindet, ist eigentlich Schnee von (vor-)gestern!

Ängste in der Nachhaltigkeit

Die offensichtlichsten Ängste und ihre Auswirkungen auf unsere Zukunft haben wir in den letzten Absätzen bereits erläutert. Das ist aber lange nicht alles. Es gibt natürlich weit mehr innere Ängste, die zumeist aus unserer Kindheit stammen und den Weg in eine gute Zukunft behindern. In unserem ersten Buch haben wir sechs dieser Ängste detailliert beschrieben, die wir dir hier nochmal in aller Kürze aufzeigen möchten. Dabei sei erwähnt, dass die folgenden Erklärungen bei Weitem nicht vollständig auf die Ängste, ihre Abwehrmechanismen und ihren Bezug zur Nachhaltigkeit eingehen können. Wir wollen dir also lediglich einen Ausschnitt zeigen, um dir den Bezug von Ängsten und Nachhaltigkeit verständlich zu machen:

- **Angst vor Mangel:** Bezüglich ihrer Grundbedürfnisse vernachlässigte Kinder entwickeln oft bereits in jungen Jahren ein Gefühl des Mangels. Um diesen Mangel nicht ständig fühlen zu müssen, suchen sie sich einen Abwehrmechanismus, den sie dann vom Kindesalter bis zum Tode beibehalten. Wer Angst davor hat, nicht genug zu bekommen, muss immer mehr haben oder alles sammeln und horten. Die Entwicklung von Gier oder Geiz sind also passende Abwehrreaktionen, um die tiefere Angst vor Mangel nicht spüren zu müssen. Und dass die Gier ein Problem für die Nachhaltigkeit darstellt, erklärt sich vermutlich von selbst.
- **Angst vor Veränderung:** Wenn Kinder überfürsorglich erzogen werden, entwickeln sie oft kein Selbstbewusstsein und trauen sich Veränderungen im

Leben einfach nicht zu. Als Abwehrmechanismus wählen sie als Erwachsene dann oft eine Strategie, in der alles Alte und Traditionelle als das einzig Wahre angesehen wird und um jeden Preis verteidigt werden muss. Und zwar egal ob das noch immer Sinn macht oder nicht! Solch veränderungsresistente Menschen sind natürlich kein guter Treibstoff für den Wandel.

- **Angst vor Machtlosigkeit:** Traumatische Erlebnisse in der Kindheit, früh erfahrene Gewalt oder auch Unfälle und Naturkatastrophen können diese Angst hervorrufen. Die Auswirkungen liegen u. a. darin, sich die Lösung größerer Probleme nicht zuzutrauen und bei jeglichen Herausforderungen schnell zu resignieren. Manche Vertreterinnen dieser Angst wählen eine gänzlich andere Strategie und suchen sich bewusst Machtpositionen, um das Gefühl der Ohnmacht nicht fühlen zu müssen. Um die eigene Machtlosigkeit zu verdecken, üben sie dann Macht über andere aus, zum Beispiel gegenüber ihren Mitarbeiterinnen, Ehepartnerinnen oder Kindern.
- **Angst vor Wertlosigkeit:** Wenn die Eltern ihrem Kind nie zuhören, nie Zeit haben und es nie wertschätzen, schmerzt dies das Kind und es bildet sich der Glaubenssatz »ich bin nichts wert«. Um diesen Schmerz nicht mehr fühlen zu müssen, sucht sich das Kind – und später die Erwachsene – eine andere Möglichkeit, um sich wertvoll zu fühlen. So werden etwa neue und wertsteigernde Produkte angeschafft oder Luxusurlaube gemacht, die man dann stolz in den sozialen Medien herzeigen kann. Dass diese Flucht in den Konsum oft mit dem Gefühl der Wertlosigkeit zu tun hat, wird kaum gesehen und ist natürlich problematisch in Bezug auf unsere schwindenden Ressourcen.
- **Angst vor Ausgrenzung:** Die Angst, allein zu sein, wird u. a. damit erklärt, dass evolutionär gesehen, Gruppen immer schon bessere Überlebenschancen hatten als Einzelne. Darüber hinaus spielen auch die Eltern wieder eine große Rolle, wenn sie etwa sagen: »Unser Kind soll keine Aufmerksamkeit erregen, sich benehmen und anpassen.« So passt es sich irgendwann wirklich allem an und entwickelt im Gegenzug dafür keinerlei Selbstwert. Diesen braucht es aber, wenn es als erwachsene Person die eigene Meinung vertreten, und womöglich erfolgreich gegen den Strom schwimmen möchte. Und ja, Menschen, die auch mal gegen den Strom schwimmen sind essenziell für eine nachhaltige Zukunft.

- **Angst vor dem Scheitern:** Wenn ein Kind ständig bestraft oder belehrt wird, sobald es einen Fehler macht, kann das große Versagensängste auslösen oder auch ein Gefühl von »ich bin nicht gut genug«. Solch eine Person möchte folglich nie mehr das Gefühl haben, zu versagen. So kann sie entweder zur absoluten Leistungsträgerin werden, die sich bis zum Burnout abarbeitet, um jegliche Versagensgefühle unterdrücken zu können. Oder sie wird zur »Oberalternativen«, die sich selbst als spirituell und intellektuell viel zu hoch entwickelt empfindet, um im Erreichen von Zielen etwas Sinnvolles zu sehen. Beide Abwehrmechanismen sind typisch für Menschen mit der Angst vor dem Scheitern. Und beide Abwehrmechanismen sind nicht förderlich für eine gute Zukunft.

Transformierte Emotionen

Ein kompetenter Umgang mit unseren Emotionen wirkt nicht nur positiv auf die Nachhaltigkeit oder entspannend auf unseren Gemütszustand, er kann auch jede Menge blockierte Energie freisetzen. Das haben wir – Julia und Stefan – insbesondere bei unserer Arbeit mit dem aus der Tiefenökologie bekannten Wahrheitsmandala erfahren können. Dieses Ritual versammelt eine Gruppe von Menschen in einem Kreis rund um vier Qualitäten: Trauer, Angst, Wut und Leere. Innerhalb eines vorbestimmten Zeitrahmens teilen die Gruppenmitglieder darin ihre Themen entsprechend der vier Qualitäten. Wut über gesellschaftliche Missstände oder Trauer bezüglich Umweltthemen und Krieg sind dabei ebenso zulässig wie persönlicher Schmerz. Jede Wortmeldung wird gehört, jedoch nicht kommentiert oder interpretiert. Im Anschluss an das Ritual gehen wir in eine kurze Meditation, um die teils schweren Themen zu transformieren und gut loslassen zu können.

Manche Teilnehmerinnen sind im ersten Moment skeptisch, wieso sie sich auf eine Reise mit so schweren Gefühlen begeben sollen. Sie argumentieren verständlicherweise, dass wir zuvor die ungeheure Kraft von »Good News« und positiven Lebensgefühlen betont haben. Das mag sich im ersten Moment widersprechen. Jedoch ist das Teilen eigener Sorgen in einem geschützten Raum etwas anderes, als das Wegdrücken und Abwehren schlechter Nachrichten, die durch das Internet, den Fernseher oder andere Menschen getriggert wurden. In letzterem Fall haben wir kaum die Möglichkeit, die dahinterliegenden Gefühle zu fühlen. Im geschützten Raum ist aber genau dies möglich, weshalb die auftauchenden Gefühle bewusst wahrgenommen werden und sich somit entspannen können.

Egal ob im Geschäftsleben, Nachhaltigkeitsbereich oder mit Studierenden, das Wahrheitsmandala gehört zu den meistgenannten Höhepunkten unserer Seminare. Im Anschluss daran vernehmen wir stets viele Stimmen, wie tief dieses Ritual geht und wie gut es getan hat, andere in ihrer Trauer, Angst, Wut oder Leere zu hören und sich auch selbst mitteilen zu können. Über die Möglichkeit, mit den anderen mitzufühlen, ergibt sich eine ungeheure Kraft für die eigene Transformation. Wer sich dem Schmerz öffnet, weitet sein Herz und schafft dadurch mehr Raum für Liebe, Freude und Mitgefühl. Die Tiefenökologie beschreibt das auch konkret: Hinter der Trauer verbirgt sich die Liebe, denn wir trauern nur um das, was uns am Herzen liegt. Hinter der Angst verbirgt sich der Mut, etwas Herausforderndes dennoch zu wagen. Hinter der Wut verbirgt sich die Leidenschaft, für etwas zu kämpfen – und die Leere schafft letztlich den Raum für Neues.[28]

Emotionale Kompetenz in Organisationen

Dass die emotionale Kompetenz und die Kooperationsfähigkeit von Mitarbeiterinnen zusammenhängen ist mittlerweile erwiesen. Was dies für Teams und Arbeitsgruppen bedeutet, werden wir im folgenden Kapitel unter der Überschrift »Beziehungsfähigkeit« näher erläutern. Hier wollen wir uns verstärkt mit den Auswirkungen auf Einzelpersonen beschäftigen.

Eine neue Fehlerkultur

Erinnere dich bitte kurz an die zu Beginn besprochene integrale Haltung. Dem integralen Kompetenzmodell entsprechend kann jeder Ebene eine besonders typische Angst zugeordnet werden. In unserer stark orange geprägten Businesswelt ist dies die Angst vor dem Scheitern. Dabei ist es spannend zu beobachten, dass die Menschen in den USA ganz anders mit diesem Thema umgehen wie wir in Europa. In den Vereinigten Staaten wird man fast schon gelobt, wenn man mit seinen Projekten und Ideen schon mal gescheitert ist. Das ist in manchen Fällen sicherlich auch übertrieben, aber dennoch ein offenerer Zugang als hier in Europa, wo Scheitern oft noch immer ein Tabu ist.[29]

Spannende Ergebnisse dazu liefert etwa die Forschung zur Fehlermanagementkultur in Teams. So fand man heraus, dass Teams in den USA mehr Fehler melden und ein besseres Error Management haben als jene in Deutschland oder Ungarn. Außerdem zeigte sich eine unterschiedliche Lernkurve zwischen den einzelnen Ländern. Menschen in den USA lernen nachweislich besser aus ihren Fehlern wie Menschen in Deutschland bzw. Ungarn. Der Wirtschaftspsychologe Michael Frese untersuchte darüber hinaus 61 Länder bezüglich ihrer Fehlertoleranz. Dabei kam er zu dem Ergebnis, dass Fehler nur in Singapur stärker verachtet werden als in Deutschland.[30]

Kurz gesagt sind uns Mitteleuropäerinnen die Amerikanerinnen in Sachen Scheitern weit voraus. Das ist unserer Meinung nach einer der Hauptgründe, warum US-amerikanische Organisationen in der Regel innovativer sind als ihr Pendant auf dem alten Kontinent. Wer etwas Neues in die Welt bringen möchte, muss ein Risiko eingehen und den Schritt ins Unbekannte wagen. Bedenken wir zudem, dass Menschen mit gut integrierten Versagensängsten auch Veränderungen leichter angehen, so sehen wir erneut die Relevanz dieser Angst für eine nachhaltige Entwicklung.

Eine Möglichkeit, eine neue Fehler- und Lernkultur zu etablieren, ist es nun, mit Fehlern offener umzugehen. Als Vorzeigeprojekt können die aus Mexiko stammenden Fuckup Nights dienen. Dort treffen sich regelmäßig Menschen aus verschiedenen Organisationen und präsentieren sich und ihre begangenen Fehler vor einem großen Publikum. Die Fuckup Nights finden mittlerweile in über 90 Ländern statt und tragen dort zum Aufbau einer neuen Fehlerkultur bei. Damit ein Mensch aber den Mut aufbringt, eigene Fehler vor anderen zuzugeben, braucht es zuallererst einmal die Auseinandersetzung mit der Angst vor dem Scheitern. Was uns wieder zur emotionalen Kompetenz zurückbringt.

»Ja, ich habe versagt. Nein, ich bin keine Versagerin.« Wer diesen Satz vor anderen offen und frei ausdrücken kann, hat das Prinzip der emotionalen Kompetenz verstanden und wohl auch integriert. Fehler zugeben zu können und gleichzeitig nicht den eigenen Selbstwert daran festzumachen, ist eine große Kunst. In einer sich schnell wandelnden Wirtschaftswelt wie der heutigen ist diese Kunst von zentraler Bedeutung. Während die meisten früher vierzig Jahre lang denselben Job gemacht haben, sind wir heute ständig dazu angehalten, uns weiterzuentwickeln und zu verändern. Dass dabei Fehler passieren, ist unumgänglich und auch menschlich. Dass wir uns deshalb als Versagerinnen fühlen, muss aber nicht sein!

Lebendige Werte

Zukunftsfähige Organisationen sind Organisationen, die entsprechend ihrer Werte leben, handeln und wirtschaften. Die Organisationskultur und das Wertebewusstsein sind heute von zentraler Bedeutung, sowohl für das eigene Selbstverständnis als auch für die Vermarktung nach außen oder die Anwerbung neuer Mitarbeiterinnen. Um eine lebendige und wertebewusste Kultur nicht nur auf dem Papier, sondern auch in natura umsetzen zu können, braucht es ein Verständnis für die in der Organisation vorherrschenden Emotionen. Denn Werte und Emotionen sind stets miteinander verbunden.

Wir haben in den letzten Jahren viele Werteprozesse mit Organisationen durchgeführt. Und noch nie ist es gelungen, einen Wert zu etablieren, der bei der Belegschaft emotional vorbelastet war. Damit ein neuer Wert Einzug halten kann, muss zuerst überprüft werden, wie die Menschen innerhalb der Organisation zu diesem Wert stehen und was dieser in den einzelnen Personen auslöst. Löst er etwas Negatives aus, so muss man sich auf tieferer Ebene damit auseinandersetzen, ehe man beginnt, den Wert in die eigene Kultur aufzunehmen. Wird der Wert als etwas Neutrales angesehen, hilft er zwar nicht weiter, stört aber auch nicht. Werden allerdings alle Firmenwerte emotional neutral wahrgenommen, hat das Benennen der Werte wenig Sinn. Die Organisationskultur bleibt in alten Mustern hängen und die Werte dienen maximal als Aushängeschild nach außen.

Nur positiv wahrgenommene Werte können wirklich etwas bewirken. Werte sind dazu da, im Inneren der Menschen etwas auszulösen. Sie dienen als Leitsterne, die spürbar und erlebbar sein müssen und nach denen sich die Zusammenarbeit ausrichtet. Damit dies im organisationalen Kontext gelingt, müssen Emotionen aber zuerst einmal aus ihrem Schattendasein befreit werden. Wenn das Zeigen von Emotionen nicht erwünscht ist, kann sich keine wertebasierte Kultur etablieren. Denn nur Menschen, die mit ihren Gefühlen und Bedürfnissen in Kontakt sind, sind auch imstande, entsprechend ihren Werten zu handeln. Emotionale Kompetenz ist also eine Grundvoraussetzung für wertebasiertes Wirtschaften!

Fühlen ist das neue Führen

Unter diesem Titel erschien 2018 das dritte Heft des Wirtschaftsmagazins »Neue Narrative«. Wer heute noch denkt, dass Führen nichts mit Fühlen zu tun hat, der hat sich vermutlich im Jahrtausend geirrt. Und Verirrte gibt es diesbezüglich genug. Denn die meisten Ausbildungsprogramme für Führungskräfte beziehen die Kunst des Fühlens noch immer viel zu wenig – und vor allem – viel zu oberflächlich ein. Ein moderner Führungsstil muss die emotionale Komponente berücksichtigen – und zwar nicht nur kognitiv, sondern auch auf der Gefühlsebene! Wie solch ein Führungsstil aussehen kann und welche drei Dilemmata wir dafür entschärfen müssen, möchten wir dir im Folgenden kurz erläutern.[31]

- Dilemma Nummer Eins ist der nach wie vor meist altbackene Umgang mit Macht. Anstatt andere zu ermächtigen, orientieren sich viele Führungskräfte noch immer an einem in die Jahre gekommenen Machtgefälle. Der Mann steht über der Frau, die Lehrerin steht über der Schülerin, die Chefin steht über der Angestellten. Nach dieser Vorstellung gibt es immer eine Person, welche die Macht hat und eine andere, auf die sie ausgeübt wird. Das ist bequem und hat auch seine Vorteile, wenn es darum geht, wer die Entscheidungen trifft und wer wen zurechtstutzen darf. Letzteres fördert aber weder die Selbstwirksamkeit des Einzelnen, noch schafft es gute Beziehungen oder ein produktives Arbeitsklima in der Organisation.[32] Moderne Führungskräfte müssen sich also von der Idee eines von selbst gegebenen Machtgefälles trennen. Um solche alten Muster und Glaubenssätze loszuwerden, braucht es eine tiefe Auseinandersetzung mit der eigenen Innenwelt. Erinnere dich bitte an die zuvor beschriebene Angst vor Machtlosigkeit. Macht auszuüben ist psychologisch gesehen eine der gängigsten Vermeidungsreaktionen, um die eigene Machtlosigkeit nicht fühlen zu müssen. Kurz gesagt: Menschen, die besonders demonstrativ ihre Macht ausüben, fühlen sich innerlich oft machtlos. Vehemente Machtausübung und innere Machtlosigkeit gehören immer zusammen. Wer Macht also bewusst und emotional agil einsetzen möchte, der muss die dahinterliegenden Muster erkennen und, wenn nötig, auflösen. Denn eines soll hier schon gesagt sein: Auch in Zukunft wird es Menschen brauchen, die Macht haben und sie einsetzen. Sie muss aber überlegt eingesetzt werden, sich an Kompetenzen orientieren und nicht an Befindlichkeiten oder alten Weltbildern.

- Dilemma Nummer Zwei in Sachen Führungsschwäche ist die allgegenwärtige Trennung von Herz und Verstand. Gerade in Businesskreisen hören wir immer wieder, dass man Herz und Verstand voneinander trennen muss, um erfolgreich zu sein. Das eine gehört ins Private, das andere gehört zum Beruf. Diese Trennung ist nicht nur schade in Bezug auf das Arbeitsklima in Organisationen, es hat auch eine Welt entstehen lassen, die alle Dinge bis zuletzt rationalisieren muss. Das mag lange funktioniert haben, doch angesichts der ökologischen und darauf aufbauenden gesundheitlichen Krisen der letzten Jahrzehnte dämmert uns langsam, dass diese Art zu Wirtschaften viele Schattenseiten hat. So ist man mittlerweile draufgekommen, dass eine nachhaltige Entwicklung nur dann funktionieren kann, wenn auch unsere Organisationen natürlicher, resilienter und anpassungsfähiger werden. Kurz gesagt, müssen unsere Organisationen wieder lebendiger werden, was allerdings nur gelingt, wenn auch die darin arbeitenden Menschen – und Führungskräfte – wieder lebendiger werden. Dafür braucht es wiederum einen neuen Umgang mit unseren Gefühlen. Denn ohne Gefühle gibt es keine Lebendigkeit!

- Dilemma Nummer Drei ist unsere Angst vor negativ konnotierten Emotionen aller Art. Auch im organisationalen Kontext ist dies von großer Bedeutung. Denn auch hier können transformierte Emotionen jede Menge Kraft freisetzen. So weiß man heute, dass sich hinter jeder Angst auch immer Innovationskraft befindet. Wer seine Angst wahrnimmt, erkennt und integriert, kann sie zum Treiber von Innovation werden lassen. Ähnliches gilt auch für die Wut. Wird sie erst einmal zugelassen und im geschützten Rahmen ausgedrückt, so kann sie die Person oder das Team zu raschen und womöglich längst nötigen Handlungen bewegen. Gerade beim Thema Emotionen muss die Führungskraft vorangehen, damit auch die anderen im Team den Mut aufbringen, konsequent mitzugehen.

Ein bewusster und reflektierter Umgang mit unserer Gefühlswelt setzt eine Vielzahl an Kräften und Potenzialen frei. Darüber hinaus können sich emotionskompetente Führungskräfte besser von ihrer menschlichen Seite zeigen. Ein authentischer Umgang mit Gefühlen schafft Transparenz, macht die eigene Person nahbar und zeugt mittlerweile auch nicht mehr von Schwäche, sondern von menschlicher Größe. Ist eine Führungskraft dann noch empathisch, so kann sie sich in andere Personen und Perspektiven hineinversetzen und zudem besser zuhören. Das stärkt das Arbeitsklima, schafft ein veränderungsbereites Umfeld und hilft dabei, die Fehlerquote zu verringern.

Interview mit Maja Storch

Dr. Maja Storch ist Inhaberin des Instituts für Selbstmanagement und Motivation in Zürich und Autorin einer Vielzahl von Sachbüchern und Publikationen. Als promovierte Psychologin und Psychoanalytikerin begründete sie u. a. das in Managementkreisen bekannte Züricher Ressourcen Modell (ZRM) und ist aktuell für ihre Arbeiten im Bereich Embodiment bekannt. Wir haben Maja über ihre Bücher kennengelernt und sie deshalb zum Interview gebeten.

Liebe Maja, wie bist du zum ersten Mal mit »Emotionaler Kompetenz« in Berührung gekommen?

Maja Storch: Das war eigentlich noch während des Studiums. Ich habe in meiner Zeit an der Uni Zürich, wo ich promoviert habe, eine Veranstaltung besucht zum Thema soziale Kompetenzen von Schülerinnen und Schülern. Da ist das Thema damals aufgekommen, dass man nicht mehr nur sagt, die jungen Leute müssen Mathe, Englisch oder Latein lernen, sondern auch soziale Kompetenzen.

Damals stand auch die emotionale Kompetenz mit auf der Liste. Sie wurde als eine der Fähigkeiten erkannt, die man braucht, wenn man junge Menschen begleiten möchte, sodass sie gut miteinander und auch mit sich selbst auskommen können. Da ist das zum ersten Mal aufgetaucht, dass Menschen es lernen sollten, wie man mit Gefühlen umgehen kann und wie man Gefühle reguliert. Man hat begonnen zu verstehen, dass sich das nicht von selbst ergibt und dass es eigentlich auch in die Schule gehört.

Darf ich fragen, wie lange das ungefähr her ist?

Wann habe ich promoviert? Das war in den 1980er Jahren und da kam das.

Spannend! Ich weiß jetzt nicht, wie das in Deutschland ist, aber hier in Österreich wird emotionale Kompetenz bei Schülerinnen und Schülern noch nicht wirklich im Schulalltag gelehrt. An manchen Schulen schon, aber sicher nicht auf breiter Basis. Wie ist das in Deutschland?

Nö. Obwohl, was heißt nicht wirklich gelehrt? Es gibt schon so Kurse oder auch Schulversuche im Bereich der Gewaltprävention. Da werden dann Mediatorenkurse angeboten, wo es darum geht, negative Affekte zu regulieren und Konflikte zu reflektieren. Da wird der Umgang mit starken Gefühlen und negativen Affekten schon gelehrt.

Aber sagen wir mal so, das Thema fristet noch immer ein Schattendasein. Das ist noch nicht so richtig durch. Allerdings denke ich, dass sich das jetzt durch das Thema Migration und auch durch die ganzen Corona-Lockdowns stark verändert hat. Da sind ja viele psychisch schwerst beeinträchtigte Kinder und Jugendliche in den Schulen. Bei denen sieht man nun deutlich, was eine beeinträchtigte Psyche für Probleme machen kann. Das ist nicht mehr »nice to have«! Man merkt auf einmal, die lernen nicht mehr richtig, der Unterricht ändert sich, es wird schwieriger.

Zum anderen gibt es viele Kinder mit Flüchtlingshintergrund, die teilweise schwer traumatisiert sind, teilweise auch unbegleitet zu uns gekommen sind, mehrere Jahre auf der Flucht waren und dann mit allem, was sie erlebt haben und mitschleppen, oft völlig alleingelassen werden. Da gibt es ja keine richtigen Konzepte, wie man das auffängt, was die erlebt haben. Und das schafft natürlich ebenso große Probleme und Konflikte. Dadurch gewinnt das Thema jetzt wirklich an

Brisanz und verlässt diesen Status von Nice-to-have zu »Wir brauchen es wirklich dringend«!

Dass emotionale Kompetenz solange ein Schattendasein fristete, ist ein Schicksal, das viele psychologische Konzepte seit vielen Jahren erleiden. Nehmen wir nur mal das Thema »Führen« als Beispiel. Seit ich denken kann, reden wir uns die Zunge blau, dass eine Führungskraft eine Art Coach der Mitarbeitenden sein muss, dass eine Führungskraft Wertschätzung zeigen, auf Persönlichkeitsstile Rücksicht nehmen muss usw. Das sehen viele dann ein und dann wird halt mal ein Workshop gebucht. Aber das war es dann schon wieder.

Doch auch im Unternehmensbereich ändert sich da gerade was! Da herrscht jetzt ein großer Leidensdruck. Denn jetzt kommt plötzlich die Generation Z, die sagt: So lasse ich mit mir nicht mehr umgehen. Und die Babyboomer, die noch brav alles geschluckt haben, verschwinden schön langsam aus dem Arbeitsmarkt. Da bleibt den Führungspersonen heute gar nichts anderes mehr übrig als schleunigst andere Umgangsformen zu lernen. So ähnlich steht es um den Skill der emotionalen Kompetenz. Das Leben selbst verlangt das jetzt halt.

Ich müsste lügen, wenn ich nicht sagen würde, dass ich das mit einer gewissen Befriedigung beobachte. Ich habe mir jetzt wirklich 30 bis 40 Jahre lang die Zunge blau geredet. Und trotzdem ist es immer ein Exotenthema geblieben, dass man mal anbieten kann, wenn es irgendwo ein Event gibt. Aber dass jemand ernsthaft sagt, wir versuchen das zu implementieren, war bisher in meinen Augen nicht der Fall.

Danke, du sprichst mir aus dem Herzen. Ich habe ein ähnliches Gefühl und ähnliche Erfahrungen. Es sind keine 30 Jahre, aber gefühlte 10 Jahre rede auch ich mir schon den Mund fusselig.

Ja, das kann einen frustrieren. Du wirst eingeladen für einen Vortrag und möglicherweise noch für einen Workshop. Und dann haben wir halt einen Nachmittag für das Thema. Zuerst kommt der Vortrag, dann ist Kaffeepause und dann bleibt noch eine Stunde Workshop für 200 Leute. Was kannst du da machen? Nicht viel! Und dass da in der Folge irgendwas systematisch implementiert wird – vergiss es!

Wie könnte eine systematische Implementierung auf organisationaler Ebene ausschauen?

Das hat viel mit Üben, Üben, Üben zu tun. Die emotionale Kompetenz fällt ja nicht vom Himmel. Zunächst muss ich den Menschen ja erstmal beibringen, überhaupt Gefühle wahrzunehmen. Viele haben absolut keinen Zugang zu ihren Gefühlen. Die spüren das gar nicht, wenn sie Gefühle haben. Oder sie merken es nur, wenn es wirklich, wirklich ernst wird. Wenn sie von einem negativen Affekt so stark beeinflusst sind und dann halt explodieren.

Aber wie sich das vorher anbahnt und was die ersten kleinen Signale sind, das merken die überhaupt noch nicht, geschweige denn, dass sie es verbalisieren können. Da sind wir dann auch bei Punkt Nummer zwei. Erstmal muss ich ja was wahrnehmen. Dann muss ich in der Lage sein, das in eine Sprache zu übersetzen. Und dann muss ich Methoden kennen, um diese Affekte zu regulieren.

Da ist viel zu lernen und zu trainieren! Insbesondere, wenn das halbwegs automatisiert und zuverlässig funktionieren soll. Ich kann ja auch nicht Cello spielen lernen innerhalb einer Stunde. Wenn jetzt jemand kommt und sagt: Ich will Cello spielen lernen, dann kann ich auch nicht sagen, mach mal eine Stunde YouTube-Tutorial und dann kannst du das. Nö, garantiert nicht! Und das ist den Leuten ja klar. Es ist klar, dass man das üben muss. Nur bei den Psychosachen denken sie immer alle: Ja nee, das kann ich schon ... .

Warum ist das deiner Meinung nach so? Warum glauben wir, dass man das nicht lernen muss? Warum wird da weniger hingesehen? Haben wir Angst, auf unsere Gefühle zu schauen?

Nö, nö, das glaube ich gar nicht. Das wird einfach systematisch unterschätzt, weil es innerlich abläuft. Beim Cello spielen kann ich ja sofort hören, ob ich diesen Lauf jetzt hinbringe, ob ich die Töne treffe und ob mein Spiel sauber intoniert ist.

Oder nehmen wir den Eiskunstlauf zur Hand. Beim Eiskunstlauf weiß ich sofort, ob der dreifache Rittberger funktioniert. Das kann man sofort bewerten und in Zeitlupe angucken. Das ist also materiell in irgendeiner Form objektivierbar. Darum leuchtet es den Leuten ein.

Diese ganzen Psychosachen sind halt unsichtbar und darum haben sie ein systematisches Unterschätzungsschicksal. Ich glaube aber nicht, dass die Leute Angst haben, über eigene Gefühle zu sprechen. Das ist so ein 70er-Jahre-Selbsterfahrungssprech.

Danke Maja, diese Erklärung kann ich gut nachvollziehen und wirft zugleich eine Frage auf in mir. Die Objektivierung unserer Innenwelt gestaltet sich schwierig. Müssen wir deiner Ansicht nach davon wegkommen, alles in messbare Zahlenwerte zu verpacken oder braucht es einfach nur neue Methoden, um auch unsere Gefühlswelten besser messen zu können?

Nein, das, was du hier als Objektivierung beschreibst, ist eine Qualitätssicherung. Der Ansatz, dass man die Psychosachen sowieso nicht messen kann, ist gefährlich. Da sind wir ja dann im Bereich von Globuli. Und bitte nicht falsch verstehen, ich bin ein großer Fan von Homöopathie, das ist nicht der Punkt.

Wenn ich jetzt aber homöopathische Medizin untersuchen würde, würde ich mich nie nur damit zufriedengeben, dass irgendwelche Leute sagen, es hilft. Ich würde immer versuchen, das zu objektivieren. Ob es dann gelingt oder nicht oder mit welchen Methoden das gelingen kann, das steht auf einem anderen Blatt. Aber der Versuch, die Wirkung auf irgendeine Art und Weise zu zeigen, ist wesentlich. Das ist ja der Anspruch von Wissenschaft und den darf man nicht aufgeben, um keinen Preis.

Man kann darüber diskutieren, welche Methoden geeignet sind, um innere Vorgänge zu erfassen. Und ja, wir müssen unter Umständen auch neue Methoden erfinden. Welche Art von Statistik ist geeignet? Braucht es eher qualitative oder quantitative Verfahren? Das ist ein weites Feld. Aber der Anspruch an sich, dass ich irgendeinen Nachweis möchte, dass das, was ich da mache, auch etwas bringt, den darf man in der Wissenschaft auf gar keinen Fall aufgeben.

Reicht dieser Nachweis auch bei den Gästen von einem Seminar? Oder braucht es hier konkrete Methoden, die dich sofort spüren lassen, dass sich etwas geändert hat? Sprich, müssen wir Methoden entwickeln, die

mir einfach und in relativ kurzer Zeit einen erkennbaren Mehrwert liefern?

Ja, das sowieso. Nehmen wir ein Tagesseminar als Beispiel. Da sollte man schon etwas haben, wo nach einem Tag die Leute sagen, ich habe das und das gelernt und das wird mir helfen. Wenn das nicht passiert, wird man ja nicht mehr gebucht. Wenn die Leute sagen, sie haben sich einen Tag lang hingehockt für nichts, werden die das nicht mehr buchen. Also ich würde so etwas zumindest nicht mehr buchen.

Absolut, da hast du vollkommen recht. Gleichzeitig hast du ja selbst gesagt, dass man in diesem emotionalen Feld oft nur für einen Tag gebucht wird und innerhalb eines Tages kann man auf emotionaler Ebene nur wenig bewirken. Das meiste wir dann schnell wieder vergessen.

Ja, natürlich, da hast du recht. Aber da musst du unterscheiden zwischen einem kleinen Anfangserfolg und einer langfristigen Auswirkung. Ich nehme jetzt mal meinen Klavierlehrer als Beispiel. Wenn der seine siebenjährigen Schnupperschüler anlernt, fängt er sofort an und spielt mit ihnen irgendein Lied, das sie schnell nachspielen können. Und wenn dann Weihnachten kommt, wird sofort ein noch so einfaches Weihnachtslied geübt, dass das Kind dann an Weihnachten vorspielen kann. Das heißt zwar noch nicht, dass unser Kind jetzt eine Chopin Etüde spielen kann, aber es hat einen kleinen Erfolg und das ist wichtig.

Da müssen wir unterscheiden zwischen einem Anfangserfolg von »ich habe hier was gelernt, was ich sofort anwenden kann« und einer Meisterschaft von »ich bin jetzt eine supergute transformationale Führungskraft«. Dafür braucht es mehr, das ist ja klar!

Danke für die spannenden Einsichten liebe Maja! Dann möchte ich dich zum Schluss noch fragen, welche Kompetenz wir deiner Meinung nach noch brauchen, um in eine gute Zukunft zu kommen? Was ist für dich ein weiterer, wichtiger Future Skill?

Was ich momentan beobachte und am allerwichtigsten finde, und was ich mir auch dringend wünschen würde, ist, dass die Menschen einander endlich wieder zuhören. Dass die Menschen so viel Offenheit besitzen, um andere Ansichten in sich überhaupt mal wieder reinzulassen. Was ich momentan wahrnehme, sei es in Gesprächen, irgendwelchen informellen Gruppen oder auch Talkshows, ist für mich ein absoluter Graus.

Die meisten Leute reagieren nur noch schlagwortgesteuert. Es gibt irgendein Triggerwort, dann wird ein Stereotyp abgerufen und dann kommt es sofort zu extremer Feindseligkeit und Abwertung. Das ist schlimm! Als ich noch jünger war, gab es den legendären Club 2 in Österreich und den konnte man auch in Deutschland empfangen. Der war Open End und da wurde eine Atmosphäre geschaffen, in der noch echte Gespräche geführt wurden.

Da haben sich Menschen unterhalten. Es war ein Diskurs. Das war aber keine Stimmung, wo alle nur rumgesessen sind wie lauter Mahatma Gandhis und gesagt haben: Ja, ich verstehe dich … . Nee nee, das war auch durchaus kontrovers und die Gäste haben sich gezofft! Aber sie waren alle verbunden in der Haltung, sich zuzuhören und hier und jetzt verschiedene Ansichten auszutauschen. Und diese Haltung fehlt meiner Meinung nach heute komplett.

Beziehungsfähigkeit

Die Stimmung im Raum war erfüllt von einer gehörigen Portion Wut, Traurigkeit und Unverständnis. „Wie kann er so etwas machen?" Genau diese Frage stellten wir uns bei unserem letzten Team-Treffen im Vorfeld des Change Maker Retreats. Zu fünft saßen wir da und rangen nach Worten, um die Situation zu beruhigen und uns wieder zu fokussieren. Was war passiert? Kurz erklärt, unsere Auszeit für Engagierte hat Konkurrenz bekommen und was für eine!

Ein österreichischer Unternehmer, der vor zwei Jahren selbst Gast auf unserem Retreat war und im Vorjahr sogar drei Studierendentickets sponserte, hat nun seinen eigenen Retreat ins Leben gerufen. Besagten Unternehmer kennen wir seit über 10 Jahren und er ist uns ein guter Bekannter, mit dem wir lange Zeit ein gutes Vertrauensverhältnis pflegten.

Dass er nun einen weiteren Retreat für Change Maker gelauncht hat, finden wir gut und wichtig. Es kann nicht genug Angebote geben, wo in der Nachhaltigkeit engagierte Menschen wieder Kraft tanken können! Leider war die Art und Weise, wie er diesen Retreat ins Leben gerufen hat, sehr schmerzhaft für uns. Zuallererst hat er eine unserer Trainerinnen angeworben, ohne uns zu benachrichtigen. Sie selbst berichtete uns später davon mit spürbarem Unbehagen. Sie hat gute Kontakte im Klimabereich und war nun im Zwiespalt, wie sie für die beiden Retreats parallel werben sollte. Doch auch das war für uns anfangs kein Problem, da dieser Retreat angeblich im Westen Österreichs stattfinden sollte. Geplatzt ist die „Bombe" dann ein Monat später, als das Marketing des anderen Retreats mit dem Spruch „Innen Wachsen – Außen Wirken" im Internet auftauchte. Dieser Spruch ist unser eigener Marketingspruch seit vielen Jahren und zudem Titel unseres ersten Buches. Es kam nun plötzlich so, dass der andere Retreat mit einem öffentlich bekannten Trainer warb, sich an dieselbe Zielgruppe wandte, nur wenige Kilometer von unserem Veranstaltungsort entfernt im Osten stattfinden sollte, und zwar eine Woche vor unserem Change Maker Retreat. Die Krönung war schließlich der Preis. Wir selbst arbeiten bei diesem Projekt an der Grenze zur Wirtschaftlichkeit. Besagter Unternehmer sponserte seinen Retreat dagegen derart stark aus eigener Tasche, dass das Ticket inklusive Kost und Logis um mehr als zwei Drittel günstiger zu haben war als bei uns.

Im ersten Moment waren wir einfach nur sprachlos und menschlich sehr enttäuscht. „Warum geht er in ein derartiges Konkurrenzverhalten" und vor allem: „Wieso hat er uns von all dem nie etwas erzählt?" Ein Anruf, eine E-Mail oder eine kurze Sprachnachricht hätten das Ganze entschärft. Im besten Fall hätten wir auch kooperieren können. Zumindesten wären wir aber im Bilde gewesen und hätten uns als Team darauf einstellen können. Im einzigen Gespräch wenige Tage vor der ersten „Bombe" ließ er leider nichts davon anklingen. Wir konfrontierten ihn daraufhin, wie es uns damit geht und er entschuldigte sich aufrichtig via E-Mail. Wir verabredeten uns zu einer Aussprache, zu der er trotz Erinnerung jedoch nicht erschien. Wie es der Zufall so will, kam es im Anschluss zum nächsten Eklat. Da der von ihm gebuchte Seminarort vom Hochwasser getroffen wurde, verschob er seinen Retreat kurzfristig in unser Seminarhotel. Wir erfuhren es leider wieder erst im Nachhinein via E-Mail und mit einer angehängten Entschuldigung. Die Belegschaft des Seminarhotels wusste bereits von unserer Misere, allerdings nicht, um wen es sich dabei handelte. So ließen sie den anderen Retreat ohne Rückfrage zu sich ins Haus und waren im Nachhinein wenig erfreut über die Intransparenz des neuen Veranstalters – und wir waren natürlich sauer, dass diese Parallelveranstaltung nun auch noch eine Woche vor uns im gleichen Hotel stattfand.

Ohne weitere Details zu nennen, lässt sich Folgendes sagen: Eine einzige Person hat mit ihren unbewussten Handlungen viel Unmut und jede Menge Probleme hervorgerufen. Das ist die eine Seite der Medaille. Die andere Seite betrifft uns als Team wie auch uns selbst – Stefan & Julia. Auch wir hätten in dieser monatelangen Misere bewusster handeln können. Hätten ein zweites Treffen für eine Aussprache organisieren können und generell aktiver agieren sollen, anstatt immer nur abzuwarten, was als Nächstes passiert. Vor allem aber hätten wir im Team besser kommunizieren müssen. Denn – so viel sei gesagt – auch intern haben die immer wiederkehrenden Handlungen unseres Gegenübers zu Konflikten geführt. Konflikte, die uns auf uns selbst zurückgeworfen haben und deren Lösung viel Zeit und innere Arbeit in Anspruch genommen hat.

Jetzt ist unser Unternehmer aber kein Bad Boy. Ganz und gar nicht! Im technologischen Bereich hat er mit seiner Firma schon viel Gutes getan. Wir trauen uns auch zu sagen, dass er es wirklich ernst meint in Sachen Umweltschutz und mitwirken möchte an gesellschaftlichen Problemen wie dem Klimawandel! Ökologisch gesehen ist unser Unternehmer durchaus ein Vorbild und auch ökonomisch ist er erfolgreich. Nur menschlich gesehen ist vieles noch nicht da, wo man es sich wünschen würde. Wir möchten ihm allerdings nicht unterstellen, aus Boshaftigkeit gehandelt zu haben. Er hat nur – aus welchen Gründen auch immer – hochgradig unbewusst gehandelt! Besagtem Unternehmer war es nicht möglich, sich emphatisch zu zeigen, sich in unsere Situation hineinzuversetzen oder die Tragweite seiner Entscheidungen entsprechend vorherzusehen. Ihm fehlte es außerdem an einer ehrlichen und achtsamen Kommunikation und einem Verständnis für ein Miteinander auf Augenhöhe. Kurz gesagt fehlte ihm ein großes Maß an Beziehungsfähigkeit, die für einen zukunftsfähigen Umgang mit anderen Menschen – in dem Fall uns – wichtig gewesen wäre.

Unser Unternehmer hat mit seinem Retreat sicher einiges bewegt, gleichzeitig hat er viel verbrannte Erde hinterlassen. Da muss man sich fragen, ob in Summe das Positive überwiegt und ob ein Aufsummieren überhaupt sinnvoll ist. Unser Protagonist ist mit seinem Verhalten aber keineswegs allein. Wir haben es in über 15 Jahren Nachhaltigkeitsarbeit immer wieder bei uns selbst und anderen erlebt, dass vielversprechende Zukunftsprojekte die Beziehungskomponente völlig außer Acht gelassen haben – und dadurch weit weniger Positives bewirken konnten als gedacht. Und genau deshalb war es uns auch wichtig, die Beziehungsfähigkeit in unser Kompetenzmodell mitaufzunehmen!

Welche inneren Fähigkeiten muss ich erlangen, um mit anderen Menschen eine persönliche Beziehung aufzubauen? Was braucht es, damit geschäftliche Beziehungen auf Augenhöhe passieren und sich für beide Seiten gut anfühlen? Und wann sollte man toxische Beziehungen beenden, damit man bei Erfahrungen wie der eben beschriebenen zumindestens mit sich selbst in guter Beziehung bleibt? Diese Fragen wollen wir gemeinsam mit dir auf den nächsten Seiten klären. Darüber hinaus werden wir auch einen Abstecher in unsere Beziehung zum Planeten machen. Als zukunftsfähige Menschen können wir unsere Beziehungen nicht auf die eigene Spezies beschränken, sondern müssen die Pflanzen- und Tierwelt genauso in unsere Beziehungsfähigkeit miteinbeziehen. Gerade die großen Probleme wie Artensterben oder Klimawandel verlangen sowohl nach einer neu gelebten Beziehung zur Natur als auch nach einer neuen Beziehung unter uns Menschen. Denn eines muss klar sein: Unsere globalen Probleme lassen sich nur gemeinsam lösen!

Grundlagen

Bevor wir uns nun auf die Grundlagen stürzen, wollen wir dich bitten, nochmal kurz in dich hineinzuspüren. Der vorherige Text wirkt bei manchen Menschen sehr emotional. Das ist uns bewusst und auch von uns beabsichtigt. Unsere Welt ist nicht immer harmonisch und deshalb wollen und müssen wir auch manchmal von Erfahrungen berichten, die schwierig und schmerzhaft waren für uns. Auch das gehört zur inneren Arbeit dazu. Wenn dich der vorige Text dazu angeregt hat, mit uns mitzufühlen, dann ist das gut. Solltest du hingegen mitleiden oder einen Widerstand spüren, so nimm diese Emotion wahr und lass sie, wenn möglich, etwas abklingen, ehe du im Weiteren zu den Theorien der Beziehungsfähigkeit übergehst!

Empathie

Die wohl grundlegendste Fähigkeit, um mit anderen Menschen in Beziehung zu treten, ist die Empathie. Sie beschreibt, wie gut ein Mensch die Empfindungen, Gedanken oder Motive einer anderen Person erkennen, verstehen und nachempfinden kann. Menschen mit einer hohen Empathiefähigkeit können die Welt mit den Augen anderer sehen, Anteilnahme zeigen und auf ihr Gegenüber eingehen.

In der gewaltfreien Kommunikation von Marshall B. Rosenberg meint Empathie des Weiteren, einer anderen Person seine volle Präsenz zu schenken und ihrem ganzen Wesen zuzuhören. Dieses Empathieverständnis geht weit über die Ratio hinaus und bezieht sowohl den Körper als auch die emotionale Ebene mit ein. Wer sich seinem Gegenüber voll und ganz widmen, ihm zuhören kann, ohne zu werten, ohne zu verurteilen und ohne ihm in irgendeiner Art prägen zu wollen, der hat ein hohes Maß an Empathiefähigkeit erreicht.

Wie lässt sich Empathie nun wissenschaftlich beschreiben und analysieren? Psychologisch gesehen wird die Empathie meist über drei Formen beschrieben:

- Emotionale Empathie: Sie wird auch emotionale Sensitivität genannt und meint das Mitfühlen und Reagieren auf die Gemütslage seines Gegenübers.
- Kognitive Empathie: Sie hilft uns dabei, die Gedanken und Ansichten des Gegenübers besser zu verstehen und auch nonverbale Äußerungen wahrnehmen und deuten zu können.
- Soziale Empathie: Sie meint die Fähigkeit, sich auf unterschiedliche Persönlichkeitstypen einzustellen und auf diese offen zugehen zu können. Egal wie komplex ein Team oder eine Mannschaft auch ist, eine Person mit hoher sozialer Empathie wird deren Verhalten verstehen und teilweise vorhersagen können.

Empathie bedeutet also nicht nur das Einfühlen in andere Personen, sondern auch das kognitive und soziale Verständnis für unterschiedliche Menschen und Gruppen. Um diese Fähigkeit besser greifen bzw. messen zu können, wollen wir außerdem die vier Säulen der Empathie nach Theresa Wiseman nennen:[33]

- Perspektivenwechsel: Hier geht es darum, eine Situation mit den Augen des Gegenübers wahrnehmen zu können. Diese Fähigkeit ist eines der zentralen Elemente von Empathie. Ist sie nicht vorhanden, kann man nicht von Empathie sprechen.
- Verständnis: Nummer zwei meint die Fähigkeit, die aktuellen Motive, Gefühle und Bedürfnisse seines Gegenübers verstehen zu können. Wichtig dabei ist die Aktualität. Oft wird die Gefühlslage bekannter Personen mit früher auftretenden Gefühlen erklärt, obwohl die Person im Moment ganz anders fühlt. Das Verständnis des Gegenübers muss also frei sein von Projektionen.
- Unvoreingenommenheit: Nicht urteilen, nicht werten! Obwohl die anderen Punkte diesen strenggenommen miteinschließen, wird er als eigene Säule beschrieben. Denn man kann andere immer noch verurteilen, auch wenn man glaubt sie zu verstehen.
- Resonanz: Seinem Gegenüber mitzuteilen, dass man seine Gefühlslage versteht und akzeptiert, meint die vierte und letzte Säule der Empathie. Man geht in Resonanz und teilt sich mit, um auch seinem Gegenüber die Situation zu erleichtern.

Mitgefühl

Wie die Neurologin Prof. Tania Singer[34] bei zahlreichen MRT-Analysen herausgefunden hat, unterscheiden sich die aktiven Gehirnareale von Mitgefühl und Empathie. Bei emphatischen Reaktionen werden oft jene Bereiche aktiviert, die mit negativen Erfahrungen wie Schmerz oder Hilflosigkeit verbunden sind, weshalb oft wiederholende Empfindungen zu Erschöpfung und Abstumpfung führen können.[35]

Kommt man hingegen in den Zustand von Mitgefühl und altruistischer Liebe, so werden jene Gehirnareale aktiviert, die mit den Gefühlen Mutterliebe, Hilfsbereitschaft oder auch Mut verbunden sind. Mitgefühl ist im Vergleich zu Empathie also aktiver und veranlasst eher dazu, ins Handeln zu kommen. Außerdem wirkt sie nicht abstumpfend und hilft uns dabei, innere Balance, couragiertes Handeln und persönliche Resilienz zu entwickeln.[36]

Salopp erklärt ist Empathie also die Fähigkeit, zu fühlen was die andere fühlt, wobei man von den negativen Emotionen auch überwältigt werden kann. Im Falle von Mitgefühl fühlen wir mit und kümmern uns mit einem Gefühl der Wärme und Verbindlichkeit um die andere. Beim Dritten im Bunde, dem Mitleid, ist die Anteilnahme oft mit Unbehagen verbunden und entsteht durch einen kalten, getrennten Blick, nicht selten »von oben herab«.

Obwohl die drei Begriffe sehr ähnlich erscheinen und oft synonym verwendet werden, wollen wir hier auf deren Unterschiede aufmerksam machen. Denn gerade für die Beziehungsfähigkeit müssen wir wahrnehmen können, ob wir selbst oder jemand anderer gerade Mitleid oder Mitgefühl empfindet. Ersteres entspringt dem Ego-Denken und schafft eine Trennung und Hierarchie zwischen den beiden Parteien. Mitgefühl baut hingegen eine gemeinsame Ebene auf, die für gelingende Beziehungen auf Augenhöhe besser geeignet ist. Ob man mitfühlt, empathisch ist oder mitleidet, macht also einen wesentlichen Unterschied und ist letztlich eine Frage der Haltung. Aus Gründen der Lesbarkeit verwenden wir die Adjektive »empathisch« und »mitfühlend« im vorliegenden Buch weitgehend synonym, selbst wenn wir explizit eine mitfühlende Haltung ausdrücken möchten.

Deep Listening

Wenn Einfühlungsvermögen der erste Puzzlestein auf dem Weg zur Beziehungsfähigkeit ist, dann ist Zuhören direkt danach der zweite. Kaum etwas ist so mächtig und wird zugleich so stark unterschätzt, wie die Fähigkeit, zuhören zu können. Wer seine Aufmerksamkeit schärft und dabei auch die Art des Zuhörens verändert, der verändert nicht nur die Beziehung zum Gegenüber, sondern auch die Beziehung zur Erfahrung selbst. Wenn wir im Folgenden also von Zuhören sprechen, so gehen wir weit über ein »Ohren öffnen« hinaus. Je tiefer unser Verständnis für die Ebenen des Zuhörens ist, desto tiefer geht auch die Öffnung unserer Innenwelt (▶ Dar. 14). Beginnend bei der Öffnung des Denkens zur Öffnung des Herzens bis hin zur Öffnung des Willens. Ein leicht verständliches Modell dazu liefert uns Claus Otto Scharmer mit seiner Theorie U. Diese wird auch Deep Listening genannt und kann über die verschiedenen Ebenen der Kommunikation wie folgt erklärt werden.[37]

Dar. 14: Die vier Ebenen des Zuhörens (Scharmer)

Feld	Zuhören	Beziehung	Öffnung
1 – Herunterladen	Zuhören aus Gewohnheit	sich anpassend	
2 – Debatte	Faktisches Zuhören von außerhalb	konfrontierend	Öffnung des Denkens
3 – Dialog	Empathisches Zuhören von innen heraus	verbindend	Öffnung des Herzens
4 – Schöpferischer Dialog	Zuhören vom entstehenden Feld her	gemeinsam anwesend	Öffnung des Willens

1. **Herunterladen:** Die erste Art des Zuhörens ist das Herunterladen. In diesem Bewusstseinszustand hören wir immer nur das, was wir ohnehin schon wissen. Neue Informationen gelangen nicht zu uns durch. Wir hören aus Gewohnheit zu und passen uns an unser Gegenüber und dessen Meinungen an. Diese Form des Zuhörens finden wir vor allem in Gruppen, wo eine starke Hierarchie herrscht.
2. **Debatte:** Beim faktischen Zuhören erkennen wir widerlegende Informationen und sind fähig, unterschiedliche Gesichtspunkte und Daten anzuhören und einzubeziehen. Die Debatte erfordert eine Öffnung des Denkens und die Fähigkeit, unser Urteilen zu unterbrechen und zurückzuhalten. Sie ist überall dort zu finden, wo ein starker Wettbewerb herrscht.
3. **Dialog:** Empathisches Zuhören erfordert ein offenes Herz und einen guten Zugang zu unserer Gefühlswelt. In diesem Bewusstseinszustand können wir uns in den anderen hineinversetzen und einfühlen. Der Dialog wirkt verbindend bei den Beteiligten und findet überall dort statt, wo verschiedene Stimmen gehört werden und nach soziokratischen oder holokratischen Kriterien entschieden wird.

4. **Schöpferischer Dialog:** Die vierte Form des Zuhörens wird auch »Presencing« genannt. Sie erfordert völlige Präsenz und wir hören zu, damit etwas Neues entstehen kann. Wir halten den Raum, lassen unsere alten Muster, Glaubenssätze und Identitäten los und geben uns dem hin, was kommen will. In einem solchen Feld öffnen die Akteurinnen ihren Willen, kommen in den Flow-Zustand und ko-kreatives Arbeiten in seiner höchsten Form wird möglich.

Bei genauerem Hinsehen der beschriebenen Felder wird dir womöglich auffallen, dass sie eine Ähnlichkeit zu den Werteebenen haben. Das Herunterladen ist in manchen Belangen der blauen Ebene nah, wo eine absolute Wahrheit herrscht, die nicht in Frage gestellt wird. In Orange geht es um die besseren Ideen, den Wettbewerb und das faktisch analytische Denken. Feld-3-Kommunikation erinnert an die grüne Ebene, wo die Gefühlswelt eine wichtige Rolle spielt und gemeinschaftliche Lösungen angestrebt werden. Der schöpferische Dialog lässt sich wiederum mit der gelben Ebene in Verbindung bringen, wo unter Einbeziehung multipler Perspektiven völlig neue Wege gegangen werden.

Bewusstes Zuhören kann uns also nicht nur dabei helfen, bessere Beziehungen zu führen oder effizienter zu kommunizieren. Es ist auch ein Weg, sich selbst zu öffnen und weiterzuentwickeln.

Dramadreieck

Zu guter Letzt wollen wir dir noch das Dramadreieck vorstellen. Es ist eines der bekanntesten Beziehungsmuster und kommt aus der Transaktionsanalyse. Im Dramadreieck gibt es drei Rollen: Täterin, Opfer, Retterin. Die Täterin verübt die Tat und ist damit die Schuldige. Das Opfer bekommt die Tat ab oder glaubt das zumindest. Die Retterin eilt herbei, um die Situation zu lösen – und wird dadurch selbst oft zum Opfer.

Nehmen wir ein einfaches Beispiel zur Veranschaulichung. Stell dir vor, du streitest mit einer Freundin. Sie fühlt sich als Opfer, weil du zu euren Treffen immer zu spät kommst. Sie wirft dir das an den Kopf und du kannst das nicht nehmen, weil sie selbst immer erst Stunden vorher Bescheid gibt, ob das Treffen überhaupt stattfindet. In dieser Situation fühlen sich beide Konfliktparteien als Opfer und sehen ihr Gegenüber jeweils als Täterin. Eilt nun eine dritte Freundin herbei, welche die Situation schlichten will, kann das peinlich werden für euch beide. Um dieser Pein zu entkommen, macht ihr die herbeieilende Retterin zur Täterin und stilisiert euch selbst als Opfer. Ihr beschwert euch beispielsweise, dass sie sich nicht einmischen soll und dass es ohnehin nicht so schlimm sei.

Im Dramadreieck wechseln die Rollen sehr schnell und sind meist auch nicht festgelegt. Dabei ist es wichtig zu verstehen, dass man sich selbst meist als Opfer fühlt. Warum? Weil das Opfer die meiste Macht hat. Das Opfer bestimmt die Rollenverteilung und das Opfer bestimmt auch, welches Verhalten geändert gehört. Dass das Verhalten des Opfers auch ein Problem darstellt, wird ungern gesehen und genau dadurch wird das Dramadreieck aufrechterhalten. Beziehungsfähigkeit verlangt nun, aus dem Dramadreieck auszusteigen. Das bedeutet wiederum, aus der Opferrolle auszusteigen und Verantwortung für die eigenen Handlungen zu übernehmen.

Beziehungsfähigkeit als Future Skill

Stell dir eine Welt vor, in der die Technik alle planetaren Probleme gelöst hat, große Teile unserer Bevölkerung aber menschlich die gleichen geblieben sind. Gleich sinnentleert, gleich unachtsam, gleichgültig gegenüber dem Empfinden anderer Menschen, Lebewesen und dem Planeten selbst. Ist das wirklich die nachhaltige Zukunft, die wir uns wünschen? Natürlich nicht und genau deshalb ist Beziehungsfähigkeit ein wichtiger Future Skill.

Wir-Kultur

Der Weg von der Ich- zur Wir-Kultur ist sicherlich ein ganzes Buch wert. Ihn kurz auf ein paar Seiten herunterzubrechen ist womöglich vermessen. Nichtsdestotrotz stellt die Beziehungsfähigkeit einen zentralen Aspekt dieses Weges dar. Die Art und Weise, wie wir mit anderen in Beziehung treten, entscheidet letztlich die Beziehung selbst. Ein offenes Denken reicht für eine echte Wir-Kultur aber nicht aus. Es braucht auch ein offenes Herz und die Fähigkeit, sich in andere Menschen einzufühlen.

Um ein neues Verständnis von Miteinander zu entwickeln, müssen wir nicht nur Gleichgesinnte, sondern auch Menschen anderer Gesinnung verstehen lernen. Wir aus Bayern, wir Österreicherinnen, wir Vernünftigen, wir Unangepassten, wir Arbeiterinnen, wir Intellektuellen, wir Selbstständigen oder wir Akademikerinnen reicht nicht aus. Diese »innere Kleingartensiedlung«, wie wir dieses Denken gerne nennen, ist kein echtes Wir. Es ist streng genommen ein Wir gegen Die. Ein echtes Wir verlangt die Ausdehnung der Beziehungsgrenzen über die geistige Wahlfamilie hinaus. Ein erster und wichtiger Schritt auf diesem Weg ist das bereits erwähnte Zuhören – ehrliches, wertfreies und tiefes Zuhören:

- Stell dir ein Gespräch vor, wo die andere Person nicht ständig darauf wartet, selbst zu reden. Ein Gespräch, wo es zwischen dem Gesagten Pausen gibt, wo dir deine Gesprächspartnerin wirklich zuhört und wo auch du dich selbst wirklich gehört fühlst. Solch ein Gespräch kann sehr transformierend wirken und Berge versetzen am Weg in ein neues Miteinander!
- Stell dir vor, die Bäuerin hört der Umweltschützerin einmal wirklich zu – und die Umweltschützerin hört der Bäuerin wirklich zu.
- Stellt dir vor, die Aktivistin hört der Geschäftsführerin einmal wirklich zu – und die Geschäftsführerin hört der Aktivistin wirklich zu.
- Stellt dir vor, die Bürgerin hört der Politikerin einmal wirklich zu – und die Politikerin hört der Bürgerin wirklich zu.
- Stellt dir vor, du selbst hörst dir selbst einmal wirklich zu. Du selbst hörst dir und deinen Bedürfnissen, Sorgen und Wünschen wirklich zu.

Tiefes Zuhören kann alles verändern! Es kann eine Brücke bauen zwischen den Gräben unterschiedlicher Ideologien. Es kann getrennt gedachte Gebiete wie Spiritualität und Wissenschaft miteinander verbinden. Und mit genügend Zeit kann es selbst jene zusammenbringen, die sich zuvor noch mit Gewalt und in kriegerischen Handlungen entgegengetreten sind. Zuhören steht am Beginn jeder kollektiven Veränderung und deshalb ist es an der Zeit, es endlich (wieder) zu lernen.

Lösungsdenken

Wer das Zuhören in seiner Tiefe verstanden hat und leben kann, der wird auch bald merken, dass die Suche nach den Schuldigen meist wenig sinnvoll ist. Natürlich gibt es immer wieder Situationen und Umstände, wo die eine Person oder Gruppe mehr Probleme verursacht als jene auf der anderen Seite. Dennoch lohnt es sich immer, einen differenzierten Blick zu wagen und beide Seiten zu betrachten. Und zwar nicht deshalb, um die Schuld besser klären zu können, sondern um eine Lösung zu finden.

Leider sind wir von solch einem lösungsorientierten Denken meist weit entfernt. Wir Autorinnen kennen das aus dem Umweltbereich, wo sich Forstverbände mit Umweltorganisationen beim Thema Waldnutzung lieber jahrelang streiten, wer Recht bzw. Schuld hat, anstatt eine Lösung zu finden. Beide Seiten sehen sich selbst als Opfer und die andere Seite als Täterin und Feindbild. Ein Feindbild, welches sie in ihren Marketingkampagnen auch geschickt kommunizieren. So wird eine Situation des Gegeneinanders geschaffen und jede Seite versucht, die vermeintliche Gegenseite als Schuldige hinzustellen. Würden die jeweiligen Mitglieder stattdessen offen und auf Augenhöhe miteinander kommunizieren, so könnte womöglich irgendwann der Natur geholfen werden und nicht nur dem eigenen Ego.

Um sich dem Lösungsdenken hingeben zu können, braucht es nun zuallererst ein hohes Maß an Beziehungsfähigkeit. Lösungsdenken und Beziehungsfähigkeit hängen also untrennbar miteinander zusammen. In einer lösungsorientierten Gesellschaft sind wir imstande, den jeweils anderen Menschen oder Gruppen wieder zuzuhören. Anstatt das ewige Spiel von Gut und Böse immer weiterzuspielen, steigen wir aus und gehen wieder aufeinander zu. So suchen wir dann irgendwann nicht mehr nach Schuldigen, sondern nach Lösungen, die für uns und die Gesellschaft und die Natur als richtig erscheinen!

Dankbarkeit

Wie funktionieren Übergänge am besten? Wie kann unsere »alte« Welt in eine neue, nachhaltige oder besser noch, regenerative Welt umgebaut werden? Stell dir zu dieser Frage bitte folgende Situation vor:

Nehmen wir an, du – liebe Leserin – bist eine Person im neuen Denken. Ich – Julia – bin eine Person im alten Denken. Wenn du nun möchtest, dass ich neu zu denken beginne, hast du kurz gesagt zwei Möglichkeiten:

- Die erste Möglichkeit ist jene, dass du mir erzählst, was für eine altbackene Person ich nicht bin. Wie überholt, wie unwichtig, wie rückständig ich bin und wieviel Schaden ich nicht anrichte. Frage: Werde ich als Person im alten Denken auf diesem Weg ins neue Denken wechseln? Werde ich sagen: »Ja, du hast recht, ich bin rückständig, überholt und voll und ganz eine Idiotin. Aber ich habe es jetzt kapiert und von nun an folge ich dir und deinen Ideen!« Werde ich das sagen? Wohl eher nicht bzw. es wird lang dauern, bis ich mich in deine Richtung bewege.
- Deshalb wirst du als zukunftsfähiger Mensch die zweite Möglichkeit wählen und mir deine Dankbarkeit ausrichten. Du wirst mich wertschätzen und das Gute in mir sehen. Du bist überzeugt, dass deine neuen Ideen die Zukunft sind. Aber du weißt genauso, dass auch meine alten Ideen irgendwann die Zukunft waren. Dass sie einmal gut und wichtig waren. Diese Dankbarkeit und Wertschätzung machen es mir nun viel leichter, mich in deine Richtung zu bewegen! Dankbarkeit und Wertschätzung sind ungemein wichtig für den Beziehungsaufbau und dieser ist wiederum wichtig, um große Veränderungen voranzubringen.

Wie können wir das Erdölzeitalter endlich hinter uns lassen? Indem wir aufhören, den Millionen von Menschen in den erdölverarbeitenden Betrieben ständig nur zu erzählen, dass sie die Welt ruinieren. Das stimmt einerseits nicht und zum anderen sind es zu viele Menschen, die wir uns zum Feind machen und die dadurch den Wandel kräftig bremsen. Stattdessen könnten wir ihnen und dem Erdöl einfach mal unseren ehrlichen Dank ausrichten: »Danke liebes Erdöl, dass du unsere Autos angetrieben hast, mit denen wir wunderschöne Urlaube gemacht haben. Danke für das ganze Plastik, dass uns in unserer Kindheit viel Spaß bereitet hat. Du hast uns große Dienste erwiesen und ein wichtiges Zeitalter eingeläutet. Dieses Zeitalter ist jetzt aber vorbei und heute schaffst du weit mehr Probleme als Lösungen. Wir danken dir für vieles, doch jetzt musst du gehen!«

Wenn wir dem Erdöl einmal ehrlich und wertschätzend für all diese Dinge danken können, dann kommen wir in eine gänzlich neue Haltung. In dieser können wir dankbar sein UND dennoch klar bleiben in unserem modernen Verständnis, dass Erdöl keine Zukunft hat und dass wir diesen Rohstoff so weit wie möglich aus unserem Leben und Wirtschaften entfernen müssen. Uns und vor allem unseren Kindern zuliebe! Mit einer solchen »dankbaren« Ausrichtung kommen wir in ein Mindset, mit der sich der Wandel deutlich beschleunigen lässt. Denn nun kämpfen wir nicht mehr gegen etwas, sondern für etwas und das setzt einfach jede Menge Energie und Transformationspotenzial frei. Danke Erdöl!

Das ökologische Selbst

Wir haben auf den letzten Seiten schon beschrieben, wie breit wir den Skill Beziehungsfähigkeit sehen. Um den Geschichten nun eine gemeinsame Basis zu geben, wollen wir dir zuletzt noch das ökologische Selbst vorstellen. In dieser Wahrnehmung der Welt ist der Mensch nicht mehr getrennt von seiner Umwelt, sondern eingebunden in die Natur. Er begreift sich nicht nur in Beziehung zu anderen Menschen, sondern auch in Beziehung zu anderen Lebewesen.

Der norwegische Naturphilosoph Arne Naess prägte einst diesen Begriff, der heute vorwiegend in der Systemtheorie Anwendung findet. Im Bewusstsein des ökologischen Selbst erkennt ein Mensch sein tiefes Eingebettetsein in die Natur. Das alte, anthropozentrische Ego-Denken vom Menschen als Krone der Schöpfung weicht einem tieferen Naturbewusstsein, indem er die wechselseitige Beziehung von Mensch und Natur nicht nur intellektuell verstehen, sondern auch innerlich (wieder) fühlen lernt. Die Beziehung zur Natur geht dabei weit über das Nutzendenken hinaus. Ein Baum wird nicht mehr nur als Holz oder Sauerstoffproduzent gesehen, er wird als Lebewesen mit intrinsischem Wert wahrgenommen.

Die Entwicklung eines ökologischen Selbst verlangt nach mehr als nur Wissen und ist beim westlichen Menschen nach dem Ansatz der Werteebenen frühestens auf der Ebene von Grün zu finden. Die Wahrnehmung, dass man mit einem Tier und einer Pflanze in Beziehung steht, ist nicht klassisch erlernbar. Sie erfordert innere Bewusstseinsarbeit, viel Zeit in der Natur und zudem eine Auseinandersetzung mit den eigenen Grenzen. Eine kurze Darstellung, wie sich die eigene Beziehungsfähigkeit ausdehnen lässt, zeigt Darstellung 15. Dabei sei erwähnt, dass es auch Personen gibt, die zwar eine tiefe Verbindung zur Natur empfinden, den meisten Menschen aber feindselig gegenüberstehen und zu keiner menschlichen Beziehung fähig sind. Ein solches Bewusstsein ist unserer Ansicht noch kein ökologisches Selbst, da ja wieder eine Spezies ausgeschlossen wird!

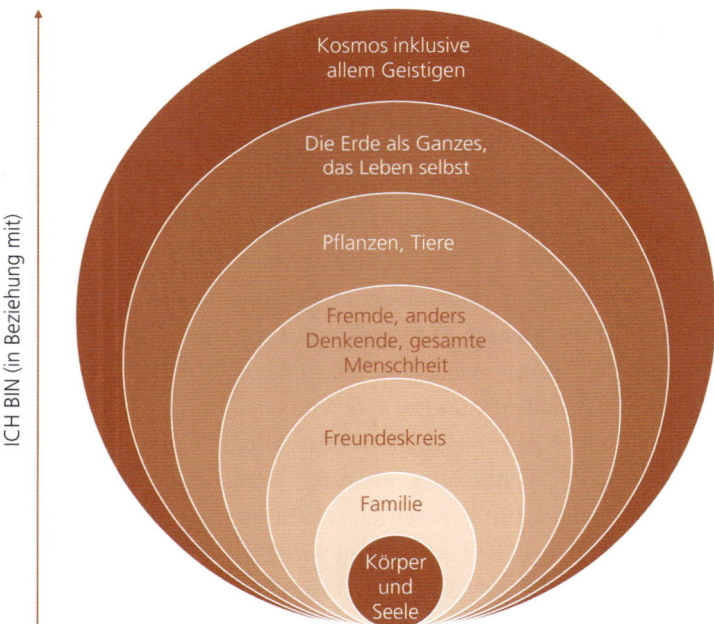

Dar. 15: Der Weg zum ökologischen Selbst

Beziehungsfähigkeit in Organisationen

Wie im letzten Kapitel versprochen, werden wir uns jetzt hauptsächlich mit emotionaler Kompetenz und Beziehungsfähigkeit in Bezug auf Arbeitsgruppen und Teams beschäftigen. Uns ist natürlich bewusst, dass eine gute Zusammenarbeit nicht nur auf inneren Parametern beruht! Äußere Faktoren wie Kommunikation, passende Begegnungsräume oder ausreichend Zeit sind ebenso wichtig, spielen aber hier aufgrund der Ausrichtung des Buches nur eine untergeordnete Rolle. Wir fokussieren auf die emotionalen Voraussetzungen für eine gute Zusammenarbeit. Denn egal ob klassisch strukturiert oder mit New Work, jede moderne Organisation verlangt nach einer Kultur des Miteinanders. Und solch eine Kultur erfordert die Fähigkeit zu authentisch gelebten Beziehungen auch in der Arbeitswelt.

Kooperationsfähigkeit

Heutige Organisationen werden sich mehr und mehr bewusst, dass man als Einzelkämpferin keine große Zukunft hat. Deshalb setzt man extern wie auch intern immer stärker auf den Wert der Kooperation. Doch Kooperation ist nicht nur ein Wert, es ist eine auch Fähigkeit. Und zwar eine, die wir in unserem Bildungssystem nie wirklich gelernt haben. Aus diesem Grund ist die Kooperationsfähigkeit innerhalb von Teams oft nicht mehr als ein Buzzword. Sie wird zwar ehrlich angestrebt, jedoch selten erreicht. Warum nicht? Zum einen sind hier äußere Umstände wie eine unklare Rollenverteilung, chaotische Strukturen oder das Fehlen einer geteilten Vision zu nennen. Zum anderen gibt es aber auch jede Menge innere Barrieren auf dem Weg zu guter Kooperation.

Wer die Angst vor Mangel in sich trägt, der wird in schwierigen Situationen trotz bester Absichten immer zuerst auf sich selbst schauen. Wer sich darum sorgt, zu wenig vom Budget abzubekommen, wird sich um mehr Zuständigkeiten bemühen und Aufgaben übernehmen, für die er nicht genügend Kompetenzen hat. Wer in seinen Kolleginnen nur die Konkurrenz für die eigene Karriere sieht, hat Kooperation nicht verstanden. Wer den alten und mittlerweile widerlegten Glauben in sich trägt, dass der marktwirtschaftlich größte Kuchen nur dann gebacken wird, wenn alle Beteiligten den eigenen Nutzen maximieren, wird eine Kooperation nur des Profits wegen aufrechterhalten. Und wer seine eigenen Ziele nicht mit den Zielen anderer in Einklang bringen kann, wird nur schwer ein gemeinsames Ziel formulieren.

Es gibt dutzende Hinderungsgründe für eine funktionierende Kooperation innerhalb von Teams oder Organisationen. Viele davon können nur auf persönlicher Ebene gelöst werden. Das erfordert nicht nur Kulturarbeit im Team selbst, sondern auch innere Arbeit bei den einzelnen Teammitgliedern. Je kooperativer eine

Person ist, desto eher ist sie in der Lage, sich selbst zu reflektieren, Fehler einzugestehen, persönliche Ziele anzupassen und eigene Glaubenssätze und Muster zu hinterfragen wie auch zu ändern. Wer also die Kooperationsfähigkeit eines Teams stärken möchte, sollte nie auf die Stärkung der Beziehungsfähigkeit der Teammitglieder vergessen.

Ablehnung und Anerkennung

Eine weitere ernstzunehmende Angst in Bezug auf die Beziehungsfähigkeit ist die Angst vor Ablehnung. Wenn ein Mensch Angst hat, abgelehnt zu werden, wird er alles dafür tun, dieses unangenehme Gefühl nicht fühlen zu müssen. Die logische Konsequenz daraus ist das ständige Buhlen um Anerkennung. Wer sich schon mal gefragt hat, warum bei öffentlichen Veranstaltungen zuerst alle – gefühlt – einhundert Unterstützerinnen genannt werden, ehe die Veranstaltung beginnt, der hat hier eine Antwort. Keine »wichtige« Person im Publikum darf vergessen werden. Denn die Geängstigten verstehen eine vergessene Anerkennung quasi direkt als Ablehnung und davor haben sie und die Veranstalterinnen eine heiden Angst.

Ich – Stefan – kenne diese Angst sehr gut, da es mir bis heute auffällt, wenn ich auf diese Weise vergessen werde. Und weil ich als Moderator hunderter Veranstaltungen schon ebenso viele Menschen nennen musste, die nichts weiter für die Veranstaltung getan haben, als einfach nur da zu sein. Genannt werden müssen sie trotzdem, denn sonst machen sie beim anschließenden Ausklang direkt Stimmung gegen die Veranstaltung und keine Veranstalterin will das.

Was für Moderatorinnen ein kleines Übel darstellt, ist für Teams und Organisationen oft ein großes Problem. Denn hat man eine anerkennungsbedürftige Person im Team, ist ein miteinander Arbeiten oft nur möglich, wenn die entsprechende Person auch regelmäßig Anerkennung erhält. Das kann irgendwann zur Belastung werden. Gerade dann, wenn die besagte Person selbst nicht fähig ist, andere und ihre Arbeit anzuerkennen. Darüber hinaus sind anerkennungsbedürftige Personen sehr sensibel in Bezug auf eigene Fehler und deren Eingeständnis. Sie suchen sich Arbeitsaufgaben mit wenig Risiken und zugleich hohem Prestige. Sie wollen ja nach außen strahlen und dieses Strahlen ist meist ein einzelnes

Strahlen, während das restliche Team doch bitte im Schatten bleiben soll (oder kurz in einem Nebensatz genannt wird).

Aber nicht nur die Lauten, sondern auch viele der Leisen tragen diese Angst vor Ablehnung in sich. Anstatt um Anerkennung zu buhlen, sind sie immer ganz brav und sagen zu allem Ja und Amen. Denn wenn sie Nein sagen, werden sie von ihrem Gegenüber womöglich abgelehnt und das gilt es wiederum zu verhindern. Man kann ihnen doppelt so viele Aufgaben geben, wie allen anderen Teammitgliedern und sie werden, wenn überhaupt, nur etwas weniger lächeln als sonst. Toll, was für eine Arbeitskraft! Toll, solange, bis diese Arbeitskraft das Handtuch wirft oder ausbrennt.

Menschen mit einer stark ausgeprägten Angst vor Ablehnung sind auf lange Sicht weder beziehungsfähig noch teamfähig. Man will keine Person im Team haben, auf deren Befindlichkeiten man ständig achten muss, die für alles anerkannt werden will oder zu allem Ja sagt. Ablehnung ist essenziell in einer wettbewerbsorientierten Wirtschaft. Eine gute und nachhaltige Zukunft braucht aber innovative Ideen, erdacht von innovativen Köpfen, entwickelt in innovativen Teams. Und in solchen Teams sitzen Menschen, die beziehungsfähig sind und mit Ablehnung ganz offen umgehen können.

Am Weg zum Spitzenteam

Ja, es gibt sie noch, die hocheffizienten und hierarchisch strukturierten Teams von früher. Und ja, auch in Zukunft wird es sie noch geben. In manchen Branchen und Bereichen werden auch die nächsten Jahrzehnte noch hauptsächlich Menschen arbeiten, die steile Hierarchien bevorzugen, klare Ansagen brauchen und rein ergebnisorientiert arbeiten wollen. Das mag manchen von uns nicht gefallen, ist aber eine zwangsläufig hinzunehmende Tatsache.

Eine weitere hinzunehmende Tatsache ist es aber auch, dass viele der jüngeren Generation nicht mehr so arbeiten möchten. Deshalb sind die Organisationen gefordert, ein modernes Arbeitsumfeld zu gestalten. Doch wie sieht das aus und was braucht es auf Beziehungsebene, damit so ein Arbeitsumfeld funktionieren kann? Sehen wir uns dazu einige Erkenntnisse aus der Teamforschung an. Ein Team lässt sich von einer reinen Arbeitsgruppe dadurch unterscheiden, dass ein gemeinsames Ziel verfolgt wird und die Gesamtleistung höher ist als die Summe der Einzelleistungen. Gliedert man die Entwicklung von Teams dann in vier Stufen, so sind dies Pseudo-Teams, potenzielle Teams, echte Teams und Spitzenteams.[38]

In Pseudo-Teams wird die Zusammenarbeit erzwungen, es gibt keine gemeinsamen Ziele und keine geteilte Verantwortung. Potenzielle Teams sind im Gegensatz dazu viel effektiver. Hier helfen sich die Teammitglieder gegenseitig, gehen Risiken ein und sind zudem daran interessiert, die Leistung der anderen zu verbessern. Echte Teams haben einen kooperativen Arbeitsstil und eine gemeinsame Basis. Der Gruppenzusammenhalt ist hoch und man übernimmt gegenseitige Verantwortung. Im Spitzenteam gibt es schließlich kohärente Ziele, geteilte Risiken, geteilte Verantwortung, eine ausgeprägte Dialogfähigkeit aller Mitglieder sowie einen hochgradig kooperativen Arbeitsstil. In Spitzenteams herrscht ein großes gegenseitiges Vertrauen und die Teammitglieder unterstützen einander bei der Erreichung ihrer persönlichen Ziele.[39]

Wenn wir uns die Eigenschaften echter Teams und Spitzenteams einmal ansehen, so erkennen wir sofort die Relevanz von emotionaler Reife und Beziehungsfähigkeit. Bezüglich Kooperation ist vor allem das Verständnis für andere Menschen und Sichtweisen zu nennen, ohne die eine Kooperation nicht funktionieren kann. Dialogfähigkeit erfordert die Kompetenz des empathischen oder schöpferischen Zuhörens und gegenseitiges Vertrauen verlangt neben Empathiefähigkeit gerade auch Vertrauen zu sich selbst.

Ein Spitzenteam ist also immer auch ein emotional reifes Team. Einen Beleg für diese These hat etwa Googles Geheimprojekt Aristoteles erbracht. 2012 startete das Unternehmen eine Art Soziallabor, welches drei Jahre lang dauerte und über 180 Google-Teams untersuchte. Man wollte genauer wissen, welche Team- und Führungskultur zu Spitzenergebnissen führt. Die fünf entscheidenden Punkte mit absteigender Relevanz sehen dabei wie folgt aus:

1. Psychologische Sicherheit
2. Zuverlässigkeit
3. Struktur und Klarheit
4. Sinn
5. Einfluss und Effekt

An oberster Stelle und somit von höchster Relevanz steht die psychologische Sicherheit. Also das Gefühl, sich im Team öffnen zu können und mit seinen Ansichten und Ideen auch gehört zu werden. Die Zuverlässigkeit bezieht sich dann im Wesentlichen darauf, wie gewissenhaft gearbeitet wird und ob alle bereit sind, Verantwortung zu übernehmen. Der dritte Punkt beschreibt die kollektiven Ziele und Erwartungen. Darüber hinaus wird hier auch auf die Relevanz gemeinsamer mentaler Modelle verwiesen. Teilen die Teammitglieder gemeinsame Werte und Anschauungen, so werden Aufgaben gleich interpretiert und eher den Vorstellungen aller entsprechend erledigt. Empfinden die Teammitglieder bei ihrer Arbeit zudem einen tieferen Sinn, so sind Höchstleistungen eher zu erzielen als in sinnfreien und für das Gemeinwohl unbedeutenden Projekten. Einfluss und Effekt bezieht sich zu guter Letzt auf die intrinsische Motivation. Wird die eigene Arbeit als relevant für den Teamerfolg gesehen, so steigert dies die Effektivität des gesamten Teams.

Ko-Kreation

Wenn wir die zuvor beschriebenen Spitzenteams noch ein Stück weiterdenken, so kommen wir irgendwann zur Oberliga in Sachen Teamarbeit, den ko-kreativen Teams. Die Eigenschaften solcher Teams haben wir bereits beschrieben. Im Falle von Ko-Kreation kommt allerdings noch eine Komponente hinzu. Nämlich jene, dass man sich nicht mehr innerhalb fester Teamstrukturen bewegt, sondern auch andere Stakeholderinnen wie Kundinnen, Auftraggeberinnen und sämtliche Partnerorganisationen mit ins Boot holt. Das öffnet den Raum enorm und erfordert eine große Vorbereitung, weshalb nicht jeder Prozess ko-kreativ geführt werden kann oder sollte.[40]

Hat man allerdings die Ressourcen und zugleich die Lust auf ein solches Abenteuer, so kann wahrhaft Neues entstehen! Für eine gute Prozessbegleitung gilt es Folgendes zu beachten: Ko-Kreativität erfordert ein Miteinander auf Augenhöhe, den Wegfall von Hierarchien, eine große Perspektivenvielfalt und die Offenheit für Fehler innerhalb der prozessbegleitenden Gruppe. Man darf sich darauf einstellen, dass unerwartete Ergebnisse zutage treten oder genauso gut auch keine brauchbaren Ergebnisse zustande kommen. Darüber hinaus brauchen ko-kreativ arbeitende Menschen auch ein gutes Verständnis für die eigene Innenwelt und bestenfalls auch für die Innenwelt der anderen am Prozess beteiligten Personen.[41]

Interview mit Wolfgang Kradischnig

Wolfgang Kradischnig ist Miteigentümer und Geschäftsführer der Delta-Gruppe sowie Vorstandsmitglied der IG Lebenszyklus Bau und des Verbands für Ziviltechniker- und Ingenieurbetriebe (VZI). Er ist einer der vielseitigsten und ganzheitlichsten CEO in der österreichischen Baubranche. Wir kennen kaum eine zweite Führungskraft, die Innen und Außen so gut verbinden kann wie er. Eines seiner Steckenpferde ist die Kooperation und das Schaffen eines gemeinschaftlichen Klimas in einer sehr konkurrenzorientierten Branche. Dass dieses Miteinander auch tatsächlich gelebt wird, durften wir bereits in zahlreichen Seminaren mit der Delta-Gruppe selbst erleben.

Lieber Wolfgang, wie bist du zum ersten Mal mit dem Skill »Beziehungsfähigkeit« in Berührung gekommen?

Wolfgang Kradischnig: Da muss ich unterscheiden. Auf der unterbewussten und emotionalen Ebene beginnt das ja bereits im Bauch der Mutter oder vielleicht sogar bei der Zeugung. Beziehung empfinde ich demnach als etwas, das uns Menschen stark bewegt und eigentlich ein ständiger Begleiter ist. Bewusst habe ich mich Mitte der 90er Jahre zum ersten Mal damit befasst. Ich habe damals eine Ausbildung gemacht, die sich Quadrinity Prozess nannte. Da ging es darum, die Beziehung zu seinen Eltern aufzuarbeiten. Wir sind ja mit unseren Eltern beziehungsmäßig stark verbunden und da stellt sich die Frage, wie diese Nabelschnur auf uns wirkt. Das, was unsere Eltern tun, wird ja meist unbewusst von uns nachgemacht und nachgeahmt. Oder wir machen genau das Gegenteil, weil wir die Handlungen und Einstellungen unserer Eltern ablehnen oder schlecht finden. Aber egal, welche der beiden Richtungen wir einschlagen, es besteht immer eine Verbindung mit ihnen. In der Ausbildung ging es nun darum, sich das bewusst zu machen, durch einen Prozess der Loslösung zu gehen und danach in einer gesunden Beziehung zu seinen Eltern anzukommen und eigenständig und frei seinen

Weg zu gehen – ohne Muster und Automatismen, die ja eigentlich nicht die eigenen sind.

Das erklärt für mich schon ein bisschen, warum dir die persönliche Ebene auch im Beruf stets wichtig ist. Die Delta-Gruppe legt viel Wert auf Miteinander und Kooperation und ihr schreibt das nicht nur auf die Webseite, sondern lebt das auch. Kannst du uns erzählen, wie ihr Kooperation versteht und warum euch das so wichtig ist?

Ich würde sagen, das ist bis zu einem gewissen Grad in der DNA der Delta-Gruppe drinnen. Schon unsere Seniorchefs haben vorgelebt, dass Bauen ein People's Business ist, ein soziales Projekt und Abenteuer. Und dass es immer dann gut wird, wenn man in einer positiven und wohlwollenden Interaktion mit allen steht. Wir haben entsprechend der Zeiten natürlich auch harte Verhandlungen führen müssen und strenge Verträge geknüpft. Trotzdem, das kann ich sagen, war uns ein menschlicher Umgang schon immer wichtig.

Von dem beginnend ist uns irgendwann bewusst geworden, dass wir diese Menschlichkeit auch in der Hardware abbilden müssen. Man kann nicht bei den Verträgen und Co. hart sein und in der Software – im persönlichen Umgang – dann plötzlich beziehungsorientiert. Da ist man nicht glaubwürdig und das lässt sich auch nicht authentisch vermitteln. Somit hat sich immer stärker herauskristallisiert, dass sich dieses soziale Element durch alle Ebenen eines Projektes durchziehen muss, auf Planungsebene genauso wie auf Ausführungsebene. Außerdem haben wir verstanden, dass Beziehungsfähigkeit bei uns im Unternehmen beginnt! Es muss zuerst bei uns funktionieren. Denn was im eigenen Unternehmen nicht gelebt wird, kann auch nicht im Außen, sprich im Umgang mit anderen Unternehmen funktionieren. Durch diese Überlegungen und die Erfahrungen vieler Jahre hat es sich dann so entwickelt, dass wir immer stärker auf die Persönlichkeitsentwicklung des Einzelnen gekommen sind. Denn die Fähigkeit, in Beziehung zu treten, beginnt natürlich bei jedem selbst.

Ein Grundsatz, der ganz oben steht, ist jener, dass vor allem ich mit mir selbst in guter Beziehung sein muss, um auch mit anderen nachhaltig in gute Verbindung gehen zu können. Nur wenn ich mich selbst gern mag und mich mit mir selbst vertrage, werde ich mich auch mit anderen vertragen. Das ist das, was wir in der Delta Academy – unserer firmeninternen Ausbildungsstätte – zu leben versuchen, um es später in den Unternehmensalltag miteinzubinden. Sei es in unseren Kulturworkshops, den Kick-off-Meetings zum Teambuilding in neuen Projekten, den Reviews, Reflexionsworkshops usw.

Wir entwickeln unsere Beziehungsfähigkeit also ständig weiter, sodass wir jetzt vermutlich schon ein Drittel oder vielleicht fünfzig Prozent des Weges gegangen sind. Das heißt nicht, dass wir schon dort sind, wo ich das Idealbild sehe, wie Bauprojekte beziehungsideal ablaufen sollten. Aber wir haben schon einen Weg hinter uns und gehören in einer konfliktträchtigen Branche bezüglich Kooperation durchaus zu den Vorreitern.

Kommen wir auf die gesellschaftliche Dimension zu sprechen. Wir leben in einer Zeit, in der an vielen Stellen ein Geist des Gegeneinanders und der Spaltung vorherrscht. Was braucht es deiner Meinung nach, damit wir auch gesellschaftlich wieder zu mehr Miteinander kommen?

Da muss ich kurz nachdenken .... Meine Erklärung ist in etwa die Folgende: Damit jemand überhaupt bereit ist, auf sich selbst hinzuschauen, muss er sich sicher und gesehen fühlen. Gesellschaftlich sehe ich es als wichtig an, dass die Anliegen und Sorgen der Menschen wahrgenommen und ernst genommen werden. Erst wenn ich mich sicher fühle, mich wahrgenommen fühle, ernst genommen fühle und überzeugt bin, dass man mir Gutes und nichts Schlechtes will, wird eine Ressource frei. Nämlich die Ressource, hinzuschauen. Hinzuschauen auf mich selbst, auf andere Menschen, auf die Umwelt und andere Lebewesen.

Solange ich meine ganzen Ressourcen dafür brauche, um den Unbilden des Lebens zu trotzen, um mich zu wehren gegen die Ungerechtigkeiten der Welt usw., desto weniger Kraft werde ich haben, mich auf meinen inneren Raum zu konzentrieren. Dort hinzuschauen, wo ich gerade stehe, wie es mir wirklich geht und was es von mir braucht, damit sich etwas verbessern kann.

Ich bin zutiefst der Überzeugung, dass wir Räume schaffen müssen, wo Menschen ankommen können. Ankommen in sich, in Teams, in Gruppen oder auch bei anderen. Das ist die Grundvoraussetzung, damit überhaupt was passieren kann im Sinne einer Auseinandersetzung mit dem, was es bei uns auf der Welt gerade braucht, damit wir miteinander leben können. Mit Miteinander meine ich natürlich Menschen genauso wie alle anderen Lebewesen!

Danke Wolfgang! Es gibt Fragen, da hat man als Autor eine gewisse Vorstellung oder auch Hoffnung, in welche Richtung die Antwort gehen kann bzw. wird. Und dann gibt es Fragen, wo man einfach nur gespannt ist, was kommt. Weil man selbst kaum weiß, wie man sie beantworten würde. Das war eine solche Frage und deine Antwort hat mich gerade sehr inspiriert und lässt mich darüber nachdenken, wie wir in unserer Arbeit noch breiter wirken können. Deshalb interessiert mich jetzt noch, wie du das praktisch umsetzen würdest. Braucht es hier die Führungsebene in Unternehmen, die Politik oder wen siehst du in der Umsetzungsverantwortung, um diese Sicherheit bereitzustellen?

Puh, da bin ich natürlich kein Spezialist und kann nur sagen, was mir gerade kommt. Ich sehe das nicht bei einzelnen Institutionen. Ich glaube, es braucht Menschen, die eine entsprechende Haltung repräsentieren und vorleben. Ich nehme mal ein Beispiel zur Hand, im Bewusstsein, dass es nicht Millionen solcher Menschen auf der Welt geben wird. Für mich ist der Dalai Lama sowas wie der Inbegriff der Liebe und Achtsamkeit. Ich kann mir schwer vorstellen, dass es jemanden gibt, der sagt: Wenn du mit dem Dalai Lama zusammen bist, musst du irrsinnig aufpassen!

Persönlichkeiten wie er haben eine gewisse Leitfunktion und sind auch bereit, diese anzunehmen. Solche bewussten Menschen wird es auf dem Weg in eine Zukunft des Miteinanders sicherlich brauchen. In der Politik, in Unternehmen, in Vereinen und idealerweise auch in der Familie. In der Familie ist das natürlich sehr schwierig. Ich erkenne selbst immer wieder meine Grenzen in der eigenen Familie. Die Kinder fordern mich dann schonmal heraus und da bin ich immer wieder zurückgeworfen auf mich und meine eigenen Themen.

Was man bei all dem aber nie vergessen darf, ist, dass diese Leitfiguren selbst auch wieder Aufladestationen für ihre eigene Energie brauchen. Menschen, die andere führen und für andere da sind, brauchen selbst auch Supervision und Austausch, um stets gut bei sich sein zu können. Es wird wenige geben, die ein hohes Bewusstsein völlig autark immer aufrechterhalten können. Es wird somit für jene, die solche Räume schaffen, auch Räume brauchen, wo sie sich selbst mit anderen, Gleichgesinnten und Seelenverbundenen austauschen können. Beziehung und Austausch ist für jeden Menschen wichtig, auch für jene, die vorangehen und andere Personen führen.

Danke für diesen Ausflug in die gesellschaftliche Betrachtung. Machen wir gleich noch einen Ausflug in die Nachhaltigkeit und zwar in deren ökologische und soziale Aspekte. Wie kann Beziehungsfähigkeit der Nachhaltigkeit dienen?

Ich ringe noch nach einer Art, meine Gedanken zu formulieren … . Ein echtes Ökologieverständnis erfordert in meiner Wahrnehmung diesen Seinszustand des Einzelnen, in Beziehung zu sein mit sich und mit anderen Menschen und Lebewesen. Wenn du das nicht hast, bist du zurückgeworfen auf eine Ebene der Egozentrik, des Überlebens und des Kämpfens. Dann siehst du dich getrennt von allen oder allem anderen. Und wenn ich mich getrennt sehe, dann muss ich natürlich schauen, dass ich zu »meinem« komme.

Wenn ich hingegen in einem Seinszustand bin, wo ich mich als Teil eines größeren Ganzen sehe, verliert diese Egozentrik ihre Kraft. Dieses größere Ganze kann ein Ökosystem sein, kann aber auch als etwas verstanden werden, dass mehr ist als wir Lebewesen auf diesem Planeten. Etwas Göttliches, Größeres. Ich will das ehrlich gesagt gar nicht bezeichnen. Es geht mir da um einen Zustand, wo ich in meiner Demut weiß, dass nicht ich der Nabel der Welt bin, sondern es etwas Größeres gibt als mich.

Wenn ich in solch einem Bewusstsein bin, dann weiß ich, dass es immer auch andere braucht und die Konflikte werden automatisch weniger. Wenn ich hingegen getrennt bin und mich getrennt fühle, dann ist es »zach« [schwierig, d. Verf.]. Und ja, das bin ich selbst natürlich auch immer wieder. Und deshalb übe ich ja Achtsamkeit und versuche, in einen Zustand zu kommen und zu sein, wo ich in Verbindung treten kann mit anderen. Im Kern wird es darum gehen, dass wir uns alle als Teil von etwas Gesamten erkennen. Denn dann entsteht ein Bewusstsein, wo

Ökologie und Soziales nicht mehr zwei verschiedene Sachen sind. Das fließt dann ineinander und so lösen sich viele Dinge, vor allem in Bezug auf Nachhaltigkeit.

Zu guter Letzt habe ich noch zwei persönliche Fragen. Du hast mir in anderen Gesprächen und auch im heutigen Vorgespräch erzählt, dass auch du dir – trotz der jahrelangen Beschäftigung mit dem Thema – immer wieder die Frage stellst, wie beziehungsfähig du selbst bist. Wie gut gelingt es dir, Beziehungen authentisch zu leben und wie geht es dir damit als Chef eines großen Unternehmens?

Wichtige Frage. Dem vorweg möchte ich sagen, dass ich mich mag und dass ich das Gefühl habe, dass ich grundsätzlich in Ordnung bin als Mensch. Das soll jetzt nicht narzisstisch klingen, ist aber wichtig im Zusammenhang mit dem, was ich gleich sage:

Ich habe schon das Gefühl, dass ich mir selbst immer wieder schwertue, Beziehungsfluss auf allen Ebenen aufrecht zu erhalten. Ich tu mir auch schwer mit Ungerechtigkeiten oder Menschen, wo ich das Gefühl habe, sie sind nicht wohlwollend. Da habe ich meine Schmerzpunkte und spüre, dass ich meine Kraft verliere im Sinne dessen, in einer gesunden Distanz zu bleiben. Das führt dann leicht dazu, dass ich meine Contenance verliere und das stört mich! Das arbeitet dann wirklich in mir, da ich ein emotionaler Mensch bin und meine Emotionen zu zügeln und zu führen ist dann immer wieder eine Herausforderung. Mit wohlwollenden Menschen in einem sicheren Raum kann ich eine extrem empathische Kraft entwickeln und eben das spüren, was weit über mich hinausreicht. Aber wenn ich mich nicht sicher fühle und in einem – unter Anführungszeichen – »feindlichen« Umfeld unterwegs bin, kann es passieren, dass meine Energie zusammenbricht und ich zurückgeworfen werde auf meine Egozentrik und auf Kampf und Selbstverteidigung. Somit würde ich sagen, dass ich ein sich Entwickelnder bin, der, wenn es ihm nicht so gut geht, das Gefühl hat, es geht nichts weiter und er tritt am Stand. In anderen Situationen habe ich hingegen schon das Gefühl, dass ich bereits viel Bewusstsein erlangt habe und dies auch leben kann.

Danke Wolfgang! Jetzt interessiert mich nur noch eine Sache: Welchen Skill siehst du abseits der Beziehungsfähigkeit als essenziellen Future Skill?

Die Demut! Ich glaub, dass die Demut voll wichtig ist. Wir Menschen sind so vermeintlich mächtig geworden durch unsere technologischen Fortschritte, dass es die Demut einfach braucht, um wieder klarer zu sehen und offener zu werden. Offener für das, was wir nicht erklären können und für alles, das scheinbar schwächer ist als wir selbst. Die Demut wird es brauchen, um einen Prozess zu unterstützen, wo sich die Dinge zum Guten wenden. Wenn wir glauben, dass wir alles berechnen können und mit unseren Technologien alles lösen können, wird es wirklich problematisch und »zach«. Die Demut und auch die Bescheidenheit wird es brauchen, hier bewusster zu werden und auch zu verstehen, dass wir auf Dinge verzichten werden müssen. Das tut natürlich ein bisserl weh, schafft letztlich aber auch jenen Freiraum, um im Kern bewusster zu werden.

Achtsamkeit

Ist Achtsamkeit der neue Hype, der neue Megatrend, das neue Yoga?! Egal ob in Facebook, LinkedIn, Wellnessblogs, Wirtschaftsmagazinen oder Tageszeitungen, überall findet man heute Artikel und Übungen zum Thema Achtsamkeit. Selbst die Wissenschaft beschäftigt sich seit der Jahrtausendwende immer stärker mit »Mindfulness« und allein die »American Mindfulness Research Association« zählt knapp tausend von Fachleuten begutachtete – peer-reviewed – Publikationen jährlich. Achtsamkeit ist kein Fremdwort mehr und kommt langsam in der Mitte unserer Gesellschaft an. Was bedeutet das nun für uns und vor allem, was bedeutet das für die Achtsamkeit?

Der Blick auf Yoga lässt nicht nur Gutes vermuten. Die indische Philosophielehre wird im Westen eher als Sportart gefeiert, denn als spirituelle Lebenspraxis. Die einen nutzen es zum Dehnen und fit werden, während andere gleich zu Formen wie Boxyoga, Ziegenyoga, Bieryoga oder sogar Death Metall Yoga übergehen, wo man statt dem Sonnengruß den Höllengruß macht. Wer sich auch nur oberflächlich mit der eigentlichen Yogalehre beschäftigt hat, dem wird hier wohl ein Seufzer über die Lippen kommen.

Auch das Wort »Achtsamkeit« wird seit seiner Entdeckung im Westen für alles Mögliche verwendet. Glücklicherweise haben sich die damit verbundenen Praktiken noch nicht so weit von der Ursprungsidee entfernt wie beim Yoga. Davon abgesehen hat die Weiterentwicklung und Vereinfachung ja auch ihre guten Seiten. Nicht jede Person ist dazu bereit, sich voll und ganz in die buddhistische Lehre der Achtsamkeit einzuleben. Doch auch für jene, die nicht so tief eintauchen möchten, hält diese Lebensphilosophie viel Wertvolles bereit.

Achtsamkeit hat heute viele Bedeutungen. Die Grundidee wird meist beschrieben als ein vollkommenes Präsent sein im gegenwärtigen Moment, ohne zu urteilen. Im Alltag sprechen wir von einem achtsamen Umgang in Bezug auf andere Menschen, Tiere oder auch sich selbst. In der Nachhaltigkeit ist mittlerweile die »Ecological Mindfulness« ein großes Thema. Denn man hat herausgefunden, dass Achtsamkeit praktizierende Menschen sich umweltfreundlicher verhalten und auch das Sozialverhalten durch Meditationen positiv beeinflusst werden kann. Und im Businesskontext ist hauptsächlich die achtsamkeitsbasierte Stressreduktion (Mindfulness-Based Stress Reduction, MBSR) bekannt. Sie wurde von Jon Kabat-Zinn entwickelt und basiert weitgehend auf Übungen des Zen-Buddhismus und Vipassana.[42]

In diesem Kapitel wollen wir nun abseits einiger Grundlagen darauf eingehen, wie uns die Achtsamkeit als Future Skill dienen kann, wie sie uns in Richtung zukunftsfähiger Organisationen unterstützt und welches persönliche und planetare Transformationspotenzial in ihr steckt. Damit können wir dieser Lehre in ihrer Gesamtheit nicht gerecht werden und hoffen dennoch, dir einen spannenden Einblick vermitteln zu können.

Grundlagen

Was sind die Grundlagen der Achtsamkeit? Keine leichte Frage! Obwohl Julia schon lange Meditationslehrerin ist, wir Autorinnen seit Jahren meditieren und Achtsamkeitspraktiken in unseren Alltag integriert haben, stehen wir in manchen Belangen erst am Anfang. Es fühlt sich groß an, eine Jahrtausende alte Lehre auf wenigen Seiten zu beschreiben und dabei achtsam mit ihr umzugehen. Allerdings nehmen wir stark an, dass du dieses Buch nicht gekauft hast, weil du Achtsamkeitstrainerin werden willst oder Erleuchtung erlangen möchtest. Du interessierst dich vermutlich für Achtsamkeit als Zukunftskompetenz und aus diesem pragmatischen Blickwinkel wollen wir sie auch betrachten.

Satipatthana

Die vier Grundlagen oder auch Übungsfelder der Achtsamkeit werden Satipatthana genannt. Sie beschreiben jene vier Bereiche, die den Kern jeder Achtsamkeitspraxis ausmachen und welche in Buddhas Lehre dargelegt werden. Jede Praktizierende ist dazu aufgerufen, diese vier Bereiche zu beobachten und sich mit ihnen zu beschäftigen:[43]

Körper: Im ersten Bereich geht es um die Wahrnehmung unseres Körpers und seiner Empfindungen. Wir gehen dabei von der Erfahrung unserer Körperhaltungen über körperliche Aktivitäten zur inneren Betrachtung unserer Körperanatomie und der Wahrnehmung unseres Atems. Wir beobachten unseren Körper von innen und entwickeln dadurch eine Empfindsamkeit, die uns hilft, auch unsere Gefühle besser wahrnehmen zu können.

Gefühle: Im zweiten Bereich geht es um unsere Reaktionen bezüglich dem, was wir sehen, hören, berühren, schmecken, denken oder anderweitig wahrnehmen. Unsere Gefühle können wir dabei bezüglich ihrer affektiven Qualität in angenehm, unangenehm oder neutral unterteilen. Des Weiteren lassen sich Gefühle auch in ihrer ethischen Qualität unterscheiden. Diese ethische Wahrnehmung der Gefühle dient als Ausgangspunkt zur Betrachtung der Geisteszustände.

Geist: Unser Bewusstsein ändert sich ständig entsprechend unserer Gedanken, Launen, geistigen Zustände, usw. Wir schreiten von der An- oder Abwesenheit der sogenannten unheilsamen Geisteszustände wie Begehren, Zorn, Verblendung und Zerstreutheit zu den höheren Geisteszuständen wie der Erfahrung tiefer Verbundenheit oder vollständiger Leere. In der Beschäftigung mit höheren Geisteszuständen treffen wir dann auf jene Faktoren, die uns daran hindern, in tiefere Ebenen der Konzentration zu verfallen. Diese Hindernisse stellen wiederum das erste Geistesobjekt dar.

Geistesobjekte: Hier vergegenwärtigen wir uns alle auftretenden Phänomene als Objekte des Geistes. Diese reichen von den fünf Hindernissen über die fünf Daseinsgruppen zu den sechs Sinnesbereichen. Im Anschluss daran folgen die Erwachensfaktoren und zu guter Letzt die vier edlen Wahrheiten. Spätestens hier tauchen wir tief ein in die buddhistische Lehre und eine Erklärung der einzelnen Punkte würde sowohl unser Wissen als auch den Rahmen des Buches sprengen!

Geistesobjekte
Edle Wahrheiten
Erwachensfaktoren
Sinnesbereiche
Daseinsgruppen
Hindernisse

Geist
Höhere Geisteszustände
Gewöhnliche Geisteszustände

Gefühle
Ethische Qualität
Affektive Qualität

Körper
verwesender Leichnam
Elemente
Anatomische Bestandteile
Aktivitäten
Körperhaltungen

Dar. 16: Progression der Satipatthana (Analayo)

Vereinfacht kann gesagt werden, dass Achtsamkeit immer mit Wahrnehmung zu tun hat. Wir nehmen unsere Urteile wahr und versuchen, diese wieder ziehen zu lassen. Wir nehmen unsere Gedanken wahr und lassen auch diese wieder ziehen. In der Praxis der Achtsamkeit schulen wir uns in einem Zustand der ständigen Beobachterin und nehmen wahr, was um uns herum passiert und wie es um uns steht. Entsprechend der Satipatthana findet diese Wahrnehmung auf Ebene des Körpers, der Gefühle, des Geistes und der Geistesobjekte statt. Wer die innere Wahrnehmung nun schärft, lernt sich auf den verschiedensten Ebenen besser kennen. Darüber hinaus helfen Achtsamkeitspraktiken, um in den Moment zu kommen und präsent zu werden.

Es geht dabei allerdings nicht nur darum, sich hinzusetzen und in Stille zu meditieren. Achtsamkeit ist eine Praxis, die in das tägliche Leben gut integriert werden kann. Du kannst im Autobus sitzen und einmal in deinen Körper hineinspüren. Du kannst in einem Meeting kurz in dich gehen und wahrnehmen, was das Gesagte gerade mit deinen Gefühlen macht. Und du kannst dich auch jederzeit dabei beobachten, welche Gedanken dich momentan beschäftigen, welche Urteile du gerade fällst und wie dich das alles von deiner Präsenz abhält.

Embodiment

Dass uns die Wahrnehmung unserer Gefühle zu mehr Bewusstsein verhilft, haben wir bereits ausführlich beschrieben. Achtsamkeitspraktiken sind ein Weg, um unsere emotionale Kompetenz und Beziehungsfähigkeit entsprechend zu erhöhen. Wenn wir uns aber nochmal die Progression der Satipatthana ansehen, werden wir feststellen, dass die Grundlage zur Wahrnehmung unserer Gefühle in der Wahrnehmung unseres Körpers liegt. Zur Entwicklung von emotionaler Reife brauchen wir also mehr als das rein geistige Reflektieren. Eine Disziplin, die diesbezüglich eng verwandt ist mit der Achtsamkeit, ist das Embodiment.

In der akademischen Psychologie gab es bis 2000 noch keinen Körper. Man dachte, Körper und Psyche funktionieren komplett getrennt voneinander. Mittlerweile hat man aber damit begonnen, die Wechselwirkung zwischen Psyche und Körper zu erforschen und zu beschreiben. Allen voran möchten wir hier die Psychoanalytikerin – und vorvorige Interviewpartnerin – Maja Storch nennen, die

Achtsamkeitspraktiken und Methoden des Embodiment beforscht und im aus Managementkreisen bekannten Züricher Ressourcen Modell anwendet. In Teilen der klinischen Psychologie hat man die Körperwahrnehmung ebenso als sinnvoll erkannt und diskutiert deren Einsatz bei Depressionen und in der Therapie generell.[44]

Auch wir Autorinnen arbeiten in unseren Seminaren zu den Zukunftskompetenzen immer mit viel körperbasierten Methoden. Alte Glaubenssätze und Muster lassen sich einfach leichter lösen, wenn sie auch über Körperübungen und Körperwahrnehmung adressiert werden. Umgekehrt haben wir es sowohl bei anderen als auch bei uns selbst schon oft erlebt, dass das Lösen eines alten Schmerzes auch im Körper etwas löst. Diese Wechselwirkung von Psyche und Körper ist unserer Ansicht nach einer der wichtigsten Bausteine am Weg zur persönlichen Weiterentwicklung.

Höhere Zustände des Bewusstseins

Zum Abschluss des Theorieteils möchten wir noch die höheren Bewusstseinszustände näher erläutern. Viele Menschen, die Wörter wie Embodiment, Spiritualität oder höhere Geisteszustände lesen, bekommen jetzt womöglich einen flauen Magen. Wir können das gut nachempfinden, da wir in derselben, innere Themen ablehnenden Welt aufgewachsen sind und früher auch unsere Vorurteile hatten. Glücklicherweise befinden wir uns aber nicht mehr in den 1980er Jahren und sowohl die Gesellschaft als auch die Wissenschaft hat ein Stück ihrer Angst vor inneren Themen bereits abgelegt. Letztere beschäftigt sich schon seit geraumer Zeit mit höheren Zuständen des Bewusstseins. In der Bewusstseinsforschung gibt es zu diesem Thema auch jede Menge Forschungsergebnisse und bezüglich innerer Erlebnisse einen recht breiten Konsens.

Einer der renommiertesten Wissenschaftler auf diesem Gebiet ist Daniel P. Brown, Professor für klinische Psychologie an der Harvard Medical School und zugleich buddhistischer Meditationslehrer (Senior Meditation Master) mit über 40 Jahren Erfahrung. Brown arbeitet an der Schnittstelle westlicher Psychologie und östlicher Weisheitslehre. Er beschreibt u. a. die verschiedenen Meditationsstufen in buddhistischen wie auch hinduistischen Weisheitslehren. In der aus dem

Buddhismus bekannten Vipassana Achtsamkeitsmeditation gibt es beispielsweise folgende drei Stufen: Einstiegspraxis (preliminary practice), Konzentrationspraxis (concentration practice) und Tiefblick (insight training).[45]

In der Einstiegspraxis trainiert man die grundlegende Aufmerksamkeit im Alltag, das stille Sitzen und die Beobachtung der innerlich vorbeiziehenden Gedankenwelt. Stufe Zwei übt die zielgerichtete Konzentration auf ein Objekt, ohne sich ablenken zu lassen. Die Konzentration soll dabei in eine Tiefe fallen, wo das Denken stark reduziert ist und die eigene Aufmerksamkeit und Präsenz langfristig gehalten werden kann. Die Stufen Eins und Zwei sind als Vorbereitung zu sehen, wo die Praktizierende lernt, sich selbst und ihren Verstand (Mind) zu beobachten und zu verstehen. Der Tiefblick hat nun weitere, individuell erfahrbare Stufen, in denen man die eigene Innenwelt noch tiefer kennenlernt und wo sich im Falle der Meisterschaft die gedankliche Trennung von Innen- und Außenwelt auflöst.

Zu diesen höheren Bewusstseinszuständen gibt es nun eine Vielzahl an Forschungsarbeiten, die allesamt sehr ähnliche Ergebnisse liefern. So zeigen die Beschreibungen, ungeachtet der verwendeten Worte, ein sehr einheitliches Bild über die Erfahrungsstufen des Bewusstseins, egal ob es sich um Yogasutras, christliche Mystik oder Vipassana handelt. Ken Wilber hat diese Erfahrungsstufen zusammengefasst und so beschrieben, dass sie auch uns westlich geprägten Menschen zugänglich sind:[46]

1. Grobstofflich: So bezeichnen wir unseren normalen Wachzustand
2. Subtil: In diesem Zustand nehmen wir innere Bilder und Visionen wahr. Auch Erfahrungen von tiefer Liebe und einem gesegneten Gefühl sind beispielhaft.
3. Kausal: Wir befinden uns in tiefer Versenkung und nehmen eine weite Leere, Formlosigkeit oder auch eine warme Dunkelheit wahr.
4. Nondual: Die Objekt-Subjekt-Trennung löst sich auf und wir erleben das Einheitsbewusstsein und die Verbundenheit mit allem Sein.

Warum erzählen wir dir das? Zum einen deshalb, weil wir die Trennung und Feindschaft von Spiritualität und Wissenschaft auflösen möchten. Zum anderen, weil uns höhere Bewusstseinszustände am Weg der Transformation sehr behilflich sein können. Wir haben es bei uns wie auch bei anderen erlebt, dass innere Erfahrungen viel Potenzial freisetzen können, um sich auch im Außen motiviert und begeistert für höhere Ziele einzusetzen. Wir glauben also fest daran, dass uns die Innenschau dabei hilft, unsere Außenwelt in Richtung Nachhaltigkeit und Zukunftsfähigkeit zu bewegen. Gleichzeitig sind wir uns aber bewusst, dass Meditieren und innere Versenkung allein noch keine Probleme lösen!

Achtsamkeit als Future Skill

Wie hilft uns die Achtsamkeit am Weg in Richtung Zukunft? Welche ökologischen und sozialen Effekte sind mit Achtsamkeit verbunden, welche Wirkung hat Meditation im Außen und wo hat die Achtsamkeitspraxis ihre Grenzen? Viele Fragen, auf die es ebenso viele Antworten gibt. Ein paar davon möchten wir dir hiermit beschreiben.

Wir starten diesmal mit jeder Menge Daten und Fakten. Das ist für die Beschreibung einer spirituellen Praxis sicherlich unüblich. Nachdem aber unser gesamtes Thema meist als unüblich wahrgenommen wird, wollen wir diesen Weg hier nicht verlassen. Darüber hinaus werden spirituelle Themen hierzulande gerne in die Esoterikecke verfrachtet oder links liegen gelassen, weshalb ein wissenschaftlicher Beginn mit belegbaren Daten und Fakten noch mehr Sinn ergibt.

Ecological Mindfulness

Das noch relativ junge Wissenschaftsgebiet der »Ecological Mindfulness« beschäftigt sich mit der Frage, inwieweit Achtsamkeitspraktiken unser Nachhaltigkeitsverhalten beeinflussen können. Man wird sich auch in Wissenschaftskreisen immer mehr bewusst, dass technologische Innovationen, politische Maßnahmen und rein äußerliche Korrekturen allein noch keine nachhaltige Zukunft entstehen lassen. Es braucht einen großen, gesellschaftlichen Wandel von so ziemlich all unseren Lebensbereichen. Und genau hier kann uns die Achtsamkeit viel Wertvolles lehren und unsere inneren Veränderungsprozesse unterstützen:

a) **Achtsamkeit beeinflusst das eigene Wohlbefinden**: Es kann Stress, Ängste oder sogar Depressionen reduzieren und kognitive Leistungen wie unsere Konzentrations- und Entscheidungsfähigkeit verbessern. Auch die emotionale Stabilität und die psychologische Resilienz nehmen zu. Wir werden klarer im Kopf, sind kreativer und insgesamt einfach positiver eingestellt. Für die Nachhaltigkeit hat das immense Auswirkungen. Denn wenn wir uns selbst nicht gesund oder glücklich fühlen, haben wir kaum die nötige Energie, uns für Naturschutz oder soziale Themen einzusetzen. Man weiß schon lange, dass das eigene Wohlergehen eine wichtige Grundvoraussetzung ist, damit Menschen sich überhaupt anderen Themen zuwenden können. So gibt es zahlreiche Studien, die belegen, dass sich glücklichere Menschen viel eher umweltfreundlich und sozial verhalten als unglückliche Menschen.[47]

b) **Achtsamkeit stärkt die intrinsische Werthaltung**: Wir wissen heute, dass Menschen mit selbstbezogenen oder extrinsischen Werthaltungen wie finanzieller Erfolg, Macht, Status oder Image eine schlechtere Einstellung gegenüber der Umwelt haben und auch weniger umweltfreundlich handeln als Menschen mit intrinsischen Werthaltungen. Wer also beispielsweise persönliches Wachstum, gelingende Beziehungen oder das Wohlergehen anderer als eigene Werte begreift und auch lebt, der wird langfristig gesehen nachhaltiger handeln. In Kombination mit innerer Reflexion können Achtsamkeitspraktiken unsere intrinsischen Werthaltungen nun entscheidend stärken, indem wir mehr Klarheit über die eigenen Werte erlangen und beginnen, ihnen entsprechend zu handeln. Wenn wir uns bewusst sind, was für uns selbst zählt, sind wir weniger empfänglich für die Beeinflussung durch andere oder Werbung. Aus diesem Grund nimmt auch der Drang nach materiellen Besitztümern durch Achtsamkeit ab.[48]

c) **Achtsamkeit bricht mit alten Gewohnheiten**: Vieles von unserem Verhalten als Konsumentinnen läuft automatisiert ab und ist oft mehr von unbewussten Routinen beeinflusst als von achtsamen Überlegungen. Wir handeln einfach deshalb so, weil wir schon immer so gehandelt haben. Achtsamkeit kann nachweislich dabei helfen, alte Gewohnheiten zu stoppen und zwanghafte Konsummuster zu brechen. Indem wir unsere eigenen Gedanken und Gefühle bewusster wahrnehmen, bekommen wir mehr Flexibilität und Wahlfreiheit über unser Verhalten und sind weniger in Automatismen gefangen.

Zudem nimmt unsere Selbstkontrolle zu und wir können unseren eigenen Lebensstil bewusster wählen.[49]

d) **Achtsamkeit führt zu prosozialem Verhalten:** Achtsamkeit erhöht laut zahlreicher Forschungsergebnisse die Empathie und das Mitgefühl für andere Menschen. Wir hören besser zu, kommunizieren klarer und sind insgesamt auch kooperationsfähiger. Zudem fördert Achtsamkeit das Gefühl der Verbundenheit mit anderen Menschen und der Welt um uns herum. Dieses gesteigerte soziale Verhalten mündet nicht nur in einer erhöhten Beziehungsfähigkeit, sondern hat auch weitreichende Konsequenzen für die Nachhaltigkeit. Denn wenn Mitgefühl die Grundlage unseres Handelns ist, sorgen wir uns mehr um das Wohlergehen anderer und sind viel eher bemüht, negative Beeinträchtigungen für andere Menschen oder Lebewesen zu vermeiden.

e) **Achtsamkeit stärkt die Globale Identität**: Die Wissenschaft bezeichnet das als »Global Identity« – ein Gefühl von Verbundenheit mit Menschen auf der ganzen Welt und eine Sorge um ihr Wohlergehen. Durch Meditation kultivieren wir einen transpersonalen Zustand, in dem sich die persönliche Ich-Identität ausdehnt auf die gesamte Menschheit und das Leben selbst. Menschen mit einer hohen »Global Identity« haben stärkere Verbundenheitsgefühle mit der Natur, handeln umweltfreundlicher, schreiben dem Klimawandel eine höhere Relevanz zu und unterstützen klimapolitische Maßnahmen eher als Menschen mit geringer globaler Identität.[50]

Viele Zusammenhänge zwischen Achtsamkeit und Nachhaltigkeit sind noch unerforscht. Dennoch zeigt sich schon jetzt, welch großes Potenzial in der Achtsamkeit liegt. Wenn wir wieder mehr zu uns selbst finden und mit uns selbst verbunden sind, dann leben wir auch bewusster, achtsamer und stärker im Einklang mit anderen Menschen und unserer Natur.

Es sei aber nochmal explizit darauf hingewiesen, dass Meditation allein noch keinen nachhaltigen Menschen macht! Auch das konnte in dutzenden Forschungsarbeiten bereits gezeigt werden. Abseits des »in sich Versenkens« braucht es auch das entsprechende Wissen in Bezug auf das Thema Nachhaltigkeit. Dann und nur dann kann Achtsamkeit einen regelrechten Boost auslösen im Verhalten gegenüber sich selbst, anderen und dem Planeten.

Achtsamer Medienkonsum

Wir haben schon im Kapitel zur emotionalen Kompetenz beschrieben, welch starken Einfluss die meist negative Berichterstattung in den Medien auf uns haben kann. Bei Jugendlichen ist es vor allem die Flut an schlechten Nachrichten rund um den Klimawandel, die große Ängste hervorruft. In einer 2021 publizierten Umfrage unter 10.000 Jugendlichen aus zehn Ländern kam man zu dem Ergebnis, dass knapp 60 Prozent der Befragten entweder extrem besorgt oder stark besorgt sind bezüglich der klimatischen Veränderungen. Nur 16 Prozent zeigen sich wenig oder nicht besorgt. Darüber hinaus gaben jeweils über 50 Prozent der Befragten an, sich aufgrund des Klimawandels regelmäßig traurig, angsterfüllt, wütend, machtlos oder schuldig zu fühlen.[51]

Hier endlich ins Handeln zu kommen und auf politischer Ebene Maßnahmen zu setzen, ist natürlich das Gebot der Stunde. Nichtsdestotrotz wird die Flut an Bad News nicht einfach so aufhören, weshalb sich jeder Mensch auch um Selbstschutz bemühen sollte. Achtsamkeitspraktiken und eine bewusste Lebensführung können hier Abhilfe schaffen. Je bewusster wir uns mit Informationen versorgen, desto weniger werden sie unsere emotionale Stabilität beeinflussen. Wenn wir präsent sind, können wir im Moment wahrnehmen, was ein Artikel oder ein Video gerade mit uns macht. Sollten wir eine zu starke Emotionalisierung in uns spüren, können wir den Medienkonsum runterfahren, beenden und wenn nötig, später wieder fortsetzen. Manche Medienkanäle werden wir dann zu meiden beginnen, da wir besser wahrnehmen, ob sie uns guttun bzw. hilfreich erscheinen. Und natürlich können wir die Dosis besser abschätzen, in der wir Medien konsumieren. Denn wir wollen hier nicht dazu aufrufen, die Probleme unserer Welt einfach ganz abzudrehen, während wir völlig entspannt im Schneidersitz die Krisen auf uns zurollen lassen.

Achtsamer Aktivismus

Woran denkst du beim Wort Aktivismus? Die Bilder, die dir bei dieser Frage durch den Kopf gehen, hängen in der Regel davon ab, wo du herkommst, welchen Medienkanälen du folgst, wie du sozialisiert wurdest und wie alt du bist. Gehörst du beispielsweise zu den älteren Semestern, so denkst du bei Aktivismus vielleicht noch an gewalttätige Straßenschlachten, besetzte Häuser, zerbrochene Fensterscheiben, brennende Autos oder bewaffnete RAF-Anhängerinnen.

Gehörst du hingegen zu den jüngeren Semestern, so werden dir womöglich ganz andere Bilder in den Kopf kommen. Der Aktivismus im 21. Jahrhundert ist an vielen Stellen achtsamer geworden. Natürlich hat es schon immer achtsamen und gewaltfreien Aktivismus gegeben. Keine Frage! Denken wir nur an die Bürgerrechtsbewegung von Martin Luther King, die Unabhängigkeitsbewegung rund um Mahatma Gandhi oder Teile der europäischen Friedensbewegung.

Dennoch gerieten viele frühere Aktionen schnell unter den Einfluss von Wut und Hass. Dies führte zu destruktiven Aktionen auf der einen Seite und Unverständnis bis hin zu Wut und Angst auf der anderen Seite. Und ja, auch heutige Aktionen führen immer noch zu Unverständnis, Wut oder Angst, was aber nicht immer am Charakter der Aktionen, sondern auch am Charakter derer liegt, die die Dringlichkeit unserer Herausforderungen einfach nicht verstehen wollen.

Wenn heute Demonstrantinnen auf Straßen ihre Teppiche ausrollen, sich hinsetzen und meditieren, ist das für manche Autolenkerin womöglich nervig, destruktiv ist es aber kaum. Wenn sich an öffentlichen Plätzen plötzlich hunderte Menschen niederlegen und totstellen, um auf das Artensterben hinzuweisen, mag dies kurz Angst machen. Doch die Angst geht letztlich vom Artensterben aus und nicht von den aktiven Menschen. Und wenn Aktivistinnen sich an hundert Jahre alte Bäume ketten, um sie vor der Motorsäge zu schützen, mag dies manchem gegen den Strich gehen, der Großteil der Bevölkerung wird sich dadurch aber kaum echauffieren. Und wenn doch, dann liegt es wohl eher an der Bevölkerung und nicht an der Aktion!

»Love in Action«, »Sacred Activism« oder achtsamer Aktivismus sind die Fachbegriffe für diese immer stärker werdende Strömung innerhalb sozialer Bewegungen. Anstatt gegen etwas zu kämpfen, ist man viel mehr bemüht, positiv und konstruktiv FÜR etwas einzutreten. Der Hass auf die Verursacherinnen weicht dem Mitgefühl für die Betroffenen. Wer sich aus einer achtsamen Haltung heraus für etwas einsetzt, bekommt jede Menge Energie und zudem die Möglichkeit, auch von der breiten Masse verstanden und unterstützt zu werden. Natürlich müssen die Aktionen auch etwas auslösen und dürfen nicht zu handzahm daherkommen. Doch wenn bei solchen Aktionen Mitgefühl, Verständnis und die Lust aktiv werden, ist das bei Weitem besser, als wenn sie Hass, Unverständnis oder Gleichgültigkeit nach sich ziehen.

Presencing

Was erschaffen wir, wenn wir innerlich nicht leer oder offen sind? Der am MIT lehrende Ökonom und Gründer des Presencing Institutes, Claus Otto Scharmer, gibt dazu eine klare Antwort. Wir erschaffen immer neue Kopien der Vergangenheit. Getrieben von alten Gedanken, alten Mustern und alten Weltbildern reproduzieren wir die Vergangenheit und erschaffen diese in einem neuen Mäntelchen. Wenn wir uns die heutige Welt einmal ansehen, entdecken wir schnell eine Vielzahl solcher vermeintlichen Innovationen.

Eines der besten Beispiele dafür ist die Mobilitätsbranche. Anstatt unsere Mobilität einmal komplett neu zu denken, versuchen wir, die alte Mobilität zu konservieren und sie mit Schönheitsmaßnahmen zu verbessern. Zuerst wollte man die fossilen Brennstoffe über Biokraftstoffe aus Ölpflanzen, Getreide oder Zuckerrüben ersetzen. Später kamen dann die E-Fuels ins Spiel. Synthetische Kraftstoffe, die mit Strom aus Wasser und CO_2 hergestellt werden. Und dann sind natürlich noch die Elektromotoren zu nennen, die am besten alle Verbrennermotoren eins zu eins ersetzen sollen.

All diese Technologien mögen im ersten Moment neu erscheinen, bringen aber viele altbekannte Probleme mit sich. Biokraftstoffe konkurrieren mit Lebensmitteln, E-Fuels sind extrem energieintensiv und Elektroautos für acht Milliarden Menschen übersteigen die Ressourcenkapazität unseres Planeten bei Weitem. So richtig neu und zukunftsfähig erscheinen uns diese Lösungen also nicht! Und bitte versteh uns nicht falsch. Die genannten Innovationen haben auch Gutes an sich. Doch wenn sie nicht eingebettet sind in ein völlig neues Mobilitätskonzept, führen sie zu den altbekannten Problemen, anstatt diese zu lösen.

In der Mobilität, wie auch in allen anderen Bereichen unserer Wirtschaft, braucht es wahrhaft neue Ideen. Und diese entstehen nur, wenn wir innerlich leer sind und wir das neu Gedachte nicht einfach nur dem Alten folgen lassen. Achtsamkeit kann ein wesentlicher Schlüssel sein, um in den dafür nötigen, kreativen Zustand zu gelangen. Innere Leere und vollkommene Offenheit kann nicht erdacht, geschweige denn erzwungen werden. Sie kann aber trainiert werden. Und wenn eine Gruppe von Menschen es dann schafft, gemeinsam solch leere Bewusstseinsräume zu betreten, dann entsteht der bereits beschriebene, schöpferische Dialog, auch »Presencing« genannt.

In diesem Zustand wird nicht nur altes Wissen zusammengefügt, sondern neues Wissen erschaffen. Die Grenzen dessen, was man weiß, werden gedehnt und wahrhaft neue Ideen und Erkenntnisse können geboren werden. Das Ergebnis ist dann mehr als nur die Summe der einzelnen Teile. Wenn Gruppen und Teams in diesen generativen Raum eintauchen, scheint alles wie von selbst zu funktionieren. Alle Ideen greifen ineinander, die Teammitglieder wachsen über sich selbst hinaus und die Aha-Erlebnisse münden in einer Innovation, die ihren Namen auch wirklich verdient.

Achtsamkeit in Organisationen

Während »Ecological Mindfulness« noch ein Nischenthema darstellt, hat die Achtsamkeit in manchen Wirtschaftskreisen beinahe schon Kultstatus erreicht. Vor allem in den USA gibt es kaum noch größere Unternehmen, die sich dem Trend der Achtsamkeit entziehen können. Im Jahr 2018 hatten bereits 44 Prozent aller US-Organisationen Achtsamkeitstrainings für ihre Mitarbeiterinnen im Angebot. Eine Entwicklung, die einerseits freudig stimmt, anderorts aber auch auf Kritik stößt. Vor Allem, wenn die Achtsamkeit ähnlich dem Yoga nur noch als Fitnessprogramm für den Kopf herhält und deren ethische Grundlagen völlig außer Acht gelassen werden.[52]

Wir Autorinnen sind uns bewusst, dass sich die Praxis der Achtsamkeit in manchen Fällen von ihren Ursprüngen gelöst hat und rein kommerziellen Zwecken dient. Sie wird dann nur deshalb eingesetzt, damit die Mitarbeiterinnen leistungsfähiger sind und effizienter arbeiten, ohne die eigene Arbeitspraxis und deren Sinn jemals in Frage zu stellen. Wenn Meditation aber nur noch dazu dient, um bessere Leistungen zu erzielen, geht das grundlegende Wesen der Meditation verloren. Eine authentisch gelebte Achtsamkeitspraxis braucht also immer auch eine ethische Grundlage, auf welcher sie gelehrt oder durchgeführt wird: Das muss bei den folgenden Texten immer mitgedacht werden!

Mindfulness-Based Stress Reduction (MBSR) in Organisationen

Die MBSR oder achtsamkeitsbasierte Stressreduktion ist ein achtwöchiges Kursprogramm auf Basis der Achtsamkeit. Es wurde 1979 von Jon Kabat-Zinn und seinem Team an der Universitätsklinik von Massachusetts entwickelt. Bekannte Methoden sind beispielsweise die Rosinenübung, wo man eine einzelne Rosine erst betrachtet, studiert, berührt, kostet, schmeckt und kaut, ehe man sie nach zehn Minuten ganz langsam herunterschluckt. Auch der weit verbreitete Bodyscan ist vor allem über das MBSR bekannt geworden. Bei dieser Methode spürt man über einen längeren Zeitraum in seinen Körper hinein und nimmt sowohl all seine Körperteile als auch die aufkommenden Gefühle und Gedanken bewusst wahr.

Ursprünglich wurde MBSR entwickelt, um Schmerzpatientinnen zu unterstützen. Heute hat sich das Anwendungsfeld allerdings deutlich erweitert. MBSR hilft bei der Bewältigung psychischer Erkrankungen und wird in der Psycho- und Verhaltenstherapie angewandt. Zudem sind viele MBSR-Übungen relativ schnell verständlich und im Alltag durchführbar, weshalb sie auch im unternehmerischen Kontext oft eingesetzt werden.

Wie und wobei Achtsamkeitsmethoden eine Organisation und ihre Belegschaft unterstützen können, wurde in den letzten Jahrzehnten stark beforscht. Zu den positiven Aspekten zählen etwa die Reduktion von Stress, ein besserer Schlaf, eine gesteigerte Konzentrations-, Lern- und Entscheidungsfähigkeit, ein besseres Erinnerungsvermögen und mehr Kreativität, Klarheit und Genauigkeit beim Arbeiten. Außerdem fördern Achtsamkeitsübungen die emotionale Resilienz, die Empathiefähigkeit und führen zu einer positiveren Grundeinstellung gegenüber dem Leben. Gehirnphysiologisch hat man zudem herausgefunden, dass eine regelmäßige Achtsamkeitspraxis die Dichte des präfrontalen Kortex erhöht, die Größe der Amygdala, die u. a. unser Angstzentrum beherbergt, reduziert und die funktionalen Verbindungen im Hirn größer werden lässt. Das erklärt wiederum die zuvor beschriebene Steigerung der emotionalen Resilienz.

Es ist also kein Wunder, dass in Zeiten von VUCA – Volatility, Uncertainty, Complexity und Ambiguity – immer mehr Organisationen auf den Achtsamkeitszug aufspringen. Der US-amerikanische Versicherungskonzern Aetna berechnete etwa, dass seit der Einführung ihres Achtsamkeitsprogrammes pro Person umgerechnet 2.000 Euro an Gesundheitskosten eingespart wurden und das Beratungsunternehmen Tower Watson verzeichnete plus 34 Prozent gesteigerte Einnahmen pro Person. Zu diesen positiven Aspekten gesellen sich aber auch einige negative. In einigen Studien fand man zum Beispiel heraus, dass Achtsamkeit die Motivation für zukünftige Aufgaben negativ beeinträchtigen kann. Indem der Fokus auf den gegenwärtigen Moment verlagert wird, fehlt folglich der Ansporn, den Status quo für die Zukunft zu ändern. Auf die Aufgabenleistung an sich konnte man hingegen keinerlei negative Auswirkungen erkennen.[53]

Burnout-Prävention

Als Burnout bezeichnet man einen emotionalen, geistigen und körperlichen Erschöpfungszustand nach einem Prozess hoher Arbeitsleistung, Stress oder Selbstüberforderung. Ein Burnout zeichnet sich dabei durch einen Phasenverlauf aus, der ausgehend von einem Problemstadium in ein Übergangsstadium bis zum Erkrankungsstadium reicht. Die Weltgesundheitsorganisation (WHO) hat 2019 das Phänomen Burnout in ihre internationale Klassifikation der Krankheiten aufgenommen. Wobei gesagt sei, dass es sich laut WHO um ein Berufsphänomen handelt und nicht um eine Krankheit im eigentlichen Sinne.

Natürlich kann ein Burnout so ziemlich jede Person im Arbeitskontext treffen. Dennoch möchten wir darauf aufmerksam machen, dass vorwiegend Zukunftsgestalterinnen und besonders engagierte Personen stärker von Burnout gefährdet sind als andere. Allein in unserem Bekanntenkreis kennen wir gut ein halbes Dutzend ideell motivierter Menschen, die selbst bereits ein Burnout im Erkrankungsstadium miterlebt haben. Engagierte Menschen haben zwar den Vorteil, dass sie ihre Arbeit meist als sinnvoll wahrnehmen und dies viele Energiereserven freisetzen kann. Gleichzeitig arbeiten gerade jene, die für ihren Job brennen, oft viel mehr als gesund für sie ist. Die Leidenschaft lässt sie vergessen, dass auch sie nur begrenzte Ressourcen haben und der Akku irgendwann leer ist.

Ich – Stefan – kann davon ein Lied singen! Ich war Anfang 2024 über drei Wochen lang in einem immer wiederkehrenden Erschöpfungszustand und somit in einer Art Vorstadium zum Burnout. Nach der Geburt unseres Sohnes Ende 2022 habe ich die Arbeit ein Jahr lang auf ca. 20 Wochenstunden reduziert. Ab 2024 wollten Julia und ich dann wieder voll durchstarten. Dabei habe ich unterschätzt, dass die Fortführung meiner Selbstständigkeit, der Aufbau unserer gemeinsamen Organisation und die gleichzeitige Kleinkindbetreuung, Buchpublikation und Suche nach einem neuen Zuhause einfach zu viel sind, auch für einen intrinsisch motivierten Menschen wie mich. Bei all den Aufgaben und der Verantwortung habe ich das, was mich normalerweise in meine Mitte bringt, aus den Augen verloren. Ich habe nämlich trotz besseren Wissens damit aufgehört, zumindest einmal täglich in Stille zu gehen und in mich reinzuhören. So habe ich die Alarmglocken zu spät gehört. Glücklicherweise ist mir bei den ersten wiederholenden Erschöpfungsanzeichen schnell bewusst geworden, was los ist und ich konnte noch gut gegensteuern.

Dennoch möchte ich die Erfahrung nicht kleinreden, da ich knapp drei Wochen lang immer wieder mehrere Tage am Stück nicht von dem sehr beklemmenden Gefühl der Überforderung loskam. Und das, obwohl ich in diesen Tagen kaum Termine hatte, viel in die Natur ging, mich längere Zeit in Stille begab und auch meine Familie um eine Auszeit bat, was meine häuslichen Pflichten anbelangt. Erst die tiefe Auseinandersetzung mit mir selbst, hat mich wieder auf Kurs gebracht. Erst die Wiederaufnahme meiner täglichen Achtsamkeitsroutinen hat mich wieder darin geschult, gleich hinzuspüren, ob mir gerade irgendwas zu viel ist und ob ich eine kleinere oder auch größere Pause einlegen sollte. Das hat mir ungemein geholfen, mich wieder auszurichten und das vorliegende Buch gemeinsam mit Julia zum geplanten Erscheinungstermin zu publizieren.

Ein achtsamer Umgang mit den eigenen Ressourcen hilft dabei, sich selbst treu zu bleiben und seine ideellen Projekte effizient umzusetzen. Das ist aber nicht das Einzige, worum es uns geht. Nein! Es geht uns nämlich in erster Linie darum, eine neue Art des Seins und Arbeitens in die Welt zu bringen. Denn wie schon beschrieben, hat der von uns angestrebte Wandel nicht nur eine äußere Komponente in Form von nachhaltigen Technologien, Bio-Essen oder sozialpolitischen Maßnahmen. Es geht auch um einen inneren Wandel und ein komplett neues Mindset im Hinblick darauf, wie wir arbeiten und leben wollen. Sich für eine Sache auszubrennen, auch wenn sie noch so edel sein mag, gehört sicherlich nicht zu diesem neuen Mindset. Und obwohl ich – Stefan – das schon seit vielen Jahren weiß und kommuniziere, ist es mir innerlich trotzdem nicht gänzlich bewusst gewesen. Die Achtsamkeit hat mir aber geholfen, es wieder bewusst zu machen und dafür bin ich sehr dankbar.

Achtsamkeit in der Organisationskultur

Wie lässt sich eine achtsame Haltung nun in der Organisationskultur verankern? Häufig werden Achtsamkeitsprogramme in Organisationen von externen Trainerinnen angeboten. Diese können freiwillig in Anspruch genommen werden und führen oft zu den bereits beschriebenen, positiven Effekten. Derartige Add-on-Lösungen bieten aber keine dauerhafte Abhilfe bezüglich der Work-Life Balance oder der im Unternehmen gelebten Kultur.[54]

Deshalb erscheint es sinnvoller, Achtsamkeit als integrierten Bestandteil der Organisationskultur zu etablieren. Bei diesem Ansatz wird sie als essenzielles, inklusives und integriertes Element des gesamten Systems verstanden. In einem über viele Monate andauernden Prozess wird die Achtsamkeit dabei schrittweise in alle Teile, Prozesse und Aktivitäten der Organisation miteingebunden, was nachweislich zu länger anhaltenden Effekten führt als der Add-on-Ansatz.

Wenn Achtsamkeit in den gemeinsamen Arbeitsalltag Einzug hält, beeinflusst dies das Ankommen beim Empfang, das gelebte Miteinander in Meetings, die Art wie auf E-Mails reagiert wird, den Umgang mit stressigen Telefonaten, das Verständnis von Führung und letztlich das gemeinsame Denken, Fühlen und Handeln im Unternehmen selbst. Ein bekanntes Beispiel für eine achtsame Organisationskultur ist das Gesundheitsunternehmen Here aus Großbritannien. Die bei Here innerhalb der Belegschaft erhobenen Daten sprechen eine deutliche Sprache. 100 Prozent der Mitarbeiterinnen stimmen zu, dass deren Teilnahme an Mindfulness- und Mind-Fitness-Initiativen die Qualität der Beziehungen verbessert hat und weitere 100 Prozent sagen, dass sie den Sinn und die Mission des Unternehmens dadurch besser verstehen. 92 Prozent sehen eine Verbesserung beim Thema Selbstfürsorge als auch im Mitgefühl für andere. 83 Prozent geben an, dass sie seither besser zuhören können und weitere 66 Prozent sagen, dass sie im Umgang mit anderen seither viel klarer kommunizieren als zuvor.[55]

Interview mit Maren Michaelsen

Dr. Dr. Maren Michaelsen ist wissenschaftliche Mitarbeiterin am Institut für Integrative Gesundheitsversorgung und Gesundheitsförderung an der Universität Witten/Herdecke. Sie ist Spezialistin in den Bereichen Achtsamkeit, Meditation und Gesundheitsförderung. Ihr Wissen geht dabei weit über die theoretische Ebene hinaus, da sie selbst seit vielen Jahren Meditation praktiziert und die entsprechenden Effekte am eigenen Leib bereits vielfach kennenlernen durfte. Wir haben Maren über einen Bekannten kennengelernt und freuen uns, dir ihre Erkenntnisse rund um die Achtsamkeit näherbringen zu können.

Liebe Maren, wie bist du zum ersten Mal mit dem Skill Achtsamkeit in Berührung gekommen?

Maren Michaelsen: Da muss ich ein bisschen ausholen. Ich war früher Leistungssportlerin im Schwimmen. Das habe ich aber aufgrund von Krankheit abbrechen müssen und als ich dann zu studieren begann, hatte ich das große Bedürfnis und vom Arzt die Erlaubnis, mich wieder intensiv körperlich zu betätigen. Da habe ich im Universitätssport einen Yogakurs entdeckt. Das ist 19 Jahre her und jetzt wissen alle, wie alt ich bin.
Mit 19 habe ich also auf der Uni mit Yoga angefangen – ursprünglich mit der einzigen Intention, mich sportlich zu betätigen. Der Yogalehrer, den ich damals hatte, hat am Ende immer 10 Minuten Meditation drangehängt. Da habe ich irgendwann gemerkt, dass Yoga mehr ist als nur körperliche Betätigung und dass ich immer mehr zu mir komme und mich dadurch besser kennenlerne. Später kam dann ein starker Wunsch dazu, mehr zu meditieren.
   Also habe ich angefangen, zu Hause zu meditieren. Ohne Anleitung, da gab es ja noch keine Meditations-Apps oder Ähnliches. Irgendwann habe ich mir dann ein Yoga-Studio in meiner Nähe gesucht, wo ich auch zum ersten Mal von einem Ashram hörte. Ich wusste damals nicht, was das ist und musste es erstmal goog-

len. Da habe ich dann herausgefunden, was es ist und dass es sogar in meiner Nähe einen gab. Dann bin ich da hin für eine Woche und habe täglich morgens und abends eine halbe Stunde meditiert. Das hat mir so zugesagt, dass der Wunsch zu Meditieren noch stärker wurde und ich dann sogar meine Juniorprofessur, eine Stelle, die man sehr selten bekommt an der Uni, aufgegeben habe, um sozusagen in Vollzeit meditieren zu können.

Wow, eine starke Entscheidung! Das bringt mich gleich zu meiner nächsten Frage. Ich habe auf deiner Webseite gelesen, dass du dann für ein halbes Jahr nach Nepal gegangen bist für einen Schweigeretreat. Was passiert mit einem, wenn man so lange schweigt?

Man lernt sich gut kennen! Ich hatte das Glück, vor der Zeit in Nepal eine unheimlich tolle Psychotherapeutin kennengelernt zu haben. Bei ihr war ich relativ regelmäßig, bevor ich den Schritt gewagt habe, meine Juniorprofessur zu kündigen und ins Kloster zu gehen. In die Methode, mit der sie therapiert hat, habe ich mich dann sehr genau eingelesen. Sie kommt aus der körperorientierten Psychotherapie, die auch auf Achtsamkeit basiert. Dieses Wissen und die Erfahrung haben mir dann in schwierigen Momenten sehr geholfen.

Denn es kommt einfach viel hoch, wenn man dasitzt und sich immerzu auf sich selbst oder eigentlich auf den Atem fokussiert. Da kommen unheimlich viele Gedanken, Emotionen und Erinnerungen. Man fängt an, seine eigenen Verhaltensweisen zu verstehen, zu reflektieren und bringt sie irgendwann zusammen mit den Erlebnissen aus der Kindheit, aus der Jugend. Und mit diesen Erlebnissen sind ja viele Emotionen verknüpft und die kommen dann eben hoch.

In dieser Zeit habe ich unheimlich viel geweint und auch da hat mir die Erfahrung mit der Therapeutin geholfen, weil ich mir selbst aus diesen schwierigen Momenten raushelfen und die Emotionen integrieren konnte. Aus diesem fast täglichen Weinen in der Meditation ist später so ein Lachweinen geworden. Das heißt, ich habe das Ganze irgendwann nicht mehr so tragisch empfunden, sondern mit Leichtigkeit nehmen können. Ich habe es einfach gut annehmen können, dass ich schon wieder weine, weil ich gelernt habe, dass dieses Weinen heilt.

Danke, sehr berührend. Sechs Monate in Stille zu verbringen ist wirklich beeindruckend. Ich kann mir vorstellen, dass das tief reingeht und man sich sehr gut kennenlernt. Danach hat dich dein Weg aber wieder zurückgeführt nach Deutschland und zurück in die Wissenschaft. Du hast Achtsamkeit und die Erforschung des menschlichen Bewusstseins und Verhaltens in deine Arbeit integriert. Nun hast du das Ganze am eigenen Leib erfahren und auch auf wissenschaftlicher Ebene beforscht. Welche Erkenntnisse hast du davongetragen? Ich weiß, das sind viele und sie würden vermutlich ein Buch füllen, aber kannst du uns ein paar wesentliche Erkenntnisse nennen?

Die Frage, warum wir Menschen uns so verhalten, wie wir uns eben verhalten, hat mich schon immer bewegt. Schon lange vor dem Studieren. Deshalb habe ich mich dann in meinem Studium der Volkswirtschaftslehre vor allem mit dem Aspekt beschäftigt, wie Menschen sich in verschiedenen Systemen verhalten. Ich habe daher eher wenige Kurse zum Finanzsystem gemacht und viel mehr zur Bildungsökonomie und zur Gesundheitsökonomie, wo es eben darum geht, wie sich Menschen in einem System verhalten. Auch beim Meditieren im Kloster hat mich diese Frage sehr beschäftigt und das wollte ich dann erforschen. Ich wollte wissen, warum Meditation so viel bewirkt und wie das funktioniert.

Zum Glück war damals eine Stelle ausgeschrieben bei Professor Dr. Esch, der Meditation als Hauptforschungsschwerpunkt hat. Da habe ich dann angefangen. Seitdem beschäftigt mich die Frage, wie ich Menschen unterstützen kann, sich so zu verhalten, wie sie es wollen. Und die Kernerkenntnis, die ich im Rahmen meiner zweiten Promotion erlangt habe, ist jene, dass wir bei jedem Schritt unseres eigenen Verhaltensänderungsprozesses verschiedene Ressourcen brauchen.

In unserem Ressourcenmodell der Verhaltensänderungen, genannt »Behavior Change Resource Modell«, hat ein Veränderungsprozess sieben Stufen. In der ersten Stufe ist eine Person sich gar nicht bewusst, dass das eigene Verhalten zu einer Veränderung der Gesundheit oder der Umwelt führen kann. In Stufe Zwei hat man das Wissen schon erlangt, woher auch immer das dann kommt. In der dritten Stufe denkt eine Person erstmals darüber nach, ob sie das eigene Verhalten ändern möchte. In der nächsten Stufe ist dann die Entscheidung gefallen: Ja, ich möchte etwas verändern. Hier werden dann Pläne geschmiedet, wie man anfangen könnte. Sich anders zu ernähren wäre ein Beispiel.

Später kommt dann Stufe Nummer Fünf, wo man eine Verhaltensänderung zum ersten Mal unternimmt. Das heißt, ich gehe dann vielleicht im Bioladen einkaufen und schaue, dass ich meine Nahrungsmittel aus der Region beziehe – jetzt sind wir beim Nachhaltigkeitspunkt. Oder ich wähle entsprechend meinem Wissen jene Lebensmittel aus, die meinem Körper guttun, wo wir beim Gesundheitsaspekt wären. In Stufe Sechs wiederhole ich dann mein Verhalten immer wieder und am Ende wird es zur Gewohnheit. Nun bin ich in der siebten und letzten Stufe angelangt. Jetzt habe ich einen Verhaltensänderungsprozess durchlebt, der zu einer neuen Gewohnheit geworden ist.

Im Prozess selbst geht es auf und ab und an jeder dieser Stufen brauche ich unterschiedliche Ressourcen. Diese Ressourcen können wir auf neurobiologischer Basis einteilen in interne, affektive Ressourcen, also das, was mit Emotionen und Affekten zu tun hat, in interne, reflektive Ressourcen, also zum Beispiel Emotionsregulation, und in externe Ressourcen. Da geht es zum Beispiel darum, ob es in der Nähe einen Biomarkt gibt, wo ich mein neues Verhalten anwenden kann.

Achtsamkeit ist nun eine der Ressourcen, die man auf den verschiedenen Stufen sehr gut gebrauchen kann. Man kann allerdings nicht sagen, dass Achtsamkeit allein schon hilft. Je achtsamer ich bin, desto schneller und einfacher durchlaufe ich diese Stufen, das gilt eben nicht! Doch das ist sehr komplex und würde jetzt wohl zu weit führen.

Danke für die Erklärung des Verhaltensänderungsprozesses. Nun würde mich interessieren, wie man Achtsamkeit als Ressource nutzen kann – und zwar in Bezug auf die schon erwähnte Nachhaltigkeit. Kannst du sagen, wo Achtsamkeit sehr stark hilft bei diesem Veränderungsprozess und wo auch die Grenzen sind?

Die wissenschaftlichen Studien, die wir uns im Zuge unserer Forschungen angesehen haben, zeigen zum Beispiel, dass Achtsamkeit allein meist noch nicht dazu führt, dass Menschen sich nachhaltiger verhalten. Wenn es allerdings schon eine Intention gibt, sich nachhaltiger zu verhalten, dann fördert eine Achtsamkeitspraxis dieses Verhalten. Das heißt, Achtsamkeit kann dabei helfen, die Intention-Behavior-Gap zu überbrücken.

Es braucht also eine erste Intention, einen ersten Funken? Einfach nur meditieren, ohne sich jemals mit dem Thema Nachhaltigkeit beschäftigt zu haben, macht noch keinen nachhaltigen Menschen?

Genau, man kann es aber kombinieren. Eine der wichtigsten Komponenten für nachhaltiges Verhalten ist die Naturverbundenheit, das zeigt die Forschung – und es gibt immer mehr Kurse oder Maßnahmen, die Naturverbundenheit und Achtsamkeit verbinden. Waldbaden ist da ein ganz klassisches Beispiel. Wir bei uns an der Uni entwickeln gerade einen Gesundheitsförderungskurs, um Menschen zu helfen, ihre Ernährung zu verbessern. Da wollen wir auch einen starken Naturfokus mit reinnehmen, indem wir viele der Module draußen stattfinden lassen, im Wald oder auf dem Acker, um den Menschen zu vermitteln, dass wir mit der Natur verbunden sind. Denn die Forschung zeigt, dass Menschen, die eine höhere Naturverbundenheit haben, sich tendenziell auch ökologischer verhalten.

Warum ist das eigentlich so? Gibt es da wissenschaftliche Erkenntnisse dazu?

Ja, die gibt es. Unsere wissenschaftlichen Ergebnisse zeigen, dass Meditation das Gehirn verändert. Unser Gehirn ist ja plastisch und je mehr ich mich in der Meditation auf bestimmte Aspekte wie Konzentration, Naturverbundenheit oder Mitgefühl fokussiere, desto stärker bildet sich dieser Aspekt in meiner Persönlichkeit heraus, weil mein Gehirn sich entsprechend verändert.

Man hat etwa gezeigt, dass durch die meisten Formen der Achtsamkeit zunächst mal die Aufmerksamkeitslenkung verbessert wird. Das heißt, ich kann viel besser erkennen, wann ich mich wie verhalte. Ich kann sehen und beobachten, worauf ich reagiere und manchmal auch warum. Über die Aufmerksamkeitsregulation kommt dann ein besseres Körpergewahrsein und eine verbesserte Emotionsregulation.

Das heißt, je besser ich mich selbst beobachten kann, was ja einer der Kernaspekte von Achtsamkeit ist, desto besser kann ich mich selbst reflektieren und lenken und desto besser kann ich auch meine Emotionen regulieren. Ich muss sie ja erst mal erkennen können. Wenn ich das schon kann, was Meditation eben fördert, kann ich auch lernen, sie besser zu regulieren. Und dann wiederum kann ich mein Tun und Handeln in Bezug auf die Umwelt bewusster wahrnehmen und gestalten.

Danke Maren! Wie schon des Öfteren erwähnt, geht es mitunter immer darum, sich und sein Verhalten besser kennenzulernen. Das interessiert mich jetzt persönlich und sicherlich auch unsere Leserinnen! Du meintest zuvor, du hast im Kloster gelernt, warum du dich verhältst, wie du dich verhältst? Warum ist das so?

Ja, danke, da wollte auch ich nochmal drauf eingehen! Ich glaube, im Großen und Ganzen kommt viel von meinem Verhalten aus meinen Kindheitserfahrungen. Ich habe in einer früheren Haus-WG, in der ich gelebt habe, auch mit zwei Kindern zusammengelebt, die ich beide ab der Geburt kannte. Durch die beiden habe ich gelernt, wie viel Kinder an persönlichen Eigenschaften mitbringen, wenn sie auf die Welt kommen. Wissenschaftlich gibt es da immer diese Diskussion: »Ist es »Nature« oder ist es »Nurture«? Ist unser Verhalten angeboren oder ist es erlernt?« Durch meine eigenen Erfahrungen glaube ich, dass wir Menschen schon unheimlich viel mitbringen.

Eine hohe Prozentzahl von unseren Verhaltensweisen bringen wir mit auf die Welt. Das sehe ich auch bei meinem eigenen Sohn. Daneben gibt es aber auch die Umwelt, die auf diese verschiedenen Charaktereigenschaften eingeht. Jede dieser Umwelten, also Eltern, Schule, Kindergarten, Verwandte, Bekannte, Nachbarschaft, geht unterschiedlich auf die Charaktereigenschaften des Kindes ein. So wird das Kind dann geformt, auch wenn es ganz eigene Eigenschaften bereits mit auf die Welt gebracht hat.

Wenn nun ein Kind aufwächst, hat es grundsätzlich immer das Ziel der Sicherheit und des Überlebens. Um dieses Ziel zu erreichen, passt es sich an die Umstände an. Und manchmal sind diese Umstände so schwierig, dass ein Kind Verhaltensweisen entwickelt, die nötig sind, um sich sicher zu fühlen. Diese Verhaltensweisen nehmen wir dann mit ins Erwachsenenleben, wo wir sie eigentlich gar nicht mehr brauchen.

Objektiv gesehen könnten wir Menschen eigentlich viel freier und eigenständiger leben. Subjektiv gesehen stecken wir aber oft noch in alten Verhaltensweisen fest, die wir als Kind gelernt haben, weil wir sie als Kind brauchten. Was ich im Kloster ganz viel gelernt habe, sind diese eigenen Erlebnisse und Umstände, unter denen ich als Kind gelebt habe, besser zu sehen und zu verstehen. Sie haben dazu geführt, dass ich bestimmte Verhaltensweisen entwickelt habe, die ich jetzt im Erwachsenenalter abzulegen versuche. Und auch da hat mir die Achtsamkeit natürlich sehr viel geholfen!

Herzlichen Dank für deine Offenheit liebe Maren! Zum Schluss möchte ich gerne noch einen Ausflug in die Arbeitswelt machen. Auch diesen Bereich hast du ja viel beforscht! Wie wirken sich Achtsamkeitsmethoden oder Meditationen auf den Arbeitsalltag aus? Was für Erkenntnisse kannst du uns hier zu guter Letzt noch mitgeben?

Danke für die Frage. Ja, wir haben eine große Studie gemacht im Auftrag der Initiative für Gesundheit und Arbeit. Das ist ein Zusammenschluss der gesetzlichen Krankenkassen. Dabei haben wir untersucht, wie wirksam Achtsamkeitsinterventionen am Arbeitsplatz sind. Ich möchte an dieser Stelle auch dazusagen, dass wir nach ganz strengen Kriterien vorgegangen sind und bei dieser Arbeit nur randomisiert kontrollierte Studien miteinbezogen haben. Kurz gesagt, Studien mit einer Art Goldstandard als Studiendesign.

Wir haben uns also angesehen, was die Studien untersucht haben und was bei den Personen potenziell verändert werden kann. Dazu haben wir alle möglichen Parameter miteinbezogen, physiologische Parameter wie die Herzrate oder die Herzratenvariabilität, der Cortisolspiegel – also der Stresspegel im Blut oder auch psychosoziale Parameter in Richtung Burnout, Depression oder Stressempfinden. Und wir haben eigentlich für fast alle Outcomes von Mitgefühl über Burnout und Herzratenvariabilität zumindest kleine, eindeutig nachweisbare Effekte gefunden. Und bei manchen Parametern auch sehr starke Effekte.

Zum Beispiel?

Nahezu alle untersuchten achtsamkeitsbasierten- und achtsamkeitsinformierten Programme zeigten eine deutliche Wirksamkeit in Bezug auf psychische Gesundheitsparameter. Vor allem das Stresserleben wurde durch die Achtsamkeitstrainings stark gesenkt. Auch eine mittlere bis starke Wirksamkeit auf andere Parameter, vor allem auf physische und physiologische Gesundheitsparameter, das Wohlbefinden, die Erholungsfähigkeit, Selbstreferenz, Selbstregulation und arbeitsbezogene Faktoren wie das Burnout-Risiko, konnte gezeigt werden. Und zwar vor allem für MBSR-Kurse und bewegungsorientierte Verfahren, wie Yoga.

Aus Trainingsperspektive würde mich jetzt noch interessieren, welche Voraussetzungen gegeben sein müssen, damit Achtsamkeitsinterventionen in Organisationen funktionieren.

Wir haben dazu viele Interviews geführt mit Expertinnen und Experten, die Achtsamkeit am Arbeitsplatz entweder integrieren, selbst unterrichten oder wissenschaftlich untersuchen. Dabei haben wir fast durchgängig die Antwort bekommen, dass das Management und die Leitungsebene dahinterstehen muss. Das heißt, es kann nicht einfach als irgendeine Maßnahme des betrieblichen Gesundheitsmanagements den Mitarbeitenden ins Programm geschrieben werden, sondern muss auch von der Führungsebene her gelebt werden. Wenn man also möchte, dass die Belegschaft achtsamer ist, dann ist es ganz wichtig, dass es Rollenvorbilder im Unternehmen gibt.

Ein zweites, wichtiges Kriterium sind Räume! Sowohl physische Räume als auch das, was wir gerne als Space bezeichnen. Es braucht Orte, um die Praxis durchführen zu können und es muss eine Offenheit dafür geben, dass jemand während der Arbeit für 10 Minuten die Augen schließt und meditiert. Das heißt natürlich auch, dass zuerst einmal an den Arbeitsbedingungen angesetzt werden muss, um überhaupt den Raum zu eröffnen, dass Menschen Achtsamkeit am Arbeitsplatz einbinden, erlernen und trainieren können.

Wunderbar. Das nehme ich so mit! Aus Zeitgründen habe ich nun schon meine Abschlussfrage: Was braucht es noch für eine Qualität, um in eine wirklich zukunftsfähige Welt zu gelangen?

Verbundenheit. Was wir brauchen ist die Verbundenheit zur Gemeinschaft. Je mehr wir die Verbundenheit in der Gesellschaft fördern, desto besser gelingt es uns auch, gemeinsam nachhaltiger und zukunftsfähiger zu handeln!

Sinnstiftung

Die ersten Texte zu diesem Kapitel sind an einem wunderschönen Freitagmorgen im April 2023 entstanden. Anstatt gleich mit dem Schreiben loszulegen, entschied ich – Stefan – zuvor noch einen kleinen Spaziergang zu machen. Ich schnallte mir unseren jungen Sohn Leander an die Brust und ging los in Richtung Märzpark bei der Wiener Stadthalle. Im Park angekommen, war die ruhige und schöne Stimmung erstmal hinüber. Mitten an der Hauptkreuzung stand ein Fitnesstrainer, zwar ohne Gruppe dafür mit umfangreichem Videoequipment. Lautstark machte er auf einer Matte am Asphalt seine Übungen und beschallte damit den gesamten Park.

»What is your purpose? Live your purpose! What is your purpose? Live your purpose!« Immer wieder schrie er das Wort »Purpose« in die Kamera, während er gleichzeitig Sit-ups machte und zu erklären versuchte, wie diese zu machen seien. Es war ein teils amüsantes, teils nervendes Spektakel um 9 Uhr früh in einem sonst recht ruhigen Park. Als Leander und ich seiner One-Man-Show zusahen, kamen mir einige Fragen: Ist dieses Programm wirklich der tiefste Sinn, die tiefste Berufung dieses Mannes? Ist das wirklich der beste Weg für seine Followerinnen, sich die Sinnfrage zu stellen? Und warum hat man in dieser ohnehin so lauten Großstadt nicht mal mehr im Park seine Ruhe?

Wir zogen schließlich weiter in die Gassen, wo sich mir die Frage vom Sinn der hohen Gebäude stellte, die mir die lebensspendende Sonne vorenthielten. Ich fragte mich, warum all die süßen Gassen voll sind mit Autos anstatt mit Menschen. Und ich bemerkte, dass ich dem Fitnesstrainer doch auch dankbar bin. Denn es machte mir letztlich richtig Freude, diesen schönen Morgen mit der Sinnfrage und mit meinem Sohn zu verbringen. Dieser ist übrigens ein richtiger »Sinn-Turbo«! Kaum etwas verleiht mir mehr Sinn als das Geschenk der Vaterschaft.

Sinn ist schon immer ein wichtiges Thema gewesen, in meinem Leben, in Julias Leben und im Leben vieler anderer sicher auch. Die Sinnfrage kann man sich zu allen möglichen Dingen stellen. Sie kann zu Alltäglichem gestellt werden in Bezug auf die eigene Berufung oder die Mission einer Organisation. Die Sinnfrage ist ein essenzieller Future Skill, zum Beispiel dahingehend, wie wir mit unseren ureigenen Gaben einen sinnvollen Beitrag in der Welt leisten können. Und man kann sie auch auf das große Ganze beziehen, wo sie zu einer wahrhaft philosophisch-spirituellen Frage wird. Warum sind wir hier? Warum gibt es überhaupt ein »Hier« und wer ist dieses »Wir«?

Im vorliegenden Kapitel werden wir die große Philosophie eher beiseitelassen und uns die Sinnfrage in Bezug auf die Zukunftsfähigkeit von Menschen und Organisationen stellen. Wir werden Bezug nehmen auf das unternehmerische Handeln und wie motivierend und erfüllend eine als sinnvoll erlebte Arbeit sein kann. Und wir werden sehen, dass mit der Verbindung zum tieferen Sinn jede Menge Transformationspotenzial einhergeht. In diesem Sinne wünschen wir viel Spaß und eine hoffentlich sinnvoll genutzte Zeit beim Lesen!

Grundlagen

Was gibt uns Menschen einen Sinn? Diese Frage ist wohl eine der Ältesten überhaupt und kann nicht pauschal beantwortet werden. Denken wir zurück an die Werteebenen, wonach ein Mensch je nach Entwicklungsebene ganz unterschiedliche Werte als sinnvoll erachtet. Nehmen wir dann noch die Persönlichkeit und die Wesenszüge hinzu, ergibt sich eine fast unendliche Zahl an Dingen, die einem Menschen als sinnvoll erscheinen können. Trotz der vielen Möglichkeiten gibt es aber mittlerweile recht klare Forschungsergebnisse dazu, was Sinn stiftet und wann wir Sinn empfinden.

Sinnforschung

Die an der Universität Innsbruck tätige Sinnforscherin Tatjana Schnell beschreibt in ihrem Buch Psychologie des Lebenssinns vier allgemeine Kriterien, die für die Sinnerfüllung eines Menschen relevant sind: Kohärenz, Orientierung, Zugehörigkeit und Bedeutsamkeit:[56]

- Kohärenz bezeichnet in diesem Zusammenhang vor allem eine Lebensphilosophie, in der einzelne Lebensbereiche sich nicht widersprechen. Ein kohärent lebender Mensch handelt entsprechend seiner Werte, die sich ergänzen und aufeinander aufbauen. Wenn die eigenen Handlungen und Lebensziele zueinander passen, kann von einer kohärenten Lebensführung ausgegangen werden.
- Orientierung meint eine inhaltliche Ausrichtung im Leben, die auch in schwierigen Situationen bestehen bleibt. Menschen mit einer hohen Ausprägung dieser Qualität tun sich leichter, Entscheidungen zu treffen oder Ziele zu definieren und diese konsequent zu verfolgen. Abseits klarer Ziele kann auch ein bewusstes Werte-Set, gelebte Traditionen oder eine spirituelle Ausrichtung dabei helfen, die eigene Orientierung im Leben zu finden.
- Zugehörigkeit steht für die Verbundenheit zu einem größeren Ganzen, sei es die Familie, die Kolleginnen, der Freundeskreis, ähnlich denkende Menschen oder auch eine Gruppe mit gemeinsamen Werten, Idealen oder Zielen. Das Gefühl der Zugehörigkeit geht mit dem Gefühl des Gebrauchtwerdens einher und wirkt Isolation und Entfremdung entgegen.
- Bedeutsamkeit entspricht der wahrgenommenen Wirksamkeit des eigenen Handels und erhöht sich vor allem dann, wenn Entscheidungen oder Handlungen auch zu merkbaren Effekten führen. Je mehr Bedeutung ein Mensch bei seinem Tun empfindet, desto eher wird er seine Handlungen als sinnvoll bzw. sinnstiftend wahrnehmen.

Wenn ein Mensch diese vier Kriterien nun in sein Leben integriert hat, wird er sich und sein Leben eher als sinnerfüllt bzw. sinnstiftend wahrnehmen. Jetzt stellt sich die Frage, welche Werte, Ziele und Überzeugungen der Wissenschaft entsprechend die größte sinnstiftende Wirkung haben. Bezüglich der Ziele ist dies relativ schnell zu beantworten. Extrinsische, von außen an uns herangetragene Ziele, wirken langfristig gesehen nicht sinnerfüllend. Will man ein Ziel also nur deshalb erreichen, weil es Vorteile verschafft, die Familie es so möchte oder der eigene Status erhöht wird, so wird die Motivation bald sinken und das Ziel irgendwann als sinnlos erscheinen. Intrinsische Ziele wirken hingegen langfristig motivierend und sinnstiftend. Stimmen sie mit den eigenen Werten überein und weisen der Kohärenz entsprechend in eine gemeinsame Richtung, so können sie eine stark sinnstiftende Wirkung entfalten.

Zu guter Letzt seien auch noch die Lebensbedeutungen erwähnt. Die Sinnforschung entsprechend der Arbeiten von Tatjana Schnell beschreibt insgesamt 26 sogenannte Lebensbedeutungen oder Orientierungen, denen Menschen folgen. Werden diese aktiv gelebt, so können sie handlungsweisend und sinnstiftend erfahren werden. Von allen beschriebenen Lebensbedeutungen wollen wir hier nur jene zehn genauer erklären, die den Forschungsergebnissen entsprechend die stärksten Sinnstifterinnen sind (▶ Dar. 17).

Dar. 17: Die 10 am meisten sinnstiftenden Lebensbedeutungen (Schnell)

Lebensbedeutung	Inhalt
Generativität	Tun oder Erschaffen von Dingen mit bleibendem Wert
Fürsorge	Fürsorglichkeit und Hilfsbereitschaft
Religiosität	Religiöses Leben und persönliche Gottesbeziehung
Harmonie	Ausgewogenheit und Gleichklang mit sich selbst und anderen
Entwicklung	Zielstrebigkeit und Wachstum
Soziales Engagement	Aktives Eintreten für Gemeinwohl oder Menschenrechte
Bewusstes Erleben	Achtsamkeit und Rituale
Naturverbundenheit	Einklang und Verbundenheit mit der Natur
Kreativität	Fantasie und schöpferische Gestaltung
Gemeinschaft	Menschliche Nähe und Freundschaft

IKIGAI und Purpose-Venn-Diagramm

Eine Philosophie, die beim Thema Sinnstiftung unbedingt Erwähnung finden soll, ist das aus Japan stammende IKIGAI. IKI bedeutet so viel wie »Leben« und GAI steht für »Wert«. IKIGAI könnte also mit Wert des Lebens, Sinn des Lebens oder »das, wofür es sich zu leben lohnt« übersetzt werden. Der Begriff lässt sich bis ins 14. Jahrhundert zurückverfolgen und wird in Japan auch in der Alltagssprache verwendet. Die IKIGAI-Philosophie soll dabei helfen, ein glückliches und sinnerfülltes Leben zu führen.

Bekannt geworden ist IKIGAI durch die Psychologin Kamiya Mieko, die sich um Leprakranke kümmerte und verstehen wollte, warum von der Gesellschaft

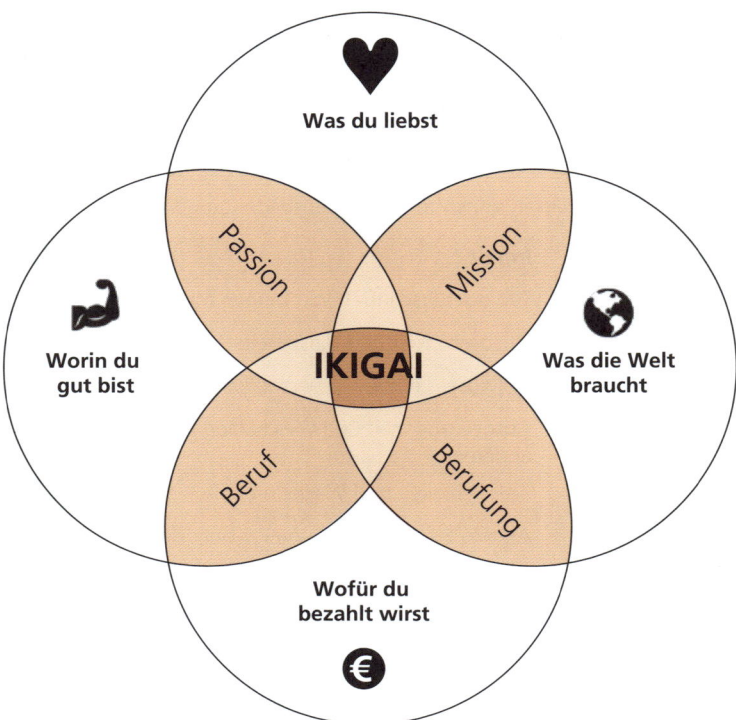

Dar. 18: IKIGAI-Venn-Diagramm

Ausgestoßene morgens überhaupt noch aufstehen. Bezüglich des Sinnes und der Sinnstiftung wurde Mieko u. a. von den Arbeiten Viktor Frankls inspiriert, den sie auch immer wieder zitierte. In ihrem bis heute nur in Japanisch erhältlichen Buch »Ikigai-ni-tsuite« beschreibt sie die Philosophie des IKIGAI wie folgt: »Es gibt für den Menschen nichts anderes, um das Leben voll zu leben, als Ikigai. Deshalb gibt es keine größere »Grausamkeit«, als Menschen ihres Ikigai zu berauben, und es gibt keine größere Liebe, als den Menschen ihr Ikigai zu geben.« [57]

Der Neurowissenschafter Ken Mogi hat später ein Buch zu IKIGAI publiziert, welches auch in deutscher Sprache erhältlich ist. Darin beschreibt er IKIGAI als Philosophie, die hilft, Erfüllung, Zufriedenheit und Achtsamkeit zu finden. In der japanischen Kultur will man IKIGAI in allen Bereichen ins Leben bringen, angefangen bei der Arbeit, über die Partnerschaft, die Beziehungen bis hin zu den eigenen Hobbys. IKIGAI ist ähnlich der zuvor beschriebenen Achtsamkeit mehr als nur ein einfaches und eindimensionales Konzept. Es ist eine Philosophie, deren Ziele man am besten erreicht, indem man die folgenden fünf Säulen beachtet:

1. Klein anfangen
2. Loslassen lernen
3. Harmonie und Nachhaltigkeit leben
4. Die Freude an kleinen Dingen entdecken
5. Im Hier und Jetzt sein

Im Westen kennt man heute IKIGAI im Wesentlichen aus dem Unternehmensbereich. Dort wird es fälschlicherweise oft mit dem Purpose Venn Diagramm von Andrés Zuzunaga verwechselt. Als der Coach Marc Winn das Diagramm von Zuzunaga studierte, verschmolz er es mit der Philosophie von IKIGAI, weshalb das Modell mittlerweile als IKIGAI-Venn-Diagramm bekannt ist. Das so entstandene Modell wird heute oft im Entrepreneurship verwendet, wenn Start-ups, Organisationen oder Teams besser verstehen wollen, wie ihre Projekte Sinn ergeben und was jedes einzelne Gruppenmitglied braucht, um die eigene Arbeit als erfüllend wahrzunehmen.

Sinn und Glück

Für manche Menschen ist Glück gleichbedeutend mit einem Hochgefühl, das man ab und an erlebt. Andere empfinden Glück als ein langfristiges Glücklichsein, welches ein Grundgefühl im Leben darstellt. Der chinesische Philosoph Laotse sah das Glück in der Untätigkeit, wonach der Mensch aufhören muss, dem Glück oder anderen Zielen hinterherzulaufen. Und Aristoteles bezeichnete Glück als das höchste Ziel des menschlichen Lebens und meinte somit den Sinn des Lebens.

Wir Autorinnen möchten Glück und Sinn nicht gleichsetzen, sehen aber beide Begriffe in einer starken Verbindung. Außerdem kann uns das Glück dabei helfen, unsere Auffassung von Sinn besser zu verstehen. Nehmen wir an, eine Frau arbeitet als Ärztin in einer Krankenstation. Von außen betrachtet erscheint dieser Beruf und Lebensweg zutiefst sinnvoll. Möglicherweise hat unsere Ärztin aber nur deshalb Medizin studiert, weil ihre Eltern dies so wollten. Sie selbst wollte Musikerin werden und führt ihren Beruf als Ärztin deshalb nur halbherzig aus. Sie weiß, dass sie Gutes damit tut, empfindet dabei aber kaum Freude. Lebt unsere Ärztin in diesem Fall den tieferen Sinn im Leben aus?

Unserer Auffassung nach tut sie das nicht. Natürlich braucht ein sinnerfülltes Leben auch mal Kompromisse. Aber wenn das Leben zu einem einzigen Kompromiss wird, kann nicht mehr von Sinnerfüllung gesprochen werden, egal wie sinnvoll es für andere aussehen mag. Ein sinnvoll erlebtes Leben muss langfristig gesehen auch glücklich machen, um als solches zu gelten. Die Sinnfrage kann also nicht nur im Außen beantwortet werden, vielmehr muss auch gefragt werden, was für die Gesellschaft oder Natur sinnvoll ist. Die Sinnfrage muss innerlich und äußerlich beantwortet werden entsprechend der Frage: »Was macht Sinn für mich selbst und wie bring ich das in Einklang mit den Bedürfnissen der Gesellschaft und der Natur!«

Das Empfinden von Glück ist unserer Ansicht nach ein wesentliches Kriterium für ein langfristig sinnerfülltes Leben. Nur wer beim eigenen Handeln auch Glück und Freude erlebt, wird seine Tätigkeiten als etwas nachhaltig Sinnstiftendes empfinden. Dies lässt sich auch sehr schön vom IKIGAI-Venn-Diagramm ableiten. Erst wenn man tut, was die Welt braucht und dabei gleichzeitig das tut, was man liebt, ist die tiefere Mission gefunden, mit der man die Welt und auch sich selbst bereichern kann.

Sinnstiftung als Future Skill

Es hat einen Grund, warum wir die Sinnstiftung ans Ende gesetzt haben. Wir Autorinnen sind der Überzeugung, dass man sich mit dem eigenen Sinn am besten erst dann beschäftigt, wenn man innerlich gut aufgeräumt ist und sich der eigenen Werte, Glaubenssätze und Ängste bewusst ist. Denn so geht die Sinnfrage viel tiefer und wird nicht überlagert von alten Vorstellungen, die eigentlich gar nicht mehr zu einem selbst gehören.

Viele Menschen erachten nur jene Arbeit als sinnvoll, die schon Vater und Großvater als sinnvoll erachtet haben. Andere folgen nie ihrem großen Traum, weil sie Angst davor haben, als Träumerinnen abgestempelt zu werden. Und dann gibt es noch jene, die so rational erzogen und sozialisiert wurden, dass ihnen allein der Gedanke an einen tieferen Lebenssinn schon esoterisch anmutet und somit ein No-Go darstellt.

Wenn oben beschriebene Menschen nun dazu aufgefordert werden, sich die Sinnfrage zu stellen, werden sie darauf nur schwer eine authentische Antwort finden. Viel eher wird die Antwort so ausfallen, wie es ihnen die Familie, die Kolleginnen oder ihr aktuelles Weltbild vorgeben. Das ist nicht unbedingt schlecht, allerdings weit von dem entfernt, was wir unter Sinnstiftung verstehen.

Alte Erlebnisse und Berufung

Wenn wir über unsere Berufung oder den tieferen Sinn unserer Arbeit nachdenken, sollten wir uns im Vorfeld schon genügend Gedanken über uns und unsere früheren Erlebnisse gemacht haben. Lass uns diese These anhand einiger Beispiele erläutern:

- Was hat Mahatma Gandhi zu einem engagierten und beherzten Kämpfer für Gleichberechtigung und Indiens Unabhängigkeit gemacht? Laut eigenen An-

gaben gab es einen Schlüsselmoment in einem Zug in Südafrika, wo er aufgrund seiner Hautfarbe des Zuges verwiesen wurde.
- Warum hat der niederländische Erfinder Boyan Slat mit Ocean Cleanup ein System entwickelt, mit dem Plastik aus den Weltmeeren gefischt werden kann? Weil er als Sechzehnjähriger beim Tauchen in Griechenland schockiert war über die vielen Plastikteile, die an ihm vorbeischwammen. Und weil ihm alle sagten, da könne man nichts machen.
- Warum hat die Wienerin Renée Hanslik begonnen, Süßigkeiten ohne Fruktose, Laktose oder künstliche Süßstoffe herzustellen? Unter anderem deshalb, weil ihr jüngster Sohn von Geburt an keine Laktose vertrug und auch andere Familienmitglieder plötzlich Beschwerden aufgrund von Intoleranzen bekamen.

Egal ob auf der großen Weltbühne oder in unserem ganz normalen Alltag, oft sind es frühere Erlebnisse und damit verbundene Emotionen, die uns den Weg zu einem sinnerfüllten Leben weisen. Diese Erlebnisse sind dabei nicht immer freudig, sondern im Gegenteil, manchmal verstörend, beängstigend oder auch mit Schmerz verbunden. Wenn wir nun hinsehen, anstatt wegzusehen, kann ein solches Erlebnis dabei helfen, ein uns wichtiges Thema näher zu betrachten. Denn es hat meist einen Grund, warum ein Erlebnis eine starke Emotion in uns hervorruft. Wir können dadurch erfahren, was uns wirklich wichtig ist im Leben und worin wir Sinn finden.

Jeder Mensch hat solch prägende Erlebnisse. Der Unterschied zwischen jenen, die ihr Leben sinnfrei leben und jenen, die sinnerfüllt durchs Leben gehen, ist oft der, dass letztere den eigenen Erlebnissen eine tiefere Bedeutung zuschreiben. Sinnerfüllte Menschen nehmen das Erlebte oft intensiver wahr, spüren nach, machen sich Gedanken und leben ihr Potenzial entsprechend stärker aus als andere.

Dabei muss es aber nicht immer um die großen und weltbewegenden Vorhaben gehen. Nein! Wir können nicht alle von heute auf morgen die Gleichberechtigung herbeizaubern, die globale Klimakrise lösen oder im Sozialunternehmertum erfolgreich werden. Das wäre utopisch und vermessen. Es würde sich aber schon viel ändern, wenn wir den für uns sinnvoll erscheinenden Sachen nachgehen und unser eigenes Handeln immer stärker entsprechend unseren Werten und Lebensbedeutungen ausrichten.

Wenn du Zeit deines Lebens Handwerkerin warst und dich das Gegeneinander auf heutigen Baustellen wütend macht, dann drück deine Wut auf bewusste Weise aus und mach Vorschläge, wie es besser gehen könnte. Wenn du dich seit Jahren jeden Abend vor dem Fernseher über die Politik aufregst, dann hör auf mit dem Fernsehen oder besser, engagiere dich in einem Bereich, der dich besonders aufregt. Wenn es dich zutiefst traurig macht, wie viele Kinder heute in Armut leben, dann komm in die Gänge und tu mehr als einfach nur zu spenden. Und wenn du als Frau jedes Mal verkrampfst, wenn dein langjähriger Geschäftspartner dich als seinen Partner und nicht als seine Partnerin vorstellt, dann stell ihn versehentlich auch mal als Partnerin und nicht als Partner vor. Glaub uns, das wirkt!

Wir müssen beginnen, wieder mehr hinzuhören auf das, was uns wütend, ängstlich oder traurig macht. Das ist einer der Schlüssel für ein sinnerfülltes und authentisches Leben. Natürlich können wir nicht bei allen Problemen, die uns wichtig erscheinen, mitmischen. Aber es gibt immer den einen oder anderen Bereich, der uns besonders berührt und wo es genau nach unseren Gaben verlangt. Dort ist dann meist der Platz, wo wir auch Sinn finden. Hinter jeder Emotion steckt eine enorme Kraft, wenn sie achtsam wahrgenommen und verstanden wird. Und diese Kraft können wir nutzen, um unser Berufsleben wie auch unser Privatleben noch sinnvoller zu gestalten.

Sinnstiftende Klimaangst

Unsere Erlebnisse und die damit verbundenen Emotionen haben einen starken Einfluss auf unseren Lebensweg. Auch die Angst als eines der stärksten Gefühle darf hier nicht außer Acht gelassen werden. In den meisten Fällen wird Angst entweder so stark erlebt, dass sie unser rationales Denken völlig ausschaltet und uns rein emotional handeln lässt. Oder sie wird so stark verdrängt, dass wir innerlich resignieren und die auslösende Bedrohung einfach nicht mehr wahrnehmen, ernstnehmen oder im Gegenteil, als zu groß empfinden, um irgendetwas dagegen zu tun. Das ist schade, denn Angst kann sehr sinnstiftend wirken, wenn sie bewusst, dosiert und im besten Fall als informatives Gefühl erlebt wird.

Denk bitte noch einmal an all die Klimaaktivistinnen, die tagtäglich auf die Straße gehen oder sich im Internet für Klimagerechtigkeit einsetzen. Was viele von ihnen eint, ist die Angst vor der drohenden Klimakatastrophe. Diese Angst veranlasst sie dazu, aktiv zu werden und sich zu engagieren. Solange diese Angst nicht zu stark wird und in Ohnmacht oder Überforderung mündet, stellt sie also einen wirkmächtigen inneren Motor dar. Natürlich verlangt es den besagten Aktivistinnen nach einer hohen emotionalen Kompetenz in Bezug auf die eigenen Ängste. Lassen sie diesen Aspekt unbeachtet, so besteht die Gefahr, mittelfristig auszubrennen, zu resignieren oder nur noch verbittert weiterzumachen.

Um ihre sinnzentrierte Motivation müssen sie sich aber kaum Sorgen machen. In über 15 aktiven Jahren im Bereich der Nachhaltigkeit haben wir noch keine Jugendlichen oder Erwachsenen getroffen, die ihren Einsatz für eine bessere Welt als per se sinnlos erachteten. Solange die Leute emotional stabil bleiben, bleibt auch die Motivation ungebrochen und das eigene Engagement wird als sinnstiftend und erfüllend wahrgenommen.

Von der Consumerin zur Prosumerin

In unserer alten und linearen Wirtschaftswelt war es immer klar geregelt, wer welche Güter und Dienstleistungen produziert und wer sie konsumiert. Dieses zentralistisch strukturierte System wird spätestens seit Einführung des Internets völlig durcheinandergewirbelt und langfristig gesehen nicht haltbar sein. Der immer stärker werdende Wunsch der Menschen, ihrem Leben einen Sinn zu verleihen, ist ein Mitgrund dafür.

Nehmen wir die aktuelle Medienwelt als Beispiel zur Hand. Heute will man Nachrichten nicht mehr nur konsumieren, man will sie auch kommentieren, in Frage stellen, Feedback geben oder mit eigenen Erkenntnissen zur Diskussion beitragen. Einfach nur lesen ergibt für viele Menschen keinen Sinn, sie wollen mehr. Durch das Aufkommen sozialer Medien ist diese Mitgestaltung sehr einfach möglich geworden. Und auch wenn es mittlerweile an vielen Stellen über Hasskommentare oder Falschnachrichten zu Problemen führt, so können die sozialen Medien den Wunsch der Menschen, selbst etwas beizutragen, bis zu einem gewissen Grad erfüllen.

Noch deutlicher wird die Idee der Prosumerin am Energiemarkt sichtbar. Wo einst ein paar wenige Unternehmen den Markt unter sich aufgeteilt haben, gibt es heute Millionen Prosumerinnen, die über ihre Dachsolaranlagen ökologisch produzierten Strom sowohl ins Netz liefern als ihn auch von dort beziehen. Natürlich muss dazu eine technische Infrastruktur geschaffen werden, die Netzausfälle und Überlastungsprobleme verhindert. Abgesehen davon ist diese Entwicklung am Energiemarkt aber sehr vielversprechend. Denn durch die Möglichkeit zur aktiven Mitbestimmung kann eine Gesellschaft entstehen, die beispielsweise über lokale Energiegemeinschaften in Energiefragen künftig ein Wörtchen mitzureden hat. Angesichts der aktuellen Energiekrise 2024 wäre das unserer Ansicht nach – und auch unserer Energierechnung nach – sehr wünschenswert!

Der moderne Mensch möchte nicht mehr nur einer von Millionen Arbeitskräften sein, dessen Schicksal von ein paar wenigen Entscheidungsträgerinnen abhängt. Der moderne Mensch möchte mitentscheiden und die Geschichte, zumindest im Kleinen, mitgestalten. Die Welt, die daraus entstehen kann, ist sicherlich gemeinschaftlicher und fairer aufgebaut als unsere heutige Welt. Diese größere Mitgestaltung geht natürlich auch mit einer größeren Verantwortung einher. Wenn Menschen einen Sinn in ihrem Handeln sehen, werden sie aber auch dafür eine Lösung finden und das nötige Verantwortungsbewusstsein entwickeln. Zumindest dann, wenn sie sich den inneren Zukunftskompetenzen widmen.

Freude schlägt Gene

Im Jahr 1938 begann man an der amerikanischen Harvard Medical School mit einer Studie zur Erforschung der Entwicklung erwachsener Männer. Begonnen wurde die sogenannte Grant-Studie mit 268 Männern. In den 1970er Jahren kamen dann mit der Glueck-Studie nochmal über 400 Männer hinzu. Später wurden auch die Frauen der teilnehmenden Männer beforscht und heute werden selbst die Nachkommen miteinbezogen. Die eingesetzten Methoden reichen von Interviews über Fragebögen bis hin zu physischen und psychischen Untersuchungen. Worum geht es nun bei dieser bereits über 80 Jahre andauernden Langzeitstudie?[58]

Grob gesagt will man herausfinden, was Menschen brauchen, um ein glückliches und gesundes Leben zu führen. Die Ergebnisse der Langzeituntersuchung sprechen dabei eine eindeutige Sprache: Freude schlägt Gene! Das Empfinden von Glück und Freude hat eine größere Auswirkung auf unsere Gesundheit als unser sozialer Status, unser Intelligenzquotient oder unsere Gene. Die Gemeinschaft wird dabei stets als wichtigster Faktor am Weg für ein erfülltes Leben genannt. Jene Personen, welche die Gemeinschaft als für sie wichtige Lebensbedeutung erwählt haben, leben länger und gesünder als andere. Enge Beziehungen zur Familie, zur Verwandtschaft und zum Freundeskreis helfen dabei, den mentalen wie auch physischen Verfall im Alter einzuschränken. Die Studienautorinnen weisen außerdem darauf hin, dass die mentale Gesundheit und die Fähigkeit, Beziehungen zu führen, ebenso wichtig sind für das leibliche Wohl oder Glücksempfinden wie die Aufrechterhaltung der physischen Gesundheit. Und wer glücklich, zufrieden, sinnerfüllt und in eine Gemeinschaft eingebunden lebt, bracht auch nachweislich weniger materielle Ressourcen!

Sinnstiftung in Organisationen

Muss wirklich immer alles sinnvoll sein? Die Generation Y, also die in den 1980er- und frühen 1990er Jahren Geborenen, wollen in jeglichem Tun einen Sinn sehen. Das sagt man dieser Generation jedenfalls nach und da auch wir Autorinnen noch zu dieser Generation gehören, können wir das größtenteils bestätigen. Sinnerfüllung ist heute ein immens wichtiger Aspekt des Lebens und seitdem die Generation Y in die Führungspositionen drängt, ist der Faktor Sinn auch zum Wirtschaftsfaktor geworden. Kaum eine moderne Organisation kann es sich heute noch leisten, nicht über den Sinn des eigenen Schaffens nachzudenken und dies zu kommunizieren. Was Sinn unternehmerisch bedeutet und wie man das eigene Sinnempfinden im Beruf ausleben kann, darüber berichten wir im folgenden Abschnitt.

Sinnökonomie

Wer sich mit dem Thema Sinn auseinandersetzt, kommt an neuen wirtschaftlichen Handlungsprinzipien wie der Gemeinwohlökonomie, der Donut-Ökonomie oder der Sinnökonomie nicht vorbei. Letztere wurde hauptsächlich durch Aaron Hursts Bestseller The Purpose Economy bekannt und ist seither ein vieldiskutiertes Thema in Wirtschaftskreisen. Laut Hurst wird die nächste Wirtschaftsepoche eine sein, in der nicht mehr der Umsatz einer Organisation den Ton angibt, sondern deren Einfluss auf die Gesellschaft und die Umwelt. Um der Sinnökonomie gerecht zu werden, muss eine Organisation dabei drei Kriterien erfüllen:[59]

1. Persönliche Sinnstiftung
2. Soziale Sinnstiftung
3. Gesellschaftliche Sinnstiftung

Sinn wird also nicht als rein äußere Komponente verstanden. Bei der persönlichen Sinnstiftung geht es im Wesentlichen darum, den Mitarbeiterinnen die Möglichkeit zu geben, ihre individuellen Fähigkeiten ausschöpfen zu können und innerlich zu wachsen. Der soziale Sinn bezieht sich auf die Interaktionen und den Austausch innerhalb wie auch außerhalb der Organisation. Kurz gesagt, muss die Organisation imstande sein, Raum zu schaffen für das Bedürfnis nach sozialen Beziehungen. Die gesellschaftliche Komponente zielt schließlich darauf ab, die aktuellen Krisen in den Griff zu bekommen und Lösungen zu finden in Bezug auf unsere gesellschaftlichen und umweltbezogenen Probleme.

Sinnerfüllung in der Arbeit

Wenn die Sinnökonomie ganz oder teilweise in Organisationen integriert wird, verändert das nicht nur die Arbeit an sich, sondern auch die arbeitenden Menschen. Eine klare und inspirierende Mission hilft den Mitarbeiterinnen, sich stärker mit der Organisation zu identifizieren. Wenn die Ziele der Organisation dann noch mit den eigenen Zielen übereinstimmen oder sich ergänzen, sind wir mit mehr Freude und Leidenschaft bei der Arbeit, sehen die Möglichkeit, uns selbst zu verwirklichen und das eigene Handeln wird als sinnstiftend wahrgenommen. Schon Viktor Frankl bezeichnete diese sinnzentrierte Motivation als die höchstmögliche Motivation beim Menschen.

Das Erleben von Sinn gibt uns zudem Klarheit, was wir erreichen möchten und wo unsere tieferen Interessen liegen. Egal ob privat oder beruflich, wir können uns nicht jedem wichtigen Thema widmen. Sinnerfüllung hilft dabei, zu selektieren, was wirklich wichtig ist und wofür wir unsere begrenzten Ressourcen einsetzen wollen. Dadurch empfinden wir mehr Zufriedenheit und sind entspannter und resilienter in Bezug auf das Erreichen unserer Ziele. Eine japanische Studie rund um die IKIGAI-Philosophie fand außerdem heraus, dass sinnerfüllte Menschen länger und gesünder leben, ein geringeres Risiko von Herz-Kreislauferkrankungen haben, seltener an Krebs leiden und auch eine bessere psychische Gesundheit aufweisen.[60]

Abseits der Resilienz wird noch eine weitere Zukunftskompetenz bedeutend gestärkt. Wer die eigene Arbeit als sinnvoll erachtet, traut sich in der Regel auch mehr zu. Sinnstiftung und Selbstwirksamkeit hängen zusammen. So interpretieren wir etwa die emotionale Erregung bei sinnstiftenden Herausforderungen eher als etwas Positives als bei Aufgaben, denen wir keinen Sinn zuschreiben. Darüber hinaus erhöht Sinn auch die Vorstellungskraft. Eine positive und erstrebenswerte Vision lässt sich leichter imaginieren als eine Vision, die man nicht teilt oder anstrebt.

Workmonitor 2023

Das Personalunternehmen Randstad erstellt seit 2003 jährlich eine der größten Studien rund um das Thema Arbeit. In der Version von 2023 wurden 35.000 Arbeitnehmerinnen zwischen 18 und 67 Jahren in 34 Märkten befragt. Auch Österreich, Deutschland, Italien und die Schweiz waren mit dabei. Eines der fünf publizierten Schlüsselergebnisse war »Belonging – Alignment of values is key«. Auf Deutsch übersetzt bedeutet dies, dass sich die befragten Menschen eine Organisation als Arbeitgeberin wünschen, die mit ihren Werten übereinstimmt und Sinn stiftet. 57 Prozent gaben dabei an, dass ihre aktuelle Organisation dies erfüllt. Ein hoher Wert! Und dennoch gibt es noch viel Luft nach oben.[61]

Auch bezüglich der nun in den Arbeitsmarkt strömenden Generation Z liefert der Workmonitor spannende Ergebnisse. Die zwischen 1995 und 2010 Geborenen weisen ein noch größeres Bedürfnis nach Sinn auf als ältere Generationen. So würden beispielsweise 52 Prozent der 18- bis 24-Jährigen keinen Job akzeptieren, der nicht mit ihren sozialen und ökologischen Werten übereinstimmt. Bei den über 45-Jährigen sind es hingegen nur 37 Prozent. Ein Ergebnis, das vermutlich auch mit der familiären Situation in Zusammenhang steht. Jüngeren Menschen

Dar. 19: Ausgewählte Ergebnisse zu »Belonging« aus dem Workmonitor 2023

Aussage	Welt	Österreich, Deutschland	Schweiz	Italien
1: »Ich akzeptiere keinen Beruf, der nicht mit meinen öko-sozialen Werten übereinstimmt.«	42 %	36 %	42 %	35 %
2: »Ich fühle mich bezüglich Werte und Sinn mit meiner Organisation im Einklang.«	73 %	69 %	71 %	66 %
3: »Meinen Beruf empfinde ich als sinnvoll.«	57 %	52 %	55 %	50 %

fällt es nun mal leichter, ein Jobangebot abzusagen, als einer älteren Person mit eigener Familie und einer dementsprechend höheren Verantwortung.

Für Organisationen ist dies jedoch irrelevant. Sie brauchen junge Arbeitskräfte nämlich mehr denn je. Der Fachkräftemangel hier in Mitteleuropa wird in Zukunft wohl noch ansteigen. Das führt dazu, dass sich die jungen Leute aussuchen können, für wen sie arbeiten und für wen nicht. Aus manchen Führungskreisen hört man deshalb gern, dass die junge Generation einfach nicht mehr arbeiten will. Wir selbst können das nicht feststellen. Es ist wohl eher so, dass die jungen Leute ihre neue Position als begehrte Arbeitskräfte verstanden haben und nun auch etwas geboten bekommen wollen. Organisationen, deren Wirtschaftsverständnis noch im alten Jahrhundert ruht, werden irgendwann nur mehr Arbeitskräfte finden, die im alten Jahrhundert sozialisiert wurden. Denn das neue Jahrhundert ist ein Jahrhundert der Sinnstiftung!

Golden Circle

Wenn ein Modell zum Thema Sinn im letzten Jahrzehnt die Welt erobert hat, dann ist es der Golden Circle von Simon Sinek. Sinek ist ein britisch-US-amerikanischer Anthropologe, Unternehmensberater und einer der meist-zitierten Redner weltweit. Mit der Theorie zum goldenen Kreis legt er jeder Organisation nahe, nicht danach zu fragen, was man tut, sondern warum man es tut. Denn wenn die Mitarbeiterinnen den Sinn eines Unternehmens verstehen, sind sie viel leidenschaftlicher bei der Sache und intrinsisch motivierter.[62]

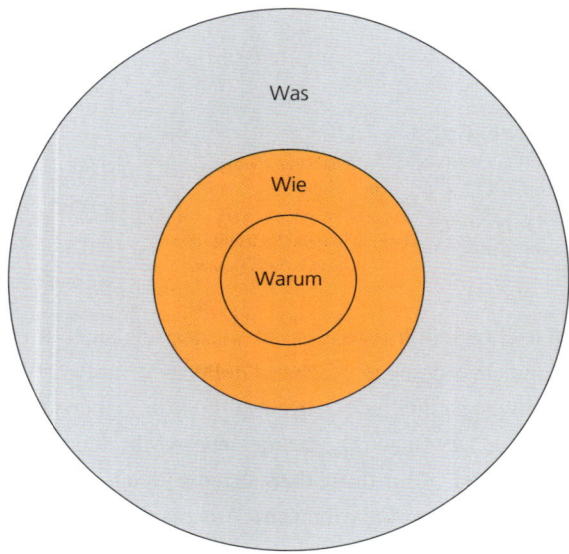

Dar. 20: Goldener Kreis (Sinek)

Das »Was« einer Organisation ist schnell gefunden. Es beschreibt die Produkte oder Dienstleistungen und ist in der Regel leicht verständlich. Das »Wie« geht schon weiter und grenzt das eigene Angebot vom Angebot anderer Organisationen ab. Es könnte auch mit dem bekannten USP oder Alleinstellungsmerkmal übersetzt werden. Das »Warum« ist nun der Schlüssel zum Sinn einer Organisation. Mit dem »Warum« fragen wir nach den tieferen Beweggründen für die Existenz einer Organisation. Warum existiert die Organisation? Welchen Beitrag liefert sie und welche Wirkung kann sie entfalten in Bezug auf die Gesellschaft und den Planeten?

Erst die Kommunikation vom »Warum« einer Organisation kann Menschen wirklich inspirieren. Sinek vergleicht das »Was« mit dem Neokortex im Gehirn und das »Wie« bzw. das »Warum« mit dem limbischen System. Mit der Antwort darauf, »was« ein Unternehmen tut, sprechen wir lediglich die Ratio an und vermitteln Wissen, Daten und Fakten. Entscheidungen werden aber hauptsächlich im limbischen System getroffen. Das »Warum« kann dies leisten, denn es spricht nicht nur die rationale, sondern auch die emotionale Ebene an. Wer sein Warum also kommunizieren kann, kann Menschen begeistern, motivieren und zuletzt für sich und seine sinnstiftende Sache gewinnen.

Apple und Sinn

Um die Theorie rund um das »Warum« noch besser darzustellen, wollen wir dir zum Abschluss eine Geschichte über das Unternehmen »Apple« erzählen. Kaum eine zweite Organisation hat in den letzten Jahrzehnten mehr innovative und teils disruptive Produkte auf den Markt gebracht wie die Firma von Steve Wozniak und Steve Jobs. Während Wozniak das Genie bezüglich Technik war, verstand es Jobs meisterhaft, andere Menschen zu inspirieren. Apple kommunizierte nicht, dass sie Computer bauen wollen. Sie kommunizierten, dass sie das Bestehende in Frage stellen und dass sie mit dem Computer jeder Einzelperson in ihrer Wohnung dieselbe Macht verleihen möchten, wie sie Unternehmen oder Regierungen haben.

Bestes Beispiel dafür ist der an George Orwells dystopischem Roman 1984 angelehnte erste Werbespott vom Apple Macintosh Computer. In einer Halle sitzen graue Männer und starren willenlos auf einen riesigen Bildschirm, der ihnen Befehle oder Parolen vermittelt. Eine junge Frau mit Schlaghammer läuft parallel dazu durch dunkle Gänge und wird von uniformierten Personen mit Schlagstöcken verfolgt. Ehe die Uniformierten sie erwischen, gelangt sie in die Halle und schleudert ihren Hammer gegen den Bildschirm. Dieser zerbricht, die Menschen vor dem Bildschirm wachen auf und ein Text erscheint: »On January 24th, Apple Computer will introduce Macintosh. And you'll see why 1984 won't be like ›1984‹«. Im Video selbst sieht man kein einziges Mal einen Computer. Der Werbespot transportiert weder ein »Wie« noch ein »Was«, dafür ein umso stärkeres »Warum«. Und dieses »Warum« war vermutlich der Hauptgrund, warum Apple irgendwann zur wertvollsten Marke weltweit aufstieg und die großen, traditionellen Industriekonzerne hinter sich ließ.

Wenn du jetzt fragst, ob wir diesen Text auf einem Apple PC geschrieben haben, müssen wir das verneinen. Wir sind mit Windows aufgewachsen und waren nie sonderlich computeraffin. Auch sind wir uns bewusst, dass Apple mittlerweile ein großes Unternehmen ist, nicht immer rein sinnzentriert handelt und vieles vom alten Spirit und »Warum« verloren gegangen ist. Allerdings weisen die Elektronikprodukte von Apple laut Greenpeace Greener Electronic Guide 2017 die besten ökologischen Kennzahlen auf. Nur das auf Mobiltelefone spezialisierte Unternehmen »Fairphone« schneidet besser ab als Apple. Trotz der berechtigten Kritik scheint Apple also selbst hier wieder einen besonderen Weg zu gehen.[63]

Interview mit Alexandra Traun

Alexandra Traun ist selbständige Unternehmerin in den Bereichen Entwicklungsbegleitung und Coaching. Sie war in den 1990er Jahren eine der wenigen, weiblichen Geschäftsführerinnen in der Chemiebranche und eine Vorreiterin in den Bereichen Sinnstiftung und Potenzialentfaltung im Unternehmenssektor. Dass der Mensch im Mittelpunkt des Wirtschaftens stehen muss, war für sie lange zentral. Heute ist sie selbstständig tätig und betreibt zudem einen Podcast in »Ein Kurs in Wundern«. Wir kennen Alexandra als ungemein präsente Frau und freuen uns, dir hiermit einen kleinen Teil ihrer Geschichte vermitteln zu können.

Liebe Alexandra, wie bist du zum ersten Mal mit dem Thema Sinnstiftung in Berührung gekommen?

Alexandra Traun: Das war Anfang der 1990er. Ich habe damals in einer PR-Agentur gearbeitet und mich im Marketing bei Lysoform beworben, einem Marken-Unternehmen für Reinigungs- und Desinfektionsmittel. Dort habe ich mich dann rein gearbeitet und bin – kurz gesagt – irgendwann in der Geschäftsführung angekommen. Ich kann schon sagen, dass ich damals eine sehr gute Zeit hatte.

Ich habe mich dann, nachdem wir erfolgreich waren und mit Hilfe von tollen Partnern gute Umsätze und gute Gewinne hatten, in der Früh immer mehr gefragt, warum und wofür ich das mache? 50.000 Stück mehr verkaufen oder weniger, ist es das? Unsere Mitarbeiter waren schon zufrieden. Mit den Lieferanten hatten wir gute Beziehungen und mit unseren Kunden ebenso. Worum geht es also? Da hab ich begonnen, ganz stark die Frage nach dem Sinn von allem zu stellen.

Wie ist das weitergegangen? Hast du Antworten bekommen?

Der Sinn war mir schon in meiner Jugend wichtig, aber da wurde es mir im wirtschaftlichen Kontext zum ersten Mal so richtig bewusst. Die Biologie zeigt uns ja, dass in der Natur alles auch mal stirbt und nicht ewig weiterlebt. Wir in der Wirtschaft sollen hingegen immer wachsen. Das hat für mich keinen Sinn mehr ergeben und da habe ich dann sehr starke Fragen gehabt. Die waren fast schon existenziell und um nicht zu gehen, musste ich Antworten finden.

Damals in den 90ern gab es einmal jährlich in Fuschl einen Kongress der Geschäftsführer aus Handel und Industrie. Da waren 1000 Menschen vor Ort, sagen wir 920 Männer und 80 Frauen. Ich kannte den Veranstalter und durfte mir deshalb aussuchen, wo und neben wem ich sitzen will beim Abendessen. Ich hatte mir gewünscht, neben DM-Geschäftsführer Götz Werner zu sitzen und auch er hatte sich das erbeten. Da saßen wir dann, haben zu Abend gegessen und waren bis 5 Uhr früh im Gespräch.

Die Fragen, die ich hatte, sind auf seine Fragen getroffen und ich habe bemerkt, dass er punktgenau verstanden hat, was mich umtreibt und plagt. Wir haben dann stundenlang darüber geredet, was es braucht für die Zukunft, worum es wirklich geht im Leben und dass der Mensch mehr ist als jemand, der einfach nur Produkte erzeugt und damit Gewinne macht. Denn wovon sind Gewinne die Folge? Gewinne folgen ja immer auf etwas und sind nicht das Ziel per se.

Götz Werner hat die Entwicklung des Menschen selbst als Ziel gesehen. Er hat immer davon gesprochen, die Veredelung des Menschen im Blick zu haben. Wie war nochmal eine seiner Aussagen?! Ach ja, Zutrauen veredelt den Menschen, ewige Vormundschaft hemmt sein Reifen. Götz ist dann ein Mentor geworden für mich und war mir eine sehr bedeutsame Begleitung in meiner gesamten Wirtschaftszeit. Zudem durfte ich enorm profitieren von den Entwicklungen bei DM und hab sehr viel gelernt, wie man ein Unternehmen auch anders führen kann.

Wie kann man ein Unternehmen anders führen und wie lässt sich Sinnstiftung in großen Unternehmen umsetzen?

Du brauchst eine Frage im Leben. Mir selbst kommen da zuallererst die Worte von Goethe in Erinnerung: »Sage mir, mit wem du dich umgibst, und ich sage dir, wer du bist. Sage mir, womit du dich beschäftigst, und ich sage dir, was aus dir werden kann.« Diese Worte haben mich geprägt und mir gezeigt, wie wichtig die eigenen Gedanken sind und womit man sich beschäftigt.

Wenn ich mich darauf fokussiere, dass die Menschen zufrieden sind, ist das ein ganz anderer Fokus als jener, wo ich mich auf das Geldverdienen ausrichte. Ich habe damals begriffen, dass Geld die Folge zufriedener Menschen ist und dass wir uns als mehr verstehen müssen als nur als Körper, die herumwandeln und Handlungen ausführen. Wir haben dann im Unternehmen begonnen, das Zutrauen in den Menschen maximalst zu fördern. Keine Vormundschaft, keine Befehle, die Leute stattdessen freilassen, Fehler machen lassen und eine enorme Fehlertoleranz entwickeln. Jeder Mensch ist kreativ auf seine Art, was ihn wunderbar einzigartig und wichtig macht für das ganze Team.

Damals durfte ich lernen, wie man die unglaubliche Schönheit jedes einzelnen Menschen sehen kann und wie man ihn mit all seinen Potenzialen und Schwächen anerkennt – und nicht hingeht, um zu sagen: »Du hast was falsch gemacht.« Wenn ich Freude dabei empfinden kann, dass andere Menschen sich ausprobieren und keine Angst haben müssen, wenn mal was schiefgeht oder mehrfach schiefgeht, dann befördert das ein Klima, wo die Leute gern zur Arbeit kommen. Und dann kommen sie auch gerne mal früher und bleiben gerne länger, wenn es sein muss.

Ich kann mich an Menschen erinnern, die damals zu mir ins Büro gekommen sind und gesagt haben: »Frau Traun, ich möchte auch bei Ihnen arbeiten, ich habe so Wunderbares gehört. Geben Sie mir irgendeine Arbeit, geben Sie mir irgendwas, egal, ich mach alles.« Und ja, das war wirklich schön und das ist ein Beispiel dafür, was passieren kann, wenn man den Menschen im Blick hat.

Danke, unglaublich schöne Geschichte! Jetzt interessiert mich natürlich, wie man solch eine Haltung bei sich entwickeln kann.

Da gibt es natürlich viele Aspekte, um auf diese Frage zu antworten. Der für mich Wichtigste ist das Bild, das ich von den Menschen habe. Ich habe damals schon lange meditiert und mich für die Innenwelten des Menschseins interessiert. Später wurde ich mit der Anthroposophie bekannt gemacht und durfte das ganzheitliche Menschenbild kennenlernen. Da habe ich immer stärker festgestellt, dass es zum Beispiel einen Unterschied macht, ob und wie man auf andere schaut und sie fördern möchte. Aber es spielt auch eine große Rolle, wie man am Abend schlafen geht und wie man aufsteht.

Du kannst zum Beispiel abends bewusst innehalten, den Tag nochmals Revue passieren lassen, ein wenig reflektieren, was war und wo du wie hättest anders denken und handeln wollen; und Du kannst die Dinge vergeben, die durch deine Widerstände und Emotionen vielleicht nicht so gut gelaufen sind. Vergeben heißt für mich: Du schaust mit dem Blick der Liebe darauf und fragst die Liebe, wie sie das Ganze sieht und wie sie sich verhalten würde. Und dann wirst du nach und nach erleben, dass dein Blick sanfter und liebevoller wird. Daraus kommt sehr viel Freiheit. Denn anstatt gewohnheitsmäßig zu reagieren, öffnen sich Geist und Herz für Inspirationen und ein ganz neues Sehen der Welt.

Man kann das Leben unbewusst leben oder man kann Bewusstsein schaffen. Und wer Bewusstsein hat, der hat auch Verantwortung. Je mehr Bewusstsein du hast, desto mehr steigt deine Verantwortung, weil du natürlich mehr Dinge siehst.

Ich stehe in der Früh nicht auf, ohne mich zuvor meinem höheren Selbst zuzuwenden und mit ihm ins Gespräch zu gehen. Diesen inneren Dialog mit meiner Seele, der Liebe, Christus – wie auch immer man das nennen mag – hatte ich übrigens schon als Jugendliche. Im Dialog bitte ich dann darum, geführt zu werden in dem, was ich tun und bewirken kann und das verhilft mir zu einer sehr klaren Ausrichtung für den Tag. Diese Innenschau hat mich auch gelehrt, jeden Menschen als selbstmotivierten Menschen zu begreifen, der an sich das Gute will, der seine Potenziale maximal einbringen möchte und nicht von außen motiviert werden muss. Dadurch kann ich deine Eingangsfrage am besten wie folgt beantworten: Sinnstiftendes Unternehmertum findet dann statt, wenn wir es schaffen, so zusammenzuarbeiten, dass jeder sich selbst treu sein kann.

Sehr inspirierend. Danke für die Einsichten in dein unternehmerisches Schaffen! Ab hier möchte ich nun auf die persönliche Ebene wechseln. Als Coach und Trainer stell ich mir oft die Frage, wie ich anderen Menschen dabei helfen kann, ihrem tieferen Sinn näherzukommen. Hast du darauf eine Antwort? Wie sucht bzw. findet man Sinn?

Eine schöne Frage. Wie sucht man Sinn?! Was bei mir kommt, ist, dass das Leben in gewisser Weise ein Dialogpartner ist und einem immer genau das bringt, womit man sich gerade auseinandersetzen darf. Hier gut hinzusehen und diesen Strom des Lebens lesen zu lernen, zu begreifen, was von einem gebraucht wird, wie man den Mitmenschen und dem Leben am besten dienen kann und wie die eigene Rolle darin aussieht, ist meines Erachtens essenziell, um sinnvoll zu leben. Wir sind hier, um einander hilfreich zu sein. Und wir haben alle eine andere Rolle in diesem höheren Plan des Seins. Die Antworten auf die Fragen des Lebens findet man im eigenen Geist und Herzen. Je mehr wir unseren Geist schulen und freihalten von störenden Gedanken, umso bereiter werden wir sein für die innere Führung und Ausrichtung. Deshalb sehe ich es als wichtig an, dem Leben zu lauschen, dabei gut hinzuhören und die eigene Aufgabe zu erkennen, um sie bestmöglich zu erfüllen.

Wie ist deine Rolle im Leben? Oder anders gefragt, was erfüllt dich mit Sinn?

Ganz bedeutsam ist für mich die innere Arbeit. Da gehen wir jetzt mehr in die Tiefe. Ich habe irgendwann erkannt, dass wir nicht weiterkommen, wenn wir im Außen die Probleme suchen und die Schuld auf andere schieben, die Macht nach außen geben und uns abhängig machen von den äußeren Umständen, vom Partner oder von dem, was uns nicht passt und nicht freut. Durch ehrliche Innenschau werde ich bereit, Verantwortung für mich und mein Handeln zu übernehmen.

Am Weg dorthin hat mir ein Buch geholfen. Es ist ein universeller Lehrplan und heißt »Ein Kurs in Wundern«. Da gibt es einen Theorieteil und einen Übungsteil, der praktiziert und geübt werden möchte. Das Herzstück davon ist etwas, das sich »Kurs der Vergebung« nennt und ich vorhin schon ein wenig beschrieben habe. Anstatt also nach einem schmerzlichen Ereignis oder Konflikt in die Beschuldigung zu gehen, nach außen zu gehen und einen Krieg anzuzetteln, gehst du nach innen. Du erkennst deine eigenen Projektionen, nimmst sie zurück und vergibst dir und dem anderen. So wechselst du die Ebene und steigst nicht auf das Ego-Denksystem ein.

Denn im Ego-Denksystem machen wir uns wirklich zu Gefangenen. In der Ego-Denkebene bist du ein Getriebener und musst dem Ego dienen. Dort willst du dann beispielsweise immer mehr Geld, einen immer besseren Job, ein besseres Haus, ein neues Auto und so weiter. Du bist gefangen und erlebst alles immer und immer wieder, wiederholst alle Geschichten, die dir schon so oft widerfahren sind. Doch irgendwann ergeben diese Geschichten einfach keinen Sinn mehr. Für mich war das jedenfalls so.

Diese Geschichten waren, so traurig sie teilweise auch daherkommen, immer Geschichten auf der Ego-Ebene. Und sie ergeben erst dann Sinn, wenn sie zuvor einmal transzendiert wurden, also innerlich gelöst wurden. Wenn man hier konsequent arbeitet – und das kann ich von mir sagen – bringt man die Dinge aus der Trennung in die Einheit. Daraus entsteht dann ein übergeordneter Sinn und der macht richtig Freude. Man bemerkt, dass sich alles freier anfühlt und nicht enger. Dann hat man wirklich neues Territorium gewonnen, das man früher einmal verloren hat.

Durch den Ausstieg aus der Ego-Denkweise gewinnst du deine Wirklichkeit zurück und begreifst, wer du eigentlich bist und was dir alles zur Verfügung steht. Wenn der Blick nicht mehr abgelenkt ist, lässt du dich auch nicht mehr von Dingen beschäftigen, die nicht wesentlich sind. Du kommst deinem höheren Selbst näher, fühlst dich geliebt im Hier und Jetzt und lebst nicht mehr in der Vergangenheit oder Zukunft. Wenn du hineinfühlst in dieses Sein, merkst du auch, dass sich die Qualität des Daseins ändert. Und ja, das ist für mich der ganze Sinn geworden.

IFS, Demokratie und künstliche Intelligenz

Wir haben die Inner Future Skills (IFS) hauptsächlich im Arbeitskontext und in Bezug auf Nachhaltigkeit beschrieben. Das hat vor allem zwei Gründe. Einerseits gehören diese Bereiche zu den Kernkompetenzen von uns und unserer Organisation – und andererseits bietet ein Buch nur Platz für gewisse und nicht für alle Themen. Nichtsdestotrotz möchten wir unbedingt erwähnen, dass die innere Entwicklung von uns Menschen auch in Bezug auf andere Bereiche höchste Relevanz hat!

Inner Future Skills und Demokratie

Ein Punkt, der momentan besonders ins Auge sticht, ist jener der Demokratie. In weiten Teilen Europas steht die Demokratie heute enorm unter Stress. Reichweitengeile Medien, starre Institutionen, nicht worthaltende Politikerinnen und ein immer radikaler agierender Rechtspopulismus sind einige der Gründe dafür. Mit technischen Mitteln ist man dieser Entwicklung bislang nicht Herr geworden, ganz im Gegenteil! Die Algorithmen von heute fördern diese demokratiefeindliche Stimmung viel eher, indem sie uns über die »sozialen« Medien nur noch das ausspielen, was ohnehin schon unserer Meinung entspricht, ohne uns jemals die anderen Sichtweisen zu zeigen. Dies fördert ein ausschließliches Zuhören auf Ebene I – Herunterladen – und wird damit mehr und mehr zum Problem.

Um dieser bedrohlichen Entwicklung entgegenzutreten, werden immer wieder Verbote ins Spiel gebracht. Einerseits kommt es dadurch zur Abschaltung diverser Medienkanäle, andererseits werden mittlerweile ganze Organisationen, radikale Bewegungen oder sogar Parteien verboten. Doch ist das die Lösung? Kann ein derart breites gesellschaftliches Problem langfristig über Verbote gelöst werden? Oder wird es dadurch womöglich nur noch weiter verschärft? Auf diese Frage haben wir keine Antwort parat. Auf die Frage zur Unterstützung der Demokratie haben wir aber allemal eine Antwort – und diese bezieht sich auf eine nationale, oder besser noch, internationale Bildungsinitiative in Form innerer Zukunftskompetenzen!

Nehmen wir all die Falschnachrichten und hasserfüllten Kommentare in den sozialen Medien als Beispiel zur Hand. Je mehr Menschen in Selbstreflexion geschult sind, desto weniger unreflektierte Artikel oder Kommentare wird man lesen. Mit einer erhöhten Selbstwirksamkeit kann man den übrigen Hasspostings mittels eigener Kommentare dann auch selbstbewusst entgegentreten oder sie melden. Die emotionale Kompetenz hilft einem, gezielte Angriffe aufgrund eines eigenen Kommentars oder Artikels nicht persönlich zu nehmen und die Projektionen der jeweiligen Verfasserin auch dort zu lassen, wo sie hingehören – bei ihr selbst! Dieses Verständnis für Projektionen ist unumgänglich für gute Beziehungen, jene in live als auch jene im digitalen Raum. Ein achtsames Innehalten ist in unserer schnelllebigen Medienwelt ebenso von Vorteil. Viele Falschnachrichten ködern uns mit aufregenden Überschriften, die manchmal, ohne nachzudenken im eigenen Feed geteilt werden. Wer präsent im Hier und Jetzt ist, wird sich davon nicht so schnell hinreißen lassen und zweimal überlegen, welche Meldungen verbreitet werden sollen und welche nicht. Zu guter Letzt ist auch die Sinnstiftung sehr hilfreich in diesem Umfeld. Es mag stimmen, dass auch hasserfüllte Menschen in ihrer destruktiven Agenda einen Sinn erkennen. Ein emotional kompetenter Mensch wird hasserfüllte Gedanken aber schnell als sinnbefreit wahrnehmen und sich jenen Dingen zuwenden, die ihn positiv stimmen und nach vorne blicken lassen.

Innere Zukunftskompetenzen helfen uns ungemein im Umgang mit Populismus, Hetze, Internettrollen oder Hassschreiberinnen. Aber nicht nur das, sie helfen der Demokratie als Ganzes. Denn fairerweise muss man schon sagen, dass der teils sehr negative Blick auf unsere demokratisch gewählten Institutionen ja nicht komplett unbegründet ist. Wie war nochmal der Leitspruch der integralen Haltung? Kein Mensch liegt zu hundert Prozent falsch, nicht mal die Hassschreiberin! So gesehen erfordert ein gesellschaftliches Weiterkommen nicht nur die Reflexion der anderen, sondern auch die Reflexion von uns selbst.

Wir – Anhängerinnen demokratischer Werte – sind also gut beraten, auch uns selbst und unsere demokratisch gewählten Institutionen einer genauen Prüfung und Reflexion zu unterziehen. Denn dann werden wir draufkommen, dass auch hier ein Tunnelblick herrscht. Dass auch hier das Ego-Denken noch immer an erster Stelle steht und dass auch in unseren Institutionen zu oft aufgrund von Befindlichkeiten entschieden wird und nicht aufgrund von rationalen und empathischen Überlegungen. Auch in unseren Universitäten, Bildungseinrichtungen, öffentlichen Medien, Ämtern, Gerichten, Handelskammern und Regierungen fehlt es zu oft an inneren Kompetenzen. Und ja, auch das ist ein Grund dafür, weshalb die Demokratie momentan gehörig in Mitleidenschaft gezogen wird!

Hier sehen wir nun das Dilemma. Die zuvor von uns beschworene Bildungsinitiative zu inneren Kompetenzen wird nur dann stattfinden, wenn die Entscheidungsträgerinnen in unseren Institutionen dies entscheiden. Das passiert aber nur, wenn sie selbst so weit sind und den Weg nach innen bereits angetreten haben. Im Moment ist dies kaum der Fall. Wir haben in den letzten Jahren mit einigen Entscheidungsträgerinnen zu tun gehabt und sind bezüglich innerer Kompetenzbildung auf relativ wenig Bewusstsein gestoßen. Für die innere, menschliche Entwicklung gibt es leider noch sehr wenig Verständnis – und auch sehr wenig Geld.

Will man heute eine technologische Innovation voranbringen, findet man Fördermöglichkeiten ohne Ende und in zigfacher Millionenhöhe. Will man hingegen im Bereich der inneren Bildung etwas bewegen, haben die Fördertöpfe meist Budgets mit drei Nullen weniger und zudem braucht man die Spürnase eines Schäferhundes, um diese überhaupt zu finden. Technologie ist uns Millionen wert, innere Entwicklung deutlich weniger. So wird sich die Demokratie aber nicht mehr allzu lang halten können.

Wenn du – liebe Leserin – zufällig in einer der von uns genannten Institutionen sitzt und arbeitest, dann darf dieser letzte Abschnitt durchaus als Wunsch oder besser noch, als dringender Arbeitsauftrag verstanden werden!

IFS und künstliche Intelligenz

Seitdem die Firma OpenAI im November 2022 ihr KI-Sprachmodell »Chat GPT« online gestellt hat, ist nichts mehr wie es einmal war. Denn obwohl diese Technologie erst am Anfang steht, ist schon heute klar, dass sie unser Leben entscheidend verändern wird. Der für unser Thema wohl relevanteste Bereich ist jener der Bildung. Schon das Internet hat das Lernen von Faktenwissen gehörig in Frage gestellt. Die künstliche Intelligenz geht nun noch zwei bis drei Schritte weiter.

Auf Verstandes- und Intelligenzebene werden uns die Maschinen schon bald in jeder Hinsicht voraus sein! Was aber unterscheidet uns Menschen dann noch von den Maschinen? Oder anders gefragt: Was ist das USP – das Alleinstellungsmerkmal von uns Menschen? Es sind unsere inneren Qualitäten: Unser Vermögen, ehrlich und authentisch mit anderen Lebewesen mitfühlen zu können. Unsere Fähigkeit zu träumen und Visionen zu entwickeln genauso wie unsere Kreativität,

Intuition und Demut. Eine KI kann dir vielleicht beschreiben, wie der erste Kuss sich anfühlt, was Schwermut ausmacht und wie ein spiritueller Moment vonstattengeht, erfahren wird sie es selbst aber nie.

Wenn eine künstliche Intelligenz mir dir spricht oder textet, kann sie dich womöglich berühren und mitten ins Herz treffen. Doch ob das passiert, ist lediglich eine Frage der Wahrscheinlichkeit. Auch eine KI ist letztlich nur ein Algorithmus, der aus einer Vielzahl an Möglichkeiten jene auswählt, die im besten Fall mit hoher Wahrscheinlichkeit deinen Nerv trifft. Eine KI kann gewissermaßen raten und womöglich gut berechnen, was du als Mensch gerade brauchen könntest. Sie wird es aber nie erspüren können. Sie wird es nie auf intuitive Art und Weise wissen können. Dieses tiefere Wissen ist einzig und allein uns Menschen vorbehalten. Und deshalb ist es auch so wichtig, dieses Wissen endlich wieder in uns zu kultivieren. Die kühle Ratio etwas zurückzunehmen und dem bewussten Fühlen und Wahrnehmen seinen verdienten Platz zu geben. Mensch sein wieder als solches anzuerkennen. Als etwas Tiefes, Magisches und Einzigartiges. Etwas, dass wir nur in uns selbst erfahren können.

Intuition und Demut sind Beispiele für unsere vielen, ureigenen und vor allem menschlichen Qualitäten. Qualitäten, die man Maschinen nie antrainieren kann. Qualitäten, die dem Herzen entspringen und nicht dem Verstand, weshalb sie nicht kopiert, erlernt oder programmiert werden können. Jede Person, die diese tiefen Bewusstseinsebenen bereits am eigenen Leib wahrgenommen hat, weiß, dass sich das nicht reproduzieren lässt! Der Unterschied von Mensch und Maschine liegt also nicht im Außen, sondern in unseren inneren und seelischen Fähigkeiten. Diese Fähigkeiten sind nicht erlernt, sondern bereits von Kind auf in uns angelegt. Das menschliche Wachbewusstsein ist nicht kopierbar. Ein mit offenen Augen schlafendes Bewusstsein, wie es viele heute an den Tag legen, ist sicherlich kopier- und erlernbar. Ein Wachbewusstsein aber nicht. Und dieses Wachbewusstsein ist eine der letzten Bastionen, welche die moderne Technologie einfach nicht kopieren kann und wird – soweit lehnen wir uns hier mal aus dem Fenster. Ein Wachbewusstsein ist somit das Menschlichste, was wir an und in uns tragen. Dieses Bewusstsein ist immer da, immer präsent, nur haben wir verlernt, darauf zuzugreifen und es uns wieder in den Bereich unserer Wahrnehmung zu holen. Und einer der einfachsten Wege, dies nachzuholen und das Wachbewusstsein wieder in unsere eigene Wahrnehmung zu bringen, ist das Training innerer Zukunftskompetenzen!

3
Transformative Lernprozesse

Grundlagen

Traditionelles Lernen beschäftigt sich mit dem Transfer von Wissen und bedient somit hauptsächlich die Wissensebene. Das transformative Lernen möchte tiefer gehen und eine signifikante und dauerhafte Verhaltensänderung bewirken. Solche Lernprozesse sind darauf ausgerichtet, das Bewusstsein zu erhöhen, indem sie den teilnehmenden Personen die Möglichkeit bieten, sich selbst und ihre Gefühle, Glaubenssätze, Perspektiven und Werte zu hinterfragen. Je nach Bewusstseinsstand und Offenheit einer Person kann dies zu stark unterschiedlichen Ergebnissen führen, weshalb transformative Lernprozesse schwer vorhersagbar sind und keinen zuvor definierten Zielen folgen.

Der Soziologe Jack Mezirow war 1975 der erste, der transformative Lernprozesse beschrieben und als solche bezeichnet hat. Seine Theorie geht davon aus, dass jeder lernende Mensch der Welt um sich herum eine bestimmte, subjektiv geprägte Bedeutung zuschreibt. Diese Bedeutung steht im Zusammenhang mit den eigenen Werten, Überzeugungen, Annahmen, Denkweisen. Nimmt ein Mensch etwas wahr, so interpretiert er die eigene Wahrnehmung entsprechend seiner Bedeutungsperspektiven und leitet daraus zukünftige Handlungen ab. Eine transformativ lernende Erwachsene ist nun imstande, die eigenen Bedeutungsperspektiven zu erkennen, zu hinterfragen und ggf. zu verändern.[64]

Ein Beispiel für die Relevanz des eigenen Bedeutungshorizonts ist die unterschiedliche Interpretation des Kampfes von Gut gegen Böse in Filmen. Vielleicht hast du es schon erlebt, dass eine dir in Bezug auf Werte, Einstellungen und Lebensphilosophie diametral entgegenstehende Person einen Film ebenso genial findet wie du, ihn aber ganz anders interpretiert. In Bezug auf den Kampf von linken und rechten Ideologien durfte ich – Stefan – das schon des Öfteren beobachten. In meiner Studierendenzeit war ich als Pädagoge tätig und hatte viel mit politisch rechts als auch links eingestellten jungen Erwachsenen zu tun. Dabei musste ich immer wieder feststellen, dass Linke wie Rechte die Heldin eines Filmes als eine von ihnen sahen, während sie die Bösewichte mit Leuten aus dem feindlichen System gleichsetzten. Der Film wird also im eigenen Bedeutungshorizont interpretiert. Unabhängig der Intention durch die Regie haben dadurch alle ihr Heldinnenepos, in dem die eigene Ideologie und Einstellung siegreich ist. Das macht das Spiel von Gut und Böse so erfolgreich und gleichzeitig so gefährlich.

Alles, was wir wahrnehmen, wird über den eigenen Bedeutungshorizont gefiltert. Unterziehen wir diesen Filter keiner regelmäßigen Reflexion, so generieren wir zwar immer mehr Wissen, bleiben in unserer Entwicklung aber irgendwie stecken. Transformative Lernprozesse eignen sich nun bestens, dieses Steckenbleiben zu verhindern und tiefgreifende Veränderungen in die Wege zu leiten. Im Wesentlichen geht es darum, das Bewusstsein zu erweitern, das Mindset zu verändern und die eigenen Bedeutungsperspektiven zu hinterfragen und neu auszurichten. Damit das alles geschehen kann, müssen moderne Lernprozesse über die kognitive Ebene hinausgehen und auch die emotionale, soziale und spirituelle Ebene miteinbeziehen. Zukunftsfähige Lernprozesse verlangen nach einem klaren Verstand und einem offenen Herzen. Gleichzeitig braucht es Lernende, die imstande sind, sich zu hinterfragen und auch dort hinzusehen, wo es mitunter am meisten schmerzt.

Transformative Lernprozesse in der Praxis

Alles, was wir dir in diesem Buch bisher vorstellen durften, steht im Zusammenhang mit dem transformativen Lernen. Die theoretischen Überlegungen zu den »Inner Future Skills« haben wir hoffentlich in den bisherigen Abschnitten anschaulich dargestellt. Um nun einen entsprechenden Lernprozess für die Praxis zu gestalten, braucht es aber mehr als das. Es braucht praktische Übungen und Methoden, mit denen die jeweiligen Skills angewandt und verinnerlicht werden können. Am besten erlebt man das am eigenen Leib, weshalb wir von einer Methodenbeschreibung in diesem Buch weitgehend abgesehen haben. Dennoch möchten wir ein paar Gedanken und Erfahrungen mit dir teilen, um unsere Herangehensweise an das innere Lernen besser zu verstehen.

Drei Voraussetzungen

Will man Menschen dazu bewegen, den eigenen Bedeutungshorizont grundlegend zu überdenken, so muss bedacht vorgegangen werden. Du kennst das sicherlich von dir selbst. Man ist nicht in jeder Lebenslage und zu jeder Zeit imstande, sich und seine Grundannahmen über das Leben infragzustellen und neu auszurichten. Innere Widerstände, schwierige Lebensphasen oder ein mit Terminen und Aufgaben vollgestopfter Alltag verhindern es, den Blick in die Tiefe zuzulassen. Aus diesem Grund präsentieren wir dir unsere drei Grundvoraussetzungen für eine tiefe Lernerfahrung.

- Voraussetzung I ist eine gewisse Offenheit all jener, die den Lernprozess mitmachen. Ein halbwegs offener Zugang zum Leben ist zentral und auch wenn dieser im Prozess gestärkt wird, sollte er schon zu Beginn zumindest in kleinen Teilen vorhanden sein! Dabei sei gesagt, dass nicht nur die Einzelperson selbst offen sein muss, sondern auch die Gruppe, mit welcher der Prozess durchgeführt wird. Befinden sich in der Gruppe zu viele Skeptikerinnen, die innere und persönliche Themen grundlegend ablehnen, so kann dies ein Tieferkommen auch verhindern. Wir haben es schonmal erlebt, wie nur drei Personen einen Tagesworkshop mit fünfzehn Personen massiv gestört haben, nur weil sie jede Übung und Herangehensweise erstmal grundlegend kritisiert haben und sich nicht darauf einlassen wollten. Dieses Verhalten führte dazu, dass sich auch andere innerhalb der Gruppe nur schwer einlassen konnten. Glücklicherweise haben wir diese drei Personen noch rechtzeitig mit ihrem Verhalten konfrontiert – und die Situation damit entschärfen können. Dennoch ist es leichter, wenn man schon im Vorfeld darauf achtet, nicht zu viele Antagonistinnen mit dabei zu haben. Wie bei anderen Themen gilt auch bei transformativen Lernprozessen, dass man nicht alle mitnehmen kann, sondern nur jene, die zumindest halbwegs bereit dafür sind.

- Voraussetzung 2 ist ein geeigneter Ort. Um wirklich tief zu blicken, braucht es einen passenden Raum. Dieser muss keine Buddhastatuen oder tibetischen Gebetsfahnen enthalten, sollte aber trotzdem eine gewisse Ruhe ausstrahlen und dazu führen, dass man sich in ihm wohlfühlt! Natürlich kann man Achtsamkeitsübungen auch an belebten Plätzen praktizieren wie in der U-Bahn, am Schreibtisch oder im Restaurant. Nichtsdestotrotz ist es für die innere Arbeit sehr förderlich, sich immer wieder auch geschützte Räume zu suchen, in denen man allein oder in einer Gruppe praktizieren kann.
- Voraussetzung 3 für eine bewusste Lernerfahrung ist der Faktor Zeit. Ohne genügend Zeit wird sich niemand grundlegend verändern. Selbstreflexion, Meditation, Schattenarbeit oder eine Erfahrung inmitten der Natur erfordern allesamt ausreichend Zeit, um den Verstand einmal ruhigzustellen und den Blick auf das Innere zu richten. Dabei gibt es zwei Varianten von transformativen Lernprozessen, die unserer Erfahrung nach zu guten Ergebnissen führen. Die erste Variante sind Kurse, welche parallel zum Alltag durchgeführt werden und mindestens einen Monat lang dauern. Wir sprechen also von Kursen, die man parallel zur Arbeit macht und wo es ein tägliches Übungsprogramm gibt. Solche Kurse haben eine regelmäßige Begleitung durch Trainerinnen und finden sowohl Online als auch in Präsenz statt. Sie sind meist darauf ausgerichtet, alltägliche Handlungsmuster zu erkennen und zu verändern. Variante Nummer Zwei sind Retreats, wo man sich drei bis sieben Tage lang eine Auszeit nimmt und an einem naturnahen Ort einen Gruppenprozess durchlebt. Diese Retreats zielen vor allem auf Grenzerfahrungen ab und wollen einen Erfahrungsraum schaffen, der im Alltag nie gegeben ist und wo man sich selbst und seine Sichtweisen einmal grundlegend in Frage stellen kann. Beide Varianten haben ihre Vor- und Nachteile, weshalb wir in der Regel eine Kombination aus einem mehrtägigen Retreat und einem anschließenden Monatskurs empfehlen.

Beispiel für einen mehrtägigen Kurs

Transformative Erfahrungsräume gibt es viele, wobei wir mit unseren Kursen zu den Inner Future Skills in der Regel drei- bis maximal fünftägige Prozesse gestalten. Wer mit uns taucht, erlebt dabei einen dreistufigen Prozess entsprechend unserer drei Ebenen: Ebene 1 kognitiv, Ebene 2 emotional, Ebene 3 spirituell. Wir beginnen auf der kognitiven Ebene und füttern zuerst das Bedürfnis unserer Teilnehmerinnen nach Wissen. Wir haben die ausschließliche Fokussierung auf Wissen in diesem Buch oft infrage gestellt. Das bedeutet aber nicht, dass wir die Wissensvermittlung ablehnen. Wissen ist wichtig und hat auch in unseren Seminaren stets seinen Platz! Im Anschluss an die Wissensvermittlung gehen wir in verschiedenste Reflexionsprozesse, wobei wir oft auf der Ebene der Werte beginnen. Werte sind etwas Alltägliches und kaum ein Mensch hat einen Widerstand, einmal über sich und seine Werte zu sprechen. Aus diesem Grund sind Werte ein guter Einstieg in das Thema der inneren Entwicklung. Als Methoden verwenden wir u. a. das Dreamers Coaching, Dyaden, Journalings, paradoxe Interventionen, tiefenökologische Reflexionsübungen, die von uns entwickelte Gut-und-Böse-Empathieübung oder eine Naturwanderung.

Im zweiten Teil drücken wir je nach Anforderung auch mal auf die Tränendrüse und widmen uns unseren Emotionen. Die verwendeten Methoden dienen dem Aufbau von emotionaler Kompetenz, Beziehungsfähigkeit und Resilienz, um generell noch mehr in die Tiefe zu kommen. Zu sehen und zu spüren, wie die eigenen Werte und Glaubenssätze mit früher erlebten Emotionen zusammenhängen, ist eine unglaublich transformative Erfahrung und eines der Hauptanliegen auf dieser Ebene. Übungen zum Einfühlen in potenziell Andersdenkende, Schattenarbeit, imaginative Coachingmethoden zur Wahrnehmung von Glaubenssätzen oder Ängsten, die sogenannten Herzschlüssel sowie das bereits beschriebene Wahrheitsmandala finden dabei Anwendung.

Sowohl der kognitive als auch der emotionale Teil unserer Seminare wird stets begleitet von Körperübungen und Meditationen. Diese dienen zur Gruppenbildung, Auflockerung und als Vorbereitung für die eigentlichen Übungen. Gleichzeitig entfalten sie natürlich auch ihre ganz eigene Kraft. Beispiele für die von uns verwendeten Methoden sind Eisbaden, der Bodyscan, die Metta-Meditation, karthatische Meditationen oder Atemmeditationen, die bis zu einer Stunde dauern.

Im dritten und letzten Teil begeben wir uns auf die spirituelle Ebene, wobei wir auch hier mit den zuvor beschriebenen Körper-, Reflexions- und Gruppenübungen arbeiten. Zudem finden dort speziell designte Achtsamkeitsübungen, Meditationen, innere Reisen und tiefe Naturerfahrungsräume ihren Platz. Dieser

Teil des Gruppenprozesses zielt hauptsächlich darauf ab, sich selbst nochmal die Frage nach dem Sinn des eigenen Daseins zu stellen – und die zuvor infrage gestellten Grundannahmen, Werte und Weltbilder ggf. neu auszurichten. Je nach Seminartyp, Gruppe, Branche oder Organisation wechseln wir im Anschluss an Ebene 3 wieder explizit auf die Außenebene, um all die inneren Erfahrungen mit der äußeren Welt in Bezug zu setzen und entsprechend ins Handeln zu kommen!

Forschungsprojekt zu transformativen Kompetenzen

»Unsere Werte, Emotionen und Weltbilder beeinflussen unser äußeres Verhalten und sind ein wesentlicher Faktor für Nachhaltigkeit und Klimaschutz.« Um diese These noch besser zu verstehen und zu überprüfen, haben wir 2022 und 2023 gemeinsam mit dem Zentrum für Globalen Wandel und Nachhaltigkeit der BOKU University in Wien ein Forschungsprojekt durchgeführt, welches über das Klimaforschungsprogramm StartClim gefördert wurde. Das Projekt lief unter dem Namen »Förderung von Klimaschutz und Klimawandelanpassung in Unternehmen durch transformative Kompetenzen«. Auf universitärer Seite waren Nathalie Spittler, Julia Buchebner, Ines Hinterleitner, Natascha Effenberger und Magdalena Wanderer mit an Bord, während wir von Trainingsseite mit Stefan Stockinger, Julia Buchebner und Ricarda Schmidt vertreten waren.

Unsere transformativen Seminarprozesse konnten wir bereits mit einzelnen Organisationen, Studierendengruppen, offenen Gruppen oder auf mehrtägigen Konferenzen durchführen. Für das besagte Forschungsprojekt wollten wir mit mehreren Organisationen gleichzeitig arbeiten und die Wirkung des Programms besser erforschen. Hierfür haben wir einen eigenen 3,5-tägigen Seminarprozess designt, welcher über Fokusgruppen, Fragebögen und Interviews wissenschaftlich begleitet wurde. Insgesamt nahmen neunzehn Mitarbeiterinnen inklusive fünf Führungspersonen aus vier Organisationen am Projekt teil. Bosch Climate Solutions, die Delta-Gruppe, die Grüne Wirtschaft Niederösterreich und die Österreichische Post AG waren mit dabei.

Das Training fand an zwei Terminen statt. Termin I war ein Freitagnachmittag mit fünf Stunden Einführungsprogramm. Hier wurden die Grundlagen transformativer Kompetenzen erklärt und eine Einführung in die innere Dimension der Nachhaltigkeit gegeben. Termin 2 war als transformativer Lernprozess gestaltet und dauerte von Donnerstag bis Samstag. Dabei wurde eine breite Palette an lang erprobten und wissenschaftlich fundierten Methoden angewandt, ähnlich den im vorigen Abschnitt beschriebenen.

Forschungsergebnisse

Alle am Prozess teilnehmenden Personen können als offene, reflektierte und umweltbewusste Menschen bezeichnet werden. Ein grundlegendes Interesse an den Themen Klimaschutz und Nachhaltigkeit war somit von Beginn an gegeben und allen Beteiligten ein Anliegen. Lediglich der Terminus Klimawandelanpassung war für manche schwer greifbar und Umweltschutz und Nachhaltigkeit wurden teilweise synonym verwendet.

Über die Fokusgruppen, Fragebögen und Interviews konnte ein positiver Effekt auf die inneren Skills festgestellt werden. Die im Prozess hauptsächlich adressierten Kompetenzen Achtsamkeit, Beziehungsfähigkeit, Sinnstiftung, Selbstwirksamkeit und Resilienz wurden nachweislich erhöht. Das Systemverständnis blieb gleich im mittleren Bereich. Da wir ausschließlich in den beiden linken Quadranten des AQAL-Modells arbeiteten, war hier aber nicht von einer Veränderung auszugehen. Auf individueller Ebene konnten über den Seminarprozess des Weiteren folgende Ergebnisse erzielt werden:

- die Reduktion von Ohnmachts- und Resignationsgefühlen
- ein optimistischerer und positiverer Blick in die Zukunft
- ein erhöhtes Engagement für Nachhaltigkeitsmaßnahmen

Abseits der Forschungsergebnisse zu den transformativen Kompetenzen lieferte die Datenerhebung weitere, spannende Ergebnisse. So wurden seitens der Teilnehmenden auch Hindernisse benannt, warum Klima- und Nachhaltigkeitsmaßnahmen im organisationalen Kontext oft schwer umzusetzen sind. Eine fehlende Betroffenheit bezüglich der Klimakrise, die Romantisierung von Klimaveränderungen, fehlende Zeitressourcen, ein hoher finanzieller Aufwand, die Überforderung der Unternehmensstrukturen als auch der Fokus auf Profit und Leistung wurden als behindernde Faktoren genannt. Bei den fördernden Faktoren fanden sich flache Hierarchien, engagierte Führungskräfte, kleine Entscheidungseinheiten, partizipative Räume oder auch die Institutionalisierung von Strukturen mit Green Teams.

Abschließend kann gesagt werden, dass schon ein kurzer, transformativer Seminarprozess von 3,5 Tagen spürbare Ergebnisse liefern kann. Und zwar nicht nur auf persönlicher, sondern auch auf organisationaler Ebene. Nichtsdestotrotz ist es wichtig zu erwähnen, dass ein einmaliger Prozess wohl kaum ausreicht, um beruflich wie auch privat einen vollständigen Wandel in Richtung einer nachhaltigen und klimafreundlichen Haltung herbeizuführen. Dafür braucht es eine länger andauernde Seminarphase und die Eigeninitiative der Teilnehmenden über das Seminarprogramm hinaus.

Weltbild der Verbundenheit

Zu guter Letzt möchten wir dir noch eine Idee davon geben, worauf unsere transformativen Prozesse letztlich abzielen und was das Problem mit solchen Zielen ist. Denn – ganz wichtig – sobald ein innerer Prozess ein konkretes Mindset als Ziel hat, ist es oft kein offener Prozess mehr, sondern eher eine Manipulation! Nichtsdestotrotz lässt sich auch bei offenen Prozessen eine Richtung feststellen, in die Menschen im Rahmen solcher Seminare zu denken beginnen. Diese möglichen Richtungen wurden über die Werteebenen eingangs beschrieben. Nun wollen wir nochmal näher darauf eingehen, wie ein Übergang von früheren Ebenen auf die Ebene Grün aussehen kann und welches Welt- und Wertebild auf Gelb erfahrbar wird. Dabei möchten wir über die integrale Theorie hinausgehen und auch unsere eigenen Erfahrungen miteinbringen. Der Vollständigkeit halber sei nochmals erwähnt, dass wir in den seltensten Fällen permanent auf höheren Ebenen verweilen und ein integrales Bewusstsein nur für wenige Menschen dauerhaft aufrechtzuerhalten ist. Wir – Julia und Stefan – zählen uns dabei nicht zu jenen Menschen, die ein integrales Bewusstsein permanent leben können. Auch wir haben noch einiges zu integrieren, um irgendwann dort hinzugelangen!

Das Mindset-Problem

»Positive Mindset, Success Mindset, Growth Mindset«. Das Thema Mindset ist das heiße Eisen im Coaching und trotzdem hat man das Gefühl, dass die letzten 10 Jahre Mindset-Hype nichts wirklich Neues gebracht haben. Alte Ideen mit neuen Mäntelchen, angepasst an unsere Zeit und breit ausgerollt, damit sich wirklich alle mal Gedanken drüber machen. Und dass sich immer mehr Menschen über ihr Mindset Gedanken machen, ist sicherlich eine positive Entwicklung. Dennoch hakt es beim Thema Mindset an vielen Stellen.

Haken Nummer Eins ist die oft übertriebene Ausrichtung auf beruflichen Erfolg. Ein großer Teil der uns bekannten Mindset Coaches beschäftigt sich allein damit, wie man als Mensch zu beruflichem und finanziellem Erfolg kommt. Es geht vereinfacht gesagt darum, den eigenen Verstand so zu manipulieren, um ihn für Höchstleistungen fähig zu machen. Auf der persönlichen Ebene kann dies durchaus wünschenswert sein, für die gesellschaftliche und planetare Ebene bringt es aber kaum etwas. Mit den Werteebenen betrachtet, ist diese Art Mindset-Coaching ausschließlich im orangen Mem zuhause und zielt nicht darauf ab, höhere Bewusstseinsebenen zu erreichen. Ein neu erlerntes Erfolgs-Mindset macht in unserer Sprache also einen neu gepolten Menschen, aber noch lange kein neues Welt- und Wertebild!

Haken Nummer Zwei ist die Tatsache, dass die kognitive Ebene meist viel stärker gewichtet ist als die emotionale Ebene, während die spirituelle Ebene häufig gar nicht existiert. Es geht um den Verstand und die Umpolung desselben. Man programmiert sich so, dass ein Scheitern nicht mehr belastend wahrgenommen wird oder dass man alles positiv sieht. Was aber, wenn das Scheitern nun mal belastend ist? Und was, wenn man manche Gegebenheiten des Lebens auch beim besten Willen nicht positiv sehen kann? Diese emotionale Seite wird gerne ausgeblendet und das ist schade. Denn genau hier schlummert das Potenzial für einen echten Wandel. Damit dieser jedoch geschehen kann, muss tief gefühlt werden. Und damit tun sich selbst viele Coaches oft noch schwer.

Haken Nummer Drei ist die Idee des permanenten Wachsens. Das eigene Mindset soll wachsen und zwar ständig. Es geht um die Zunahme von Wissen, das Erlernen immer neuer Fähigkeiten und das Meistern großer Herausforderungen.

Dass man in der Stille auch viel lernen kann, wird gerne übersehen bzw. es ist wohl den Wenigsten bewusst. Deshalb sind Qualitäten wie Innehalten, Stillsein, Loslassen und den Verstand und die Wissbegier regelmäßig abdrehen, keine konstanten Größen in heutigen Mindset-Trainings. Wer sein Inneres jedoch auf eine wirklich neue Ebene bekommen möchte, wird an diesen Fähigkeiten nicht vorbeikommen.

Wie du bemerkt hast, stehen wir Autorinnen dem Mindset-Hype mit Vorbehalten gegenüber, weil er oft nicht ganzheitlich gedacht wird. Aus diesem Grund möchten wir dir eine Idee davon geben, wie wir eine zukunftsfähige Haltung beschreiben würden. Darüber hinaus sind wir der Ansicht, dass die Änderung der eigenen Haltung eine tiefgreifende Änderung sein muss. Viel tiefer als es rein kognitive Prozesse zulassen. Statt Mindset verwenden wir daher die Begriffe Weltbild oder Haltung, da sie sich abseits der kognitiven Ebene auch der emotionalen und spirituellen Ebene bedienen.

Weltbild der Verbundenheit

Wie stellen wir – Julia und Stefan – uns nun eine zukunftsfähige Haltung vor? Natürlich beinhaltet es all das, was man gemeinhin unter einer progressiven Haltung versteht: »An sich und seine Wirksamkeit glauben, die Erfahrungen des Lebens akzeptieren und aus ihnen lernen, sich selbst stets hinterfragen und weiterentwickeln, sich dem eigenen Scheitern stellen und positiv ausgerichtet in die Zukunft blicken.« Das alles und mehr ist auch uns wichtig in Bezug auf eine zukunftsfähige Haltung. Leider sind diese Dinge ausschließlich auf das eigene Ich und dessen Weiterentwicklung ausgerichtet, weshalb wir dem persönlichen Aspekt noch eine weitere Zutat hinzufügen möchten – und diese Zutat nennt sich »Verbindung«.

Was wir unter Verbindung verstehen, ist schwer in Worte zu fassen und trotzdem wollen wir es versuchen. Auf der obersten Ebene bedeutet Verbindung die Erkenntnis, dass wir untrennbar mit unserer Natur verbunden sind. Ohne gesunde Ökosysteme gibt es keine gesunde Luft, kein sauberes Trinkwasser und keine nährenden Lebensmittel. Wir Menschen brauchen Ökosysteme zum Überleben. Wir sind also untrennbar mit der Natur verbunden. Ohne eine intakte Natur gibt es keinen intakten Menschen. Der Mensch braucht die Natur, denn der Mensch ist

Natur. Diese Verbindung kognitiv zu begreifen ist ein wesentlicher Aspekt einer neuen und zukunftsfähigen Haltung.

Auf der emotionalen Ebene geht es darum, diese Verbindung auch spüren zu können. Wer schon mal einen Baum umarmt und dabei etwas gespürt hat, weiß, wovon wir reden. Wer schon mal getrauert hat um ein totes Tier, einen gerodeten Wald oder einen verseuchten Strand, kennt die gefühlte Verbindung zur Natur ebenso. Mitgefühl mit der Natur und ihren Lebewesen ist Teil der emotionalen Komponente einer zukunftsfähigen Haltung. Aber Achtung! Auch wir Menschen sind Lebewesen der Natur und somit müssen wir lernen, auch mit anderen Menschen mitzufühlen, eine Verbindung zu anderen Menschen zu spüren. Bei gleichgesinnten Menschen geht das relativ einfach. Aber was ist mit unseren Feindbildern? Was ist mit jenen Menschen, die wir nicht mögen, belächeln oder sogar verachten? Um wirklich zukunftsfähig zu werden, braucht es unser Mitgefühl auch für jene, die wir im ersten Moment nicht ausstehen können. Auch mit ihnen sind wir verbunden. Egal ob Umweltsünderin, Gewaltverbrecherin oder Waffenhändlerin, sie alle brauchen unser Mitgefühl, um ihren gesellschaftlich untragbaren Weg verlassen zu können.

Wer seine Verbindung nur auf jene ausdehnt, die ihm nahestehen, schafft keine Verbindung, sondern Trennung. Eine tiefe Verbindung mit der Welt muss auch jene Menschen beinhalten, die uns und unseren Ansichten entgegenstehen! Das bedeutet nicht, dass wir die Handlungen dieser Menschen zwingend verstehen, geschweige denn gutheißen müssen. Nein. Wir müssen uns aber bewusstwerden, dass auch sie ein Teil unserer Welt sind, dass auch sie niemals 100% falsch liegen und dass auch sie unsere Offenheit verdienen, egal wie schwer das bei manchen Personen fallen mag. Dieser Aspekt ist einer der Gründe, warum es so schwierig ist, eine integrale Haltung in jedem Moment aufrechtzuerhalten. Auch wir Autorinnen kämpfen bei diesem Punkt immer wieder mit anderen – und eigentlich mit uns selbst. Unsere Anregungen bei den emotionalen Skills haben hoffentlich ein paar Ansätze zum Meistern dieser Herausforderung gezeigt!

Hat man die Verbindung zu seinen Mitmenschen und zur Natur auf kognitiver wie auch emotionaler Ebene weitgehend verstanden und integriert, kommt die spirituelle Ebene ins Spiel. Auf dieser Ebene kann man nun den eigenen Blick auf die Welt hinterfragen. Sind wir Menschen nur Fleischklopse auf einem großen Stein, genannt Erde? Oder sind dieser Planet und seine Natur etwas Lebendiges und wir Menschen nicht nur Maschinen, sondern beseelte Wesen mit einem tieferen Sinn? Und wenn es diesen tieferen Sinn gibt, sollten wir ihn dann nicht erforschen und in die Welt bringen?! Die spirituelle Ebene ist eine Ebene der Fragen, nicht der Antworten. Eine Ebene, die große Offenheit verlangt und eine tiefe Rückverbindung als Geschenk mit sich birgt. Eine Rückverbindung zu sich selbst, seinen Mitmenschen, allen Lebewesen, dem Planeten, einem größeren Ganzen und letztlich dem tieferen Sinn der Existenz. In einer solch offenen Haltung kommen wir dem Mysterium des Lebens immer näher, ohne es jemals in seiner Ganzheit fassen zu können. Das verleiht uns die nötige Demut, das Menschsein voll anzunehmen und zukunftsfähig zu handeln.

Das war – in aller Kürze – das sogenannte Weltbild der Verbundenheit. Wir Autorinnen sind der Überzeugung, dass dieses Weltbild vor allem für uns westlich geprägte Menschen auf dem Weg in eine gute Zukunft sehr hilfreich ist! Gleichzeitig sind wir uns bewusst, dass es kein zeitloses und allgemeingültiges Weltbild gibt, das auf alle Menschen gleichermaßen umgelegt werden kann. Das eine, zukunftsfähige Weltbild gibt es unserer Ansicht nach nicht. Unsere Ausführungen sind demnach als Inspiration zu verstehen und nicht als ein Dogma, das es zu erreichen gilt!

Abschluss

Nun, liebe Leserin, sind wir am Ende unseres Buches angelangt. Wir freuen uns sehr, dass du es bis hierher geschafft hast und hoffen, du konntest auf den vorangegangenen Seiten einige wertvolle Erkenntnisse für dich mitnehmen. Natürlich gäbe es noch viel zu sagen und womöglich hast auch du noch Fragen. Doch im Sinne dieses Buches können wir nur immer wieder festhalten, dass sich die meisten Antworten in einem selbst befinden!

Solltest du nach einem Erfahrungsraum suchen, um diesen Antworten näherzukommen, laden wir dich, dein Team und deine Organisation gerne zu einem unserer Seminare, Retreats, Vorträge oder Online-Kurse ein. Bei Interesse findest du alle Infos zu unserer Organisation »Inner Change Makers« bzw. zu unseren aktuellen Programmen auf:

www.inner-change-makers.at

In diesem Sinne wünschen wir dir eine gute Zukunft und ein stets waches Bewusstsein, mit dem du den Wandel reitest, anstatt von ihm geritten zu werden.

Ciao, Au revoir, Adiós und Servas!

Literatur

1. Meadows, D. (1999): *Leverage Points – Places to Intervene in a System*; The Sustainability Institute, Hartland VT, https://donellameadows.org/wp-content/userfiles/Leverage_Points.pdf, abgerufen am 18.06.2024.
2. Maani, K.E.; Cavana, R. Y. (2007): *Systems Thinking, System Dynamics – Managing Change and Complexity*, 2nd edition, Pearson Education New Zealand.
3. Das Buch erschien im September 2021 im Ennsthaler Verlag: Steyr.
4. Wamsler, C.; Osberg, G.; Osika, W.; Herndersson, H.; Mundaca, L. (2021): *Linking internal and external transformation for sustainability and climate action: Towards a new research and policy* agenda, in: Global Environmental Change 71(1):10237, DOI: https://doi.org/10.1016/j.gloenvcha.2021.102373.
5. Kohlberg, L. (1995): *Die Psychologie der Moralentwicklung*, Frankfurt am Main: Suhrkamp
6. Beck, D.E.; Cowan, C. (2013): *Spiral Dynamics – Leadership, Werte und Wandel*, 7. Auflage, Bielefeld: Kamphausen Verlag. Laloux, F. (2016): Reinventing Organizations – Ein Leitfaden zur Gestaltung sinnstiftender Formen der Zusammenarbeit. München: Vahlen Verlag. Breidenbach, J.; Rollow, B. (2019): New Work needs Inner Work; 2. Auflage, München: Vahlen Verlag.
7. Kottler, J.A. (2018): *Change – What Really Leads to Lasting Personal Transformation*, Oxford: Oxford University Press.
8. Wilber, K. (2007): *Integrale Psychologie – Geist, Bewusstsein, Psychologie, Therapie*, Freiburg im Breisgau: Arbor Verlag.
9. Weitere Projektpartner des KOMIT Forschungsvorhabens: Bauer Maschinen und Technologie GmbH & Co. KG (Praxispartner); WDT Werner Dosiertechnik GmbH & Co. KG (Praxispartner); Wiedenmann GmbH (Praxispartner); NewTec GmbH (Methodik & Software); Bundesministerium für Bildung und Forschung (Fördergeber).
10. Campbell, C. (2022): *Der Heros – in tausend Gestalten*, 4. Auflage, Berlin: Insel Verlag
11. Atkins, S.; Murphy, K. (1993): *Reflection: A review of the literature*, in: Journal of Advanced Nursing 18(8), S. 1188-1192.
12. Hartmann, C. (2020): *Die Facetten unserer Persönlichkeit*, https://www.spektrum.de/news/big-five-sind-es-nur-fuenf-grosse-persoenlichkeitsfaktoren/1762632, abgerufen am 29.08.2023.
13. Laajaj, R. et al. (2019): *Challenges to capture the big five personality traits in non-WEIRD populations*; in: Science Advanced 5(7), DOI: https://www.science.org/doi/10.1126/sciadv.aaw5226.
14. Foster, S.; Little, M. (2022): *Die Vier Schilde – Initiation durch die Jahreszeiten der menschlichen Natur*; 5. Auflage, Uhlstädt-Kirchhasel: Arun-Verlag.
15. Dazu ORF (2022): *Doppelt so viele Bäume vernichtet wie noch vor 20 Jahren*; https://science.orf.at/stories/3214663/, abgerufen am 04.09.2023.
16. Wirtschaft Konkret (2006): *Ursachen von Insolvenzen – Gründe für Unternehmensinsolvenzen aus der Sicht von Insolvenzverwaltern*; Wirtschaft Konkret, Euler Hermes & ZIS –

	Zentrum für Insolvenz und Sanierung an der Universität Mannheim e.V., https://www.uni-mannheim.de/media/Einrichtungen/zis/Studien/414_wiko.pdf, abgerufen am 17.06.2024.
17	Schwarzer, R.; Jerusalem, M. (2002): *Das Konzept der Selbstwirksamkeit*, in Hopf, D. (Hrsg.): *Selbstwirksamkeit und Motivationsprozesse in Bildungsinstitutionen*, Band 2, Basel: Beltz, S. 28–53.
18	Jonas, K.; Brömer, P. (2002): *Die sozial-kognitive Theorie von Bandura*, in: Irle, M. (Hrsg.): *Theorien der Sozialpsychologie, Gruppen-, Interaktions- und Lerntheorien*, Band 2, Bern: Huber, S. 277–299.
19	Aronson, E.; Wilson, T.D.; Akert, R.M. (2008): *Sozialpsychologie*, München: Pearson, S. 541–546.
20	Buchebner, J.; Stockinger, S. (2021): *Innen Wachsen – Außen Wirken, eine nachhaltige Zukunft beginnt in uns selbst*, Ennsthaler Verlag: Steyr.
21	Scharmer, O. (2021): *EPALE-Interview: Otto Scharmer – Um ein System zu verändern, muss man den Mut haben, ins Unbekannte zu gehen*, https://epale.ec.europa.eu/de/blog/epale-interview-otto-scharmer-um-ein-system-zu-veraendern-muss-man-den-mut-haben-ins, abgerufen am 07.09.2023.
22	Kluge, A.; Kluge S. (2021): Podcast No. 24 Stören, aber nicht zerstören – die Culture Hacker, https://www.kluge-konsorten.de/24-stoeren-aber-nicht-zerstoeren-die-culture-hacker-bei-siemens-energy/, abgerufen am 02.05.2024.
23	Felfe, J. (2006): *Transformationale und charismatische Führung – Stand der Forschung und aktuelle Entwicklungen*, in: Zeitschrift für Personalpsychologie 5(4), S. 163–176, DOI: 10.1026/1617-6391.5.4.163.
24	Nähere Informationen finden sich unter https://atlasofemotions.org.
25	Liebermann, M.D.; et al. (2007): *Putting feelings into words: affect labeling disrupts amygdala activity in response to affective stimuli*, in: Psychological Science 18(5), S. 421–428, DOI: https://journals.sagepub.com/doi/10.1111/j.1467-9280.2007.01916.x.
26	Thompson, T. (2021): *Young People's Climate Anxiety Revealed in Landmark Survey*, in: Nature 597, S. 605, DOI: 10.1038/d41586-021-02582-8.
27	Uhl-Hädicke, I. (2018): *Klimawandel: Vermeidung und Anpassung – Unerwünschte Nebenwirkungen von Klimawandelkommunikation*, CCCA Fact Sheet 24, https://ccca.ac.at/fileadmin/00_DokumenteHauptmenue/02_Klimawissen/FactSheets/24_unerw%C3%BCnschte_nebenwirkungen_v2_20180618.pdf, abgerufen am 18.06.2024.
28	Macy, J.; Brown, M. (2017): *Für das Leben! Ohne Warum – Ermutigung zu einer spirituell-ökologischen Revolution*, 4. Auflage, Junfermann Verlag: Paderborn.
29	Horvath, D. (2020): *Learning from Errors and Error Management Culture in Teams*, Doktorarbeit, Department of Human Sciences, TU Darmstadt, https://tuprints.ulb.tu-darmstadt.de/13225/1/DorotheeHorvath_Dissertation_finalmitUnterschrift_f%C3%BCrULB.pdf, abgerufen am 18.06.2024.
30	Schramm, S.; Wüstenhagen, C. (2013): *Die Kunst des Scheiterns*, https://www.zeit.de/zeit-wissen/2013/04/kunst-scheitern-fehler-machen/komplettansicht, abgerufen am 24.02.2023.
31	Kortz, J. (2018): *Führungskräfte der Zukunft brauchen emotionale Agilität*, in: Neue Narrative – Das Magazin für Neues Arbeiten 3, S. 44–47, https://www.neuenarrative.de/magazin/fuehrungskraefte-der-zukunft-brauchen-emotionale-agilitaet, abgerufen am 18.06.2024.

32 Dittmar, V. (2017): *Gefühle @ work – Wie emotionale Kompetenz Unternehmen transformieren kann*, 2. Auflage, edition est: München.
33 Wiseman, T. (1996): *A concept analysis of empathy*; in: Journal of Advanced Nursing 23(6), S. 1162–1167, DOI: 10.1046/j.1365-2648.1996.12213.x.
34 Es sei erwähnt, dass Prof. Tania Singer 2018 als Leiterin des Max-Planck-Instituts in Leipzig zurückgetreten ist. Grund dafür war eine Vielzahl an schweren Mobbing-Vorwürfen gegenüber ihrer Person. Ohne Frau Singer hier diskreditieren zu wollen, spielt das auf die von uns stets beschriebene Tatsache an, dass die theoretische und kognitive Beschäftigung mit einem Skill wie Empathie nicht automatisch zu emphatischem Verhalten führt.
35 Singer, T.; Bolz, M. (2013): *Mitgefühl: In Alltag und Forschung*, Max-Planck-Institut für Kognitions- und Neurowissenschaften: Leipzig, https://hdl.handle.net/21.11116/0000-0004-A372-3, abgerufen am 19.06.2024.
36 Buchebner, J.; Stockinger, S. (2021): *Innen Wachsen – Außen Wirken, eine nachhaltige Zukunft beginnt in uns selbst;* Ennsthaler Verlag: Steyr.
37 Scharmer, C.O. (2019): *Essentials der Theorie U: Grundprinzipien und Anwendungen*, Carl-Auer Verlag: Heidelberg.
38 Van Dick, R.; West, M.A. (2013): *Teamwork, Teamdiagnose, Teamentwicklung*, 2. Auflage, Hogrefe Verlag: Göttingen.
39 Ries, B. (2009): *High Performance Teams – Darstellung und kritische Würdigung*, GRIN Verlag: München.
40 Breidenbach, J.; Rollow, B. (2019): *New Work needs Inner Work*, 2. Auflage, Vahlen Verlag: München.
41 Marx, E. (2022): *Co-Kreation ist_ Alles was du wissen musst, um tiefer ins Thema Co-Creation einzusteigen*, Neue Narrative – Das Magazin für Neues Arbeiten 14, S. 6–13, https://www.neuenarrative.de/magazin/was-co-kreation-ist-und-wie-sie-gelingen-kann, abgerufen am 19.06.2024.
42 Ericson, T.; Kjonstad, B.G.; Barstad, A. (2014): *Mindfulness and sustainability*, in: Ecological Economics 104, S. 73–79, DOI: 10.1016/j.ecolecon.2014.04.007.
43 Analayo, B. (2010): *Der direkte Weg – Sattipatthana*, Verlag Beyerlein & Steinschulte: Stammbach.
44 Storch, M.; Cantieni, B.; Hüther, G.; Tschacher, W. (2017): *Embodiment – Die Wechselwirkung von Körper und Psyche verstehen und nutzen*, 3. Auflage, Hogrefe Verlag: Göttingen; dazu auch Hoyer, J.; Knappe, S. (2021): *Achtsamkeit und Embodiment*, in: Michalak, M.; Heidenreich, T. (Hrsg.): *Klinische Psychologie & Psychotherapie*, 3. Auflage, Hogrefe Verlag: Göttingen, S. 671–682.
45 Brown, D. P., Engler, J. (1980): *The Stages of Mindfulness Meditation: A Validation Study*, in: The Journal of Transpersonal Psychology 12(2), S. 143–192, https://atpweb.org/jtparchive/trps-12-80-02-143.pdf, abgerufen 19.06.2024.
46 Wilber, K. (2007): *Integrale Spiritualität – Spirituelle Intelligenz rettet die Welt*, Kösel Verlag: München.
47 Loy, L.S., Reese, G. (2019): *Hype and hope? Mind-body practice predicts pro-environmental engagement through global identity*, in: Journal of Environmental Psychology 66, S. 1–10, DOI: https://doi.org/10.1016/j.jenvp.2019.101340, abgerufen am 19.06.2024. Brown, K.W., Kasser, T. (2005): *Are psychological and ecological*

	well-being compatible? The role of values, mindfulness, and lifestyle, in: Social Indicators Research 74, S. 349–368.
48	Crompton, T., Kasser, T. (2009): *Meeting Environmental Challenges: The Role of Human Identity*, Panda House: Godalming, https://assets.wwf.org.uk/downloads/meeting_environmental_challenges___the_role_of_human_identity.pdf, abgerufen am 19.06.2024.
49	Shapiro, S.L., Carlson, L.E., Astin, J.A., Freedman, B. (2006): *Mechanisms of mindfulness*, in: Journal of Clinical Psychology 62(3), S. 373–386, DOI: 10.1002/jclp.20237.
50	Wamsler C., Brossmann J., Hendersson H., Kristjansdottir R., McDonald C., Scarampi P. (2017): *Mindfulness in sustainability science, practice, and teaching*, in: Sustainability Science 13, S. 143–162.
51	Thompson, T. (2021): *Young People´s Climate Anxiety revealed in Landmark Survey – Children worldwide worry about the future and feel let down by governments*, in: Nature 597, S. 605, DOI: 10.1038/d41586-021-02582-8.
52	Levey, J.; Levey, M. (2019): *Mindful leadership for personal and organisational resilience*, in: Clinical Radiology 74(10), S. 739–745, DOI: 10.1016/j.crad.2019.06.026.
53	Ehrlich, J. (2017): *Mindful Leadership: Focusing leaders and organisations*, in: Organisational Dynamics 46(4), S. 233–243, DOI: 10.1016/j.orgdyn.2017.05.002; Hafenbrack, A.C.; Vohs, K.D. (2018): *Mindfulness Meditation Impairs Task Motivation but Not Performance*, in: Organisational Behaviour and Human Decision Processes 147, S. 1–15, DOI: https://doi.org/10.1016/j.obhdp.2018.05.001.
54	Rupprecht, S.; Wibo, K.; Chaskalson, M.; Tamdjidi, C.; West, M. (2019): *Running too far ahead? Towards a broader understanding of mindfulness in organisations*, in: Current Opinion in Psychology 28, S. 32–36, DOI: 10.31231/osf.io/dm7v2.
55	Levey, J.; Levey, M. (2018): *Mindful leadership at work. Mindful and positive leader*, http://www.wisdomatwork.com/wp-content/uploads/Leveys-Mindful-Leadership-Wisdom-at-Work-Article.pdf; abgerufen am 10.04.2023.
56	Schnell, T. (2016): *Psychologie des Lebenssinns*, Springer Verlag: Berlin u. a.
57	Mieko Kamiya – Die Mutter des IKIGAI (2022), https://finde-zukunft.de/mieko-kamiya-die-mutter-des-ikigai; abgerufen am 24.04.2023.
58	Mineo, L. (2017): *Good genes are nice, but joy is better*; The Harvard Gazette; https://news.harvard.edu/gazette/story/2017/04/over-nearly-80-years-harvard-study-has-been-showing-how-to-live-a-healthy-and-happy-life/, abgerufen am 25.04.2023.
59	Hurst, A. (2014): *The Purpose Economy: How Your Desire for Impact, Personal Growth and Community Is Changing the World*, Elevate Media: Boise ID.
60	Sone, T. et al. (2008): *Sense of life worth living (ikigai) and mortality in Japan*: Ohsaki Study, in: Psychosomatic Medicine 70(6), S. 709–715, DOI: 10.1097/PSY.0b013e31817e7e64.
61	Randstad (2023): *Randstad workmonitor 2023*, https://workforceinsights.randstad.com/hubfs/Workmonitor/2023/Randstad_Workmonitor_2023.pdf?hsLang=nl, abgerufen 20.06.2024.
62	Sinek, S. (2009): *Frag immer erst Warum – Wie Führungskräfte zum Erfolg inspirieren*; 5. Auflage, Redline Verlag: München

63 Greenpeace (2017): *Guide to Greener Electronics 2017;* https://www.greenpeace.org/usa/reports/greener-electronics-2017; **abgerufen am** 27.04.2023

64 Bormann, I.; Singer-Brodowski, M.; Taigel, J. (2022): *Transformatives Lernen durch Engagement – Soziale Innovationen als Impulsgeber für Umweltbildung und Bildung für nachhaltige Entwicklung,* https://www.umweltbundesamt.de/sites/default/files/medien/479/publikationen/texte_54-2022_transformatives_lernen_durch_engagement.pdf, **abgerufen** 20.06.2024.